企业策略性信息披露影响因素及经济后果研究

李 丹 ◎ 著

·北京·

图书在版编目（CIP）数据

企业策略性信息披露影响因素及经济后果研究 / 李丹著. -- 北京：科学技术文献出版社，2024.12.
ISBN 978-7-5235-2199-1
Ⅰ . F272.7
中国国家版本馆 CIP 数据核字第 2024JE1550 号

企业策略性信息披露影响因素及经济后果研究

策划编辑：梅　玲　　责任编辑：孙江莉　　责任校对：张永霞　　责任出版：张志平

出　版　者	科学技术文献出版社
地　　　址	北京市复兴路15号　　邮编　100038
出　版　部	（010）58882943，58882087（传真）
发　行　部	（010）58882868，58882870（传真）
邮　购　部	（010）58882873
官方网址	www.stdp.com.cn
发　行　者	科学技术文献出版社发行　　全国各地新华书店经销
印　刷　者	北京厚诚则铭印刷科技有限公司
版　　　次	2024 年 12 月第 1 版　2024 年 12 月第 1 次印刷
开　　　本	710×1000　1/16
字　　　数	268千
印　　　张	18
书　　　号	ISBN 978-7-5235-2199-1
定　　　价	72.00元

版权所有　违法必究

购买本社图书，凡字迹不清、缺页、倒页、脱页者，本社发行部负责调换

前　言

在当今全球化、信息化时代，信息披露在企业甚至整个资本市场中都扮演着至关重要的角色，信息披露不仅是企业与投资者、利益相关方之间沟通的桥梁，也是企业建立诚信形象、提高透明度、增强竞争力的关键一环。在信息爆炸的环境中，企业试图通过大量创新文本信息的披露来获得投资者关注，以增强市场竞争力和促进可持续发展。虽然管理层机会主义行为一直是学术界和实践界的关注焦点，但不同于传统的盈余管理等机会主义行为，叙述性信息披露具有较大的自由裁量空间，企业对于披露什么内容，何时披露及采用何种措辞披露等都没有硬性的约束。虽然已有研究开始关注文本信息披露的机会主义行为，但对企业策略性信息披露的影响因素及经济后果的完整性、系统性研究仍较为匮乏。

企业策略性信息披露治理路径的研究可以帮助企业建立诚信形象和提高声誉，通过合理、准确、及时地披露信息，可以提高企业的透明度和可信度。因此，对企业策略性信息披露的研究不仅有助于企业建立有效的信息披露机制，防止信息误导和不准确披露，进而促进企业诚信经营，还可以为企业建立健全的信息披露机制和治理结构提供指导，充分保护投资者、员工、供应商、客户等利益相关方的权益。随着信息披露在企业管理和治理中重要程度的提升，本书对企业策略性信息披露影响因素、经济后果及治理路径的研究，有助于揭示企业策略性信息披露的内在机制和外部影响，进而为企业决策者、学者及相关从业人员提供有益的思考和指导。

本书吸纳了来自学术界和实践界多名专家学者的意见，在信息不对称理论、信号传递理论、声誉理论、印象管理理论和寻租理论等信息披露理论的基础上，结合国内外现有信息披露的相关文献，对企业策略性信息披露影响因素及经济后果进行了理论分析和实证研究，并试图从外部"刚性治理"和"柔性治理"视角,以及企业内部"大棒"治理模式和"胡萝卜"激励模式视角,对企业策略性信息披露的有效治理提出政策建议。

本书旨在为企业管理者、监管机构、投资者及对该领域感兴趣的读者提供有益的参考。我们相信,深入研究企业策略性信息披露的影响因素和经济后果,并提出有效的治理路径,将有助于企业实现更好的治理和发展,提升企业的竞争力和可持续发展能力。

最后,感谢为本书献出心血和智慧的所有人,大家的贡献使得本书出版成为可能。

目 录
Contents

第1章 绪 论 1
1.1 研究动机与研究问题 1
1.2 研究意义 3
1.3 研究方法 5
1.4 结构安排 5

第2章 企业策略性信息披露理论基础和文献回顾 7
2.1 策略性信息披露的制度背景 7
2.2 策略性信息披露理论基础 8
2.3 策略性信息披露文献回顾 27

第3章 企业策略性信息披露的影响因素 35
3.1 企业策略性信息披露影响因素的理论分析与研究假说 36
3.2 企业策略性信息披露影响因素的研究设计 45
3.3 企业策略性信息披露影响因素的实证检验分析 51
3.4 企业策略性信息披露影响因素的稳健性检验 87
3.5 本章结论 102

第4章 企业策略性信息披露的经济后果 105
4.1 企业策略性信息披露经济后果的理论分析与研究假说 106
4.2 企业策略性信息披露经济后果的研究设计 117
4.3 企业策略性信息披露经济后果的实证检验分析 122
4.4 企业策略性信息披露经济后果的稳健性检验 ... 156

4.5 本章结论 ……………………………………………………………172

第 5 章　企业策略性信息披露的治理路径 …………………………175
5.1 企业策略性信息披露治理路径的理论分析与研究假说 ………176
5.2 企业策略性信息披露治理路径的研究设计 ……………………185
5.3 企业策略性信息披露治理路径的实证检验分析 ………………189
5.4 企业策略性信息披露治理路径的稳健性检验 …………………231
5.5 本章结论 ……………………………………………………………255

第 6 章　总结与研究展望 ………………………………………………257
6.1 研究发现 ……………………………………………………………257
6.2 研究贡献与启示 ……………………………………………………258
6.3 研究局限与未来研究展望 …………………………………………260

参考文献 ……………………………………………………………………261

第1章
绪　论

1.1　研究动机与研究问题

1.1.1　研究动机

2022年股票发行注册制的全面实行,标志着我国资本市场的股票发行从最初行政全权主导的"审批制",到依靠券商保荐、证监会把关审核的"核准制",如今发展为监管机构只形式性审核的"注册制"。随着信息披露制度的不断调整,公司自主披露的权限也在逐步扩大,一些原本需要监管先审核后披露的公告逐步放开为先披露后审核;除了强制性信息披露,公司也可结合自身情况进行自愿性信息披露。注册制的全面实行虽然提高了公司上市和信息披露的效率,但是,注册制下监管机构主导审核权的逐渐弱化,将上市公司的价值判断、盈亏预测、危机分析等大幅让渡给了市场投资者,为企业策略性进行信息披露提供了自由裁量权。现实中,企业高管为了获得私利、达到目的对信息进行操纵的案例不在少数。比如,在2017年"鲜言案"中,上海多伦实业股份公司(以下简称多伦股份)实际控制人、董事长鲜言通过"申请变更公司名称和经营范围—获批后开始大量买入标的证券—择机发布变更获得批准的信息—卖出股票获利"的操作模式对股市进行了操纵,在其操纵股价期间,股价从6.68元上涨到22.61元。后经查实,多伦股份利用了当时互联网金融为股票炒作热点来误导投资者。

投资者支撑着资本市场投资端的流动性,是资本市场的活力之源和发展之本,投资者对资本市场的重要性不言而喻。但不同于西方国家,我国资本市场投资者具有规模庞大、投资经验不够、理性不足的特点,使得投资者的行为决策容易受到外部环境的影响,股市中投资者盲目跟风带动同板块其他股票上涨的"板块效应"就是投资者有限理性的有力证明。对于脱离企业内在价值的"泡沫股"股价一旦大幅下跌,中小投资者则成了最大损失方。在注册制全面推进的当下,保护投资者权益是资本市场改革发展稳定各项工作之重,保护投资者合法权益,实际上也是在保护市场投融资平衡的发展根基。因此,对企业策略性信息披露的研究无疑可以有助于加强投资者对企业策略性信息披露行为的认识。

企业作为资本市场的重要主体,需要定期或不定期地披露财务及非财务信息,除传统的年报之外,上市公司的业绩预告、业绩说明会等非财务信息披露也是投资者获取公司信息的重要途径。对财务信息而言,由于受到准则约束和审计核查,企业的可操作性较差,因此理论界对于财务信息的策略性研究多集中在盈余管理及盈余操纵方面(陈小林 等,2011)。但是对非财务信息而言,由于不存在严格的准则约束和审计核查,企业管理层对没有固定披露格式的非财务信息具有更大的操纵空间(Li,2008)。在文本信息中,企业是使用精确还是模糊的业绩预告预测盈利、年报披露的内容与往年相比有多大差异,以及企业管理者在回答投资者提问时是正面回答还是避而不答,这些都是管理者的策略性方式(张军华,2022;钱爱民和朱大鹏,2020;卞世博 等,2021),也正是由于信息披露策略性行为的存在,我国会计信息披露存在信息冗长、重点不突出及晦涩难懂等问题(程新生 等,2015)。

自利动机的存在导致了企业管理层的策略性信息披露行为。首先,管理层为了获取私利,刻意披露高估盈利的业绩预告操纵股价以帮助管理者从减持股票中获利(余晨阳,2018)。当经理打算出售其股票时,企业在盈利预测中以异常乐观的语气发布信息;而当他们打算购买股票时,则以异常悲观的语气发布信息以降低股价(Xu et al.,2022),盈余公告中的叙述性披露语调越乐观,首席执行官随后的股票出售也越多,证实了盈余公告语调是企业内幕交易的一种策略性手段(Tama-Sweet,2014)。其次,企业为了隐藏盈余操纵,也会刻意披露更多非财务信息或是使用异常积极语调来误导投资者(程新生 等,2015;林晚发 等,2022)。无论是财务信息还是非财务信息,都可以成为企业管理层印象管理的一种手段,误导投资者使其难以做出正确的行为决策。

1.1.2 研究问题

根据上述分析可知，投资者行为决策会受到企业管理层所披露信息的影响，但是理论界对于企业策略性信息披露的研究较为零散，对于企业策略性信息披露的影响因素、经济后果及治理路径的系统研究更是匮乏。因此，在已有文献的基础上，本研究试图回答以下问题：①识别企业策略性信息披露的功效之分和功利之分，即企业策略性信息披露究竟是为了更好地向外界传递企业内部信息（"信息增量观"）还是为了更好地操纵投资者（"信息操纵观"）？企业策略性信息披露是为了实现公司整体利益（"公司大局观"）还是为了实现企业管理者的个人私利（"个人私利观"）？②发现企业策略性信息披露对内部及外部利益相关者的经济后果，即企业策略性信息披露会对内部高管主动离职和股价崩盘风险有何影响？对外部的政府补助和审计收费又有何种影响？③找出治理企业策略性信息披露的有效路径，即企业外部"刚性治理"和"柔性治理"能否有效起到治理企业管理层信息披露行为？企业内部的"大棒"治理模式和"胡萝卜"激励模式呢？

1.2 研究意义

从宏观层面而言，资本市场的良序运行离不开监管部门的有效监管，在企业信息披露违规频发的现实下，加强对资本市场主体之一——企业的有效监管是当务之急。本研究对企业管理层策略性信息披露治理路径的研究，有助于引发监管者为更好引导并规范企业管理者信息披露行为而进行的监管思考，为企业内部管理者与外部投资者之间的真实信号传递机制的建设打下基础。企业文本信息披露是监管机构的重要监管方向，监管机构通过了解企业策略性信息披露动机，可以评估企业是否按照法规要求进行披露，并采取必要的监管措施来确保企业的合规性。如果监管机构发现企业在策略性信息披露中存在误导性、不充分披露或不及时披露的情况，可能意味着存在市场操纵、内幕交易或其他违规行为的风险，监管机构可以根据这些情况采取相应的监管措施，维护市场的健康和稳定。此外，了解企业的策略性信息披露动机可以帮助监管机构了解市场的需求和趋势,及时调整和完善相关的监管政策和规定。

从微观层面而言,我国资本市场的主要参与者为个人投资者,且相较于机构投资者,个人投资者存在专业知识不足、消息获取渠道受限、代表性偏差及过度自信等非理性行为,使得投资效率低下。因此,提高个人投资者的投资效率是资本市场健康持久发展的必要前提。本研究对企业管理者策略性信息披露的研究,有助于投资者更加深刻地理解企业管理者的信息披露行为,进而能够帮助投资者做出正确的决策,在减轻投资者情绪波动的同时也能降低投资者的过度交易行为。

首先,企业希望通过策略性信息披露来获得投资者关注及认可,塑造积极的企业形象和良好的声誉,以掩饰管理层为了获取个人私利的真正目的。因此,策略性信息披露影响因素的研究有助于投资者更全面、深入地了解企业信息披露行为,帮助他们评估企业的价值和潜在风险,更好地进行投资组合管理和资本配置以做出更明智的投资决策。

其次,对企业策略性信息披露经济后果的研究有助于企业管理者意识到言行不一致所带来的资本市场负面影响,且可以向投资者提供决策依据和参考,帮助投资者了解企业信息披露的效果和市场反应,以便更好地评估企业价值和风险,并做出相应的投资决策,进而提高市场有效性和投资决策质量,并最终促进市场的健康发展。

最后,对企业策略性信息披露治理路径的研究可以帮助企业通过价值观、行为准则、内部控制机制和薪酬激励机制的建立,形成稳定的企业文化和价值观,并提高员工凝聚力,提升内部管理和运营效率,进而有助于提高企业绩效、竞争力、诚信度和声誉,增强投资者和利益相关方对企业的信任。此外,对投资者而言,对企业策略性信息披露治理路径的研究有助于提高企业披露信息的可理解性和可比性,确保投资者获得真实、全面、准确的信息,进而帮助投资者更好地理解企业的战略、风险和前景,做出更明智的投资决策,由此达到增强对投资者保护的目的。

1.3 研究方法

本研究综合使用了规范理论研究、文本分析研究和实证分析研究的方法，对企业策略性信息披露行为影响因素、经济后果及治理路径进行了研究。

（1）规范理论研究

本研究以信息不对称理论、信号传递理论、印象管理理论和声誉理论为基础，以国内外现有相关文献为支撑，采用规范理论的研究方法理论推导出本研究的研究假设，并据此提出与企业策略性信息披露的影响因素及经济后果等方面相关的假说。

（2）文本分析研究

本研究所需要的企业年报中的管理层讨论与分析（MD&A）内容，利用python从互联网上爬取，并对文本数据进行清洗，再经计算机文本处理技术处理后获得创新文本信息变量。

（3）实证分析研究

在既有研究假设的基础上，从现有公认度较高的CSMAR数据库获取所需的财务指标，并用stata对数据处理后进行实证分析以验证研究假设，同时采用工具变量法和两阶段最小二乘法等方法来缓解模型的内生性问题，采用更换替代自变量、替代因变量及替换模型等方法来增强研究结论的稳健性，以确保研究结论的可靠性。

1.4 结构安排

本研究包含以下六部分：

第1章，绪论。首先，阐述研究的现实背景和理论背景，并引出研究问题。其次，表明宏观层面和微观层面的研究意义。最后，阐明了研究方法和研究内容。

第2章，企业策略性信息披露理论基础和文献回顾。理论基础部分主要有信息不对称理论、信号传递理论、声誉理论、印象管理理论和寻租理论。其中，企业策略性信息披露的条件就在于企业内部管理层与外部投资者之间存在着信息不对称；而管理层进行策略性信息披露的动机可由印象管理理论和寻租理论进行解释；为了有效抑制企业管理层的策略性披露行为，信号传递理论和声誉理论提供了理论支撑。文献综述则分别从公司信息披露的影响因素和经济后果两个维度进行了系统梳理。

第3章，企业策略性信息披露的影响因素。该部分从企业策略性信息披露究竟是为了更好地向外界传递企业内部信息（"信息增量观"）还是为了更好地操纵外部利益相关者（"信息操纵观"），并且从企业策略性信息披露是为了实现公司整体利益（"公司大局观"）还是为了实现企业管理者的个人私利（"个人私利观"）的视角，对企业策略性信息披露功效之分和功利之分进行了深入探究，在理论分析和实证检验了企业策略性信息披露影响因素的基础之上，进一步探讨了不同产权性质、不同生命周期阶段和不同法律制度环境下企业策略性信息披露影响因素的异质性分析结果。

第4章，企业策略性信息披露的经济后果。该部分从企业内部高管主动离职和股价崩盘风险，以及企业外部政府补助和审计收费的视角，对企业策略性信息披露对企业内部和外部利益相关者的经济后果进行了探讨，在理论分析和实证检验了企业策略性信息披露的经济后果的基础之上，进一步探讨了不同产权性质、不同生命周期阶段和不同法律制度环境下企业策略性信息披露经济后果的异质性分析结果。

第5章，企业策略性信息披露的治理路径。该部分从企业外部"刚性治理"和"柔性治理"，以及企业内部"大棒"治理模式和"胡萝卜"激励模式的视角，对企业策略性信息披露的治理路径进行了深入探究，在理论分析和实证检验了企业策略性信息披露治理路径的基础之上，进一步探讨了不同产权性质、不同生命周期阶段和不同法律制度环境下企业策略性信息披露治理效果的异质性分析结果。

第6章，结论与研究展望。该部分对全书内容进行总结，并指出本研究的不足之处及未来研究方向。

第 2 章

企业策略性信息披露理论基础和文献回顾

2.1 策略性信息披露的制度背景

中国策略性信息披露的制度背景包括公司法、证券法、证券交易所规则、信息披露指引和规范，以及监管机构的监管措施和投资者保护机制，制度和机制的建立和完善，为企业提供了明确的法律要求和指导，保障了信息披露的规范性和透明度，增强了对投资者的保护。

中国的公司法和证券法是策略性信息披露的法律基础。公司法规定了公司的信息披露义务和披露内容的要求，要求上市公司及时、真实、准确地披露重大信息；证券法则规定了上市公司的信息披露义务和披露制度，要求上市公司按照法定程序和要求披露信息，保护投资者的合法权益。而中国证券交易所（如上海证券交易所和深圳证券交易所）制定的一系列规则和规定，对上市公司的信息披露进行了具体细化和规范化，这些规则规定了上市公司信息披露的时限、披露内容的要求、披露方式和披露平台等，旨在确保信息披露的规范性和透明度。此外，中国证监会发布的一系列信息披露指引和规范，如《上市公司信息披露管理办法》《公开发行证券的公司信息披露编报规则 第 15 号——财务报告的一般规定（2023 年修订）》等，对上市公司的信息披露进行了具体的要求和指导，明确了披露的内容、标准和程序，有助于提升企业信息披露质量和准确性。中国证监会及其下属的地方证监局对上市公司信息披露进行的监管，如采取一系列监管措施来确保信息披露的有效性和合规性，对上市公司进行定期或不定期的检查和审计，对不符合披露要求的情况进行的处罚，都有助于保护投资者权益。

管理层讨论与分析（MD&A）是非财务信息披露的研究主体，最早起源于 20 世纪 60 年代的美国，MD&A 既包括公司管理层对过去业绩的评价和讨论，也包括对公司未来重要事件、发展趋势和不确定性的讨论与分析，是对以数字为主的传统会计报表的一个重要发展。MD&A 内容包括对报告期内经营情况回顾和对未来发展展望两部分。第一，在回顾部分，公司董事会应分析报告期内的财务状况和经营成果，比如，报告期内总资产、负债、股东权益、主营业务利润、净利润相较于上年增减变动的主要原因。证监会于 2003 年对其进行了进一步规范，要求增加讨论与分析的成分，并强调不能只重复财务报告的已有内容。第二，在展望部分，公司董事会应当披露的内容包括：公司所处行业趋势、未来发展机遇、发展战略及经营计划、资金需求及使用计划和风险因素等，虽然在 2003 年证监会相关规定的修订中将其变更为自愿性披露信息，但自 2005 年开始，又重新将其修订为强制性披露信息。

MD&A 目的是通过向投资者介绍管理层对重大历史事项的理解、对重大风险的评价及对未来事项的预测，以帮助投资者从管理层视角来更好地认识公司。近年来，随着上市公司财务报告中 MD&A 的占比幅度逐年增加，理论上应有助于降低管理层与信息使用者间的信息不对称，然而事实却是，企业信息披露违规、管理层信息操纵等案例层出不穷。有学者研究表明 MD&A 篇幅的增加，恰好为管理层策略性信息披露提供了便利和条件，管理层可以通过语调、文本可读性和信息含量等方式进行策略性行为。

2.2 策略性信息披露理论基础

2.2.1 信息不对称理论

（1）信息不对称理论的发展阶段

信息不对称理论可以追溯到 20 世纪 60—70 年代，当时经济学家开始研究在信息不完全或不对称条件下的市场行为和决策，随着对信息不对称和声誉重要性的认识不断深化，信息不对称理论也在不断发展和完善，为企业行为和市场竞争提供了重要的理论框架和指导。具体而言，信息不对称理论的发展阶段主要有：

1）早期研究。20世纪60年代，经济学家乔治·阿克洛夫（George Akerlof）、迈克尔·斯佩恩斯（Michael Spence）和约瑟夫·斯蒂格利茨（Joseph Stiglitz）等在信息不对称领域做出了重要贡献。乔治·阿克洛夫的经典论文《市场中的不完全信息》（"The Market for Lemons"）研究了二手车市场中的信息不对称问题，提出了"柠檬市场"的概念。柠檬市场（Lemon Market）是信息经济学中的一个概念，用来描述在信息不对称的情况下，市场上存在低质量产品或交易的现象。该概念是通过对二手车市场的研究来说明的，在二手车市场上，卖方对车辆的质量了解更充分，而买方则相对信息不完全。在这种情况下，卖方有动机将质量较差的车辆（柠檬）以高质量的价格出售，而买方由于信息不完全，难以准确评估车辆的质量，从而不愿意支付较高的价格。这导致了市场上质量较差的车辆占据了主导地位，而高质量的车辆则很少出现，整个市场的质量水平下降。柠檬市场的核心问题在于信息不对称，卖方拥有更多的信息，而买方则面临着不确定性和风险。这种信息不对称会导致市场上的低质量产品或交易占据主导地位，而高质量产品或交易则受到抑制。为了解决柠檬市场问题，可以通过提供更多的信息以减少信息不对称，引入第三方机构或专业评估师对产品或交易进行认证，提供中立的评估和鉴定，增加市场的透明度和可信度。卖方个体可通过建立良好的声誉来减轻信息不对称带来的问题，以良好的声誉作为信号来赢得买方的信任和合作意向。

2）信号理论观点。迈克尔·斯佩恩斯在1973年的论文《职业市场信号化》（"Job Market Signaling"）中提出了信号传递理论。他认为，发送方（如求职者）可以通过发送信号来传递其私有信息，以改变接收方（如雇主）对其能力或品质的认知。斯佩恩斯的研究奠定了信号传递理论的基础，是信息不对称领域的重要里程碑。

3）资本市场观点。在20世纪80年代和90年代，经济学家开始将信息不对称理论应用于资本市场研究。其中，安德鲁·洛（Andrew Lo）和马克斯·普莱斯（Markus Prior）等在资本市场中研究了投资者之间的信息不对称问题，解释了为什么一些投资者能够获得超额回报。

4）声誉风险管理观点。随着对声誉重要性的认识不断加深，研究者开始关注声誉在信息不对称中的作用,罗伯特·戈曼(Robert Gertner)和达雷尔·胡夫曼(Darrell Huffman)等学者在20世纪90年代提出了声誉风险管理的概念,强调企业声誉对于市场参与者的吸引力和信任的重要性。

5)社会责任观点。近年来,信息不对称理论的研究逐渐扩展到企业社会责任领域,学者们开始研究企业社会责任对于信息不对称的影响,以及企业通过社会责任行为来传递信号和建立声誉的机制。

(2)信息不对称的经济后果

信息不对称理论是经济学中的一个重要理论框架,用于解释在信息不完全或不对称的情况下,市场参与者之间的行为和决策,该理论认为,当某些市场参与者拥有比其他参与者更多或更准确的信息时,就会出现信息不对称。在信息不对称的情况下,一方通常被称为"发送方",拥有更多或更准确的信息;而另一方被称为"接收方",相对缺乏信息,信息不对称可能导致一系列经济后果,对市场和经济产生不利影响:

1)不公平竞争。信息不对称可能导致不公平竞争的现象,卖方可能通过提供虚假信息或隐瞒关键信息来获取竞争优势,导致市场竞争的公平性和效率性扭曲,进而对其他诚信企业造成不公平的竞争压力。

2)信任缺失和高交易成本。信息不对称可能破坏市场参与者之间的信任关系,导致交易成本增加,买方和卖方可能需要更多的时间和资源来验证信息,进行尽职调查和管理风险,导致交易的成本和复杂性增加。

3)资本市场扭曲。在资本市场中,信息不对称可能导致投资者无法准确评估企业的价值和风险,进而导致投资者决策的错误和资源配置的扭曲并影响资本市场的有效性和稳定性。

4)市场失灵。信息不对称可能导致市场失灵,即市场无法有效配置资源和实现最优结果。买方由于缺乏关键信息,可能无法做出明智的决策,而卖方则可能通过隐瞒信息或提供虚假信息来获取不当利益,进而导致市场交易的不公平和低效。此外,信息不对称还可能阻碍市场的完全发展和竞争,新进入者可能面临更高的准入门槛和更多的困难,因为他们需要建立声誉和信任,以克服信息不对称带来的不利影响,这可能会导致市场上出现垄断或寡头垄断现象,限制市场的竞争和创新,进而导致市场不稳定,当买方发现卖方提供的信息不准确或虚假时，市场上可能出现恶性循环，导致市场崩溃或波动加剧，进而对整个经济产生负面影响。

5）经济不平等。信息不对称可能加剧经济不平等和不稳定等问题，那些拥有更多信息和资源的人可能能够获得更好的交易条件和机会，而那些信息较少或不完全的人则可能陷入不利的境地，导致财富和机会的不平等分配，尤其当市场参与者对经济前景和风险的认识存在差异时，可能导致投资和消费决策的波动，从而影响整体经济的稳定性和发展。

（3）降低信息不对称的有效途径

解决信息不对称问题的途径根据具体情境和市场环境的不同而有所差异，常见的解决信息不对称问题的途径有：

1）信息披露。增加信息的透明度和可获取性，通过向市场披露更多的信息来减少信息不对称，如向潜在买家提供产品的详细信息、质量报告、历史记录等，以帮助买方更好地了解产品或交易的质量和风险。

2）第三方认证。引入独立的第三方机构或专业评估师来对产品或交易进行认证和鉴定，第三方机构或中介可以提供信息收集、验证和传递的服务，以减轻接收方的信息不完全问题。例如，评级机构可以评估债券的风险等级，为投资者提供有关债券的信息。第三方认证提供的中立评估和验证可以增加市场透明度和可信度，减少信息不对称的问题。

3）建立声誉。个体可以通过建立良好的声誉和建立买方和卖方之间的信任来减轻信息不对称带来的问题，通过持续地提供优质产品和服务，以及诚信和可靠的商业行为，来赢得买方的信任和合作意向，并促进更高效的市场交易。

4）契约和保证。在交易中引入明确的契约和保证条款，将卖方的责任和义务明确化，契约和保证可以提供一定的保障，减少信息不对称带来的风险。此外，通过教育和培训来提高买方对市场和产品的理解和认知水平，也可以减少信息不对称对市场的不利影响。

5）监管和法律法规。引入监管机构和法律法规以规范市场行为和信息披露要求，保护买方的权益，减少信息不对称的问题。

此外，增加市场竞争以促使卖方提供更好的产品和服务来降低信息不对称的风险；设计激励机制鼓励卖方提供准确和可靠的信息。例如，引入奖励或惩罚机制以确保卖方提供真实和准确的信息；提高市场参与者和公众对信息不对称问题的认识和理解等，都有助于营造更加透明和公正的市场环境。

2.2.2 信号传递理论

（1）信息传递理论发展史

信号传递理论是信息经济学领域的重要理论之一，它探讨了在信息不完全或不对称的情况下，发送方如何通过发送信号来传递其私有信息，以及接收方如何解读和利用这些信号的过程，以下是信号传递理论发展史中的几个重要里程碑。

1）迈克尔·斯佩恩斯的信号传递理论。在1973年的论文《职业市场信号化》（"Job Market Signaling"）中，经济学家迈克尔·斯佩恩斯提出了信号传递理论的基本框架，他以求职者和雇主之间的招聘过程为例，解释了为什么一些求职者愿意通过接受教育等成本较高的行为来发送信号，以展示其潜在的能力和品质。斯佩恩斯的研究奠定了信号传递理论的基础，并为后续的研究提供了重要的启示。

2）信号传递理论的拓展。在斯佩恩斯的基础上，经济学家们进一步发展了信号传递理论的概念和应用，詹姆斯·蒙迪特（James Mirrlees）和威廉·维克雷姆（William Vickrey）等在20世纪70年代和80年代对信号传递理论进行了深入研究，拓展了其应用范围，包括教育领域、保险市场、劳动市场等。

3）信息经济学的发展。信号传递理论是信息经济学的重要组成部分，而信息经济学本身也在不断发展，乔治·阿克洛夫、迈克尔·斯佩恩斯和约瑟夫·斯蒂格利茨等经济学家在20世纪80年代和90年代对信息经济学进行了深入研究，提出了一系列重要的理论和模型，进一步丰富了信号传递理论的内容。

4）实证研究和应用。随着理论的发展，学者们开始进行实证研究，以验证信号传递理论的有效性，并将其应用于实际问题中。例如，在招聘和人力资源管理领域，信号传递理论被用来解释求职者如何通过简历、学历和工作经验等信号来展示其能力和素质；在金融市场中，投资者通过分析公司的财务报表、盈利预测和管理层行为等信号来评估公司的价值和潜在风险。

（2）信息传递理论的关键概念

信号传递理论是一种经济学理论，最早由经济学家迈克尔·斯佩恩斯在1973年提出，其核心观点是，通过发送有效的信号，发送方可以在信息不对称的环境中提供有关其自身特征或品质的信息，从而影响接收方的决策，接收方则利用这些信号来减少不确定性，提高决策的准确性和效率，该理论主要探讨信息不对称情况下的信号传递和信息筛选问题。信号传递理论在经济学、金融学和组织行为学等领域都有广泛的应用，它有助于解释市场中的信息不对称问题，如劳动市场中以受教育程度和工作经验作为信号，金融市场中以公司财务报告和信用评级作为信号等；同时该理论也为通过设计机制和策略来改善信息不对称提供了洞察力。当涉及信息不对称的情况时，信号传递理论提供了一种理论依据来解释：为什么发送方会选择发送信号及接收方如何解读和利用这些信号，以下是信号传递理论的一些关键概念。

1）信息不对称。信息不对称是指在交易或交互过程中，一方拥有比另一方更多或更准确的信息，不对称的信息会导致市场参与者之间的不确定性和不公平性。

2）信号。信号是发送方为了传递特定信息而采取的行动或选择，信号可以是显性的，如教育程度、专业资格或认证；也可以是隐性的，如品牌声誉、市场表现或行为举止。信号的目的是提供有关发送方特征或品质的信息。

3）筛选。筛选是接收方根据接收到的信号对发送方进行判断和选择的过程，接收方通过解读和分析信号来推断发送方的特征或品质，并基于这些推断做出决策，如选择合作伙伴，雇佣员工或购买产品。

4）信号可信度。信号的可信度是指接收方对信号的真实性和准确性的评估，发送方有动机发送可信的信号，因为不可信的信号可能导致接收方做出错误的决策或不愿意与其交互。

5）信号成本。信号成本是指发送方为了发送信号而承担的成本，高成本的信号通常更具有可信度，因为发送方不愿意为了发送虚假或低质量的信号承担高昂的成本。

6）信息传递的限制。在现实世界中，信息传递可能受到各种限制和障碍，如信息噪声、信息过载、信息选择性等。这些限制可能导致信号的失真或接收方对信号的误解。在某些情况下，发送方可能会选择发送多个信号，以提供更多关于其特征或品质的信息，多个信号可以相互补充，增强整体的信号效果。此外，信号传递过程可能是动态的，发送方和接收方可以通过反馈和学习来调整他们的行为和策略，该过程可视为一种信息的博弈过程，发送方和接收方之间相互作用、相互影响，发送方努力发送可信的信号，而接收方努力解读和利用信号来做出最佳决策。

（3）信息传递的经济后果

企业通过发送信号向市场传递信息、这些信号可以是关于企业的质量、能力、意图、承诺或其他重要方面的信息，企业通过发送可靠和可验证的信号不仅可以表明其诚信和承诺，也可以让市场参与者了解企业的特点和价值从而影响他们的决策和行为。因此，企业信号传递的经济后果主要体现在企业自身和外部市场参与者两个方面。

对企业自身而言，首先，信号传递有助于帮助企业建立信任关系，以此获得市场竞争的优势。良好的声誉和可靠的信号可以吸引顾客和投资者，增加企业的知名度和市场份额，而信号传递可以帮助企业在激烈的市场竞争中脱颖而出，获取更多的商机和利润。

其次，企业还可以通过发送特定的信号来定位和差异化其产品或服务，通过传达产品的独特价值、品质、功能或其他特征来吸引目标市场的消费者，并通过巧妙地选择和传递信号，帮助企业在市场中建立独特的品牌形象和市场地位。

再次，信号传递可以帮助企业管理风险，企业通过发送与质量、安全、环境责任等相关的信号来降低消费者和投资者对风险的担忧，并增加他们对企业的信任和支持。

最后，企业信号传递还可以帮助企业吸引投资和融资，投资者和融资机构可以通过企业发送的信号来评估企业的潜力和风险，并决定是否愿意提供资金支持。例如，企业可以通过商业计划、财务指标、市场调研等信号向投资者传递关于企业价值和回报的信息，进而增加企业获得资金的机会。

对外部市场参与者而言，首先，企业信号传递对投资者的决策具有重要影响，投资者可以通过企业发送的信号来评估企业的潜力、风险和回报。例如，企业可以通过财务报表、业绩指标、市场前景展望等信号向投资者传递关于企业财务状况和未来发展的信息，进而帮助投资者做出明智的投资决策。

其次，企业信号传递对顾客的选择意愿也具有重要影响，顾客可以通过企业发送的信号来评估产品或服务的质量、可靠性和价值。例如，企业可以通过品牌声誉、产品认证、客户评价等信号向顾客传递关于产品质量和信任度的信息，进而影响顾客的购买决策和品牌忠诚度。

最后，企业信号传递对政府监管和合规要求也具有重要影响，企业可以通过发送符合法规和合规要求的信号来获得政府的认可和支持。例如，企业可以通过环境保护措施、社会责任活动、合规报告等信号向政府传递关于企业社会责任和合规性的信息，并以此来增加企业与政府的合作机会和互信度。

2.2.3 声誉理论

声誉在市场经济中被视为一种资产，具有信号作用，可以吸引顾客和投资者，声誉是指一个个体、组织或产品在他人心目中的评价和信任度。它是通过过去的行为和表现建立起来的，反映了其品质、可靠性和诚信度。声誉可以被视为一种信号，用于传递有关个体或组织特征的信息。

（1）声誉理论发展史

声誉理论的发展历史自20世纪60年代以来经历了以下几个重要阶段。

1）早期研究阶段（1960—1970年）。声誉理论早期研究集中在声誉的概念和定义上，学者们开始认识到声誉是企业在市场中的重要资产，可以影响消费者、投资者和其他利益相关者的行为，早期研究较多探讨声誉与企业绩效之间的关系。

2）信号理论阶段（1980年）。20世纪80年代，经济学家迈克尔·斯佩恩斯提出了信号理论，将信号与声誉联系起来，探讨了声誉作为企业向市场发送的信号的作用。他认为声誉是企业向市场发送的信号，用于传递关于企业品质和可靠性的信息，良好的声誉可以作为企业的信号，吸引消费者和投资者的关注，从而影响市场表现和竞争地位。迈克尔·斯佩恩斯的研究为声誉理论的发展奠定了基础。

3）资本市场观点阶段（1990 年）。20 世纪 90 年代，声誉理论开始与资本市场相关的观点相结合。如 Fombrun、Glynn、Rindova、Roberts 等从不同的学科和研究领域，如管理学、组织行为学、市场营销等，对声誉的概念、影响因素进行了深入研究。此外，学者们开始探究声誉对企业在资本市场中的价值和绩效的影响，良好的声誉被认为可以吸引投资者的关注，可以提高企业的估值和融资能力。

4）声誉风险管理阶段（2000 年）。随着 21 世纪初声誉管理的重要性日益凸显，学者们开始关注声誉风险管理的理论和实践。声誉风险管理涉及预测、评估和应对声誉受损的风险，以保护企业的声誉价值，研究者开始探讨声誉危机管理、声誉修复和声誉保护策略等方面的问题。

5）社会责任和声誉阶段（2010 年至今）。近年来，声誉理论与社会责任的关系成为研究的热点之一。学者们认识到企业的社会责任履行对声誉的建立和维护具有重要影响。企业通过积极履行社会责任，如环境保护、员工福利和社区参与等，可以提升声誉的价值并促进可持续发展。随着对声誉重要性认识的不断深化，声誉理论也在不断完善和拓展，为企业行为和市场竞争提供了重要的理论支持和指导。

（2）声誉的影响因素

企业声誉的影响因素主要可以从企业内部和外部两方面来考虑。

对企业内部来看，首先，企业的声誉会受产品和服务质量的影响。如果企业提供高质量的产品和服务，满足顾客的需求并超越他们的期望，将有助于建立良好的声誉，相反，如果产品和服务质量不佳，存在质量问题或受到顾客投诉，将对企业声誉产生负面影响。此外，企业的品牌价值和知名度对声誉产生影响，知名品牌和受欢迎的企业在市场上享有较高的声誉，品牌形象、品牌忠诚度和品牌关联度等因素都会影响企业声誉的形成。

其次，企业的声誉受商业道德和诚信的影响。诚实、透明和遵守承诺的企业行为有助于建立良好的声誉，反之，如果企业涉及欺诈、腐败、违法行为或不诚实的商业做法，将对声誉产生严重负面影响。此外，企业的声誉受其社会责任履行和可持续发展实践的影响。积极履行社会责任，关注环境保护，推动可持续发展等行为将提升企业的声誉，反之，如果企业缺乏社会责任感，忽视环境和社会影响，将对声誉产生负面影响。

再次，企业领导层的行为和决策会对声誉产生重要影响。领导层的诚信、透明度、决策能力和危机管理能力等方面将直接影响企业声誉，良好的领导力和管理层行为有助于建立信任和稳定的声誉。此外，员工的行为和表现也会对企业声誉产生影响。员工的专业素质、道德品质和工作表现将反映企业的形象和价值观，如果员工代表企业的形象积极正面，将有助于提升企业声誉。

最后，企业面临危机时的管理和应对能力将对声誉产生重要影响。如果企业能够及时、透明地应对危机，并采取有效的措施解决问题，将有助于维护声誉；相反，如果企业危机管理不当，对危机缺乏应对能力，将对声誉产生严重负面影响。此外，企业的公共关系和沟通策略会对声誉产生影响，通过构建积极的公共关系和实行有效的沟通策略，企业可以塑造积极的形象和声誉，并与利益相关者建立良好的关系。

从企业外部来看，首先，企业的声誉受客户体验和满意度的影响。顾客对企业的印象和评价将直接影响声誉的形成。如果企业能够提供优质的客户体验，满足顾客的需求，并提供出色的售后服务，将有助于建立良好的声誉。

其次，利益相关者的评价和反馈对企业声誉有重要影响。利益相关者包括顾客、投资者、员工、供应商、社区和政府等，他们的评价和反馈可以通过调查、评级机构、社交媒体等渠道传播，对企业声誉产生影响。

再次，媒体报道和口碑对企业声誉有重要影响。积极的媒体报道和良好的口碑可以增强企业的声誉，吸引更多的关注和支持，相反，负面的媒体报道和口碑将对声誉产生负面影响，损害企业形象和信任度。

然后，企业声誉也受到所处行业和竞争环境的影响。在竞争激烈的行业中，企业需要与其他竞争对手区分开来，建立独特的声誉和竞争优势，行业的整体声誉和行业标准也会对企业的声誉产生影响。

最后，企业是否遵守法规和合规要求会对声誉产生影响。合规性是企业声誉的重要组成部分，违反法规和合规要求将对声誉产生负面影响。

（3）声誉的经济后果

良好的声誉有助于企业获得竞争优势，吸引顾客和投资者，降低成本，拓展业务机会，并在危机和挑战面前更从容地应对，具体如下。

首先，良好的声誉可以增加顾客的信任和忠诚度，促使他们更倾向于购买企业的产品或服务，顾客更有可能选择具有良好声誉的企业，因为他们相信这些企业能够提供高质量的产品和优质的客户体验。因此，良好的声誉有助于企业吸引更多的顾客和业务，帮助企业在市场上建立竞争优势、增加市场份额并在竞争中取得优势。反之，声誉受损可能会导致企业品牌价值的下降，品牌是企业声誉的重要组成部分，声誉损害可能会对品牌形象和知名度造成负面影响，进而降低品牌价值和市场地位。

其次，拥有良好声誉的企业更有可能吸引投资者的关注和资金。投资者倾向于投资那些声誉良好、经营稳定、业绩可靠的企业，因为他们认为这些企业更有潜力令他们获得良好的回报。此外，声誉良好的企业更容易建立合作伙伴关系，并吸引其他企业与其合作，其他企业也更愿意与声誉良好的企业建立合作伙伴关系，因为他们相信这些企业能够提供稳定的业务环境并成为可靠的合作伙伴。反之，声誉受损可能导致企业融资成本的上升，声誉良好的企业通常能够以较低的利率获取融资，而声誉受损的企业可能面临更高的借款成本或投资者对其风险的担忧，从而增加融资的困难和成本。

再次，声誉良好的企业更有吸引力，能够吸引和留住高素质的员工，员工倾向于加入和留在声誉良好的企业，因为他们认为这些企业能够提供更好的职业发展机会和工作环境。反之，声誉受损可能对企业内部产生负面影响，员工士气和工作动力可能会下降，员工可能会对企业感到失望和不安，这可能导致员工流失、工作绩效下降和生产力减退，进而对企业的经济表现产生负面影响。

然后，具有良好声誉的企业通常能够实施较高的价格，因为顾客愿意为他们信任和认可的品牌和企业付出更高的价格。这种价格弹性使得企业能够获得更高的利润率和收益。反之，声誉受损可能导致企业面临危机和负面事件时的管理成本增加。

最后，声誉受损可能导致企业面临法律诉讼、罚款和监管限制等法律和监管风险。声誉损害可能会引起消费者、投资者或其他利益相关者的不满和索赔，不仅使企业损失业务合作机会，进而限制业务发展和潜力增长，也会给企业带来法律纠纷和经济负担。

(4) 声誉受损企业的信息披露修复行为

声誉是指企业在利益相关者心目中的信誉和形象，包括其产品质量、道德行为、社会责任、创新能力等方面的评价，企业的声誉对其经营绩效和竞争优势具有重要影响，良好的声誉可以吸引更多的顾客、投资者和员工，促进业务增长和利润增长。但声誉的建立和保护是一个长期的过程，声誉也可以因一次负面事件或不当行为而受到损害，一旦声誉受损，可能导致顾客流失、投资者的撤资及员工的流失。因此，当企业的声誉受损时，信息披露是修复声誉的重要一环，一般而言，声誉受损企业可以采取以下3种方式进行修复。

第一种，公开透明的沟通方式修复受损的声誉。首先，企业可以积极主动地向利益相关者公开透明沟通受损事件的相关信息，如向公众、顾客、投资者、员工等发布公开声明，解释事件的原因、企业的立场和采取的措施，并回答他们的疑问和关切。其次，企业可以及时披露与声誉受损事件相关的重要信息，如事件的影响范围、损失情况、调查进展等，这可以避免传闻和不准确信息的扩散，增加信息的透明度和可信度。再次，如果有错误信息或误解在公众中传播，企业可以迅速纠正并提供准确的信息，进而消除误解，恢复声誉并避免负面影响进一步扩大。然后，企业可以向利益相关者展示具体的改进计划，说明将采取哪些措施来防止类似事件再次发生，并表明企业正在积极解决问题，进而增加利益相关者对企业的信心。此外，企业可以定期向利益相关者报告声誉修复工作的进展和成果以展示企业在修复声誉方面的努力，从而增加其对企业的信任和支持。最后，企业可以确保在信息披露过程中遵守相关的合规和道德规范，不仅要确保信息的准确性、完整性和及时性，避免误导性陈述和隐瞒重要信息，还可以建立独立的监督机制，来增加信息披露的可信度，如建立独立董事会、审计委员会或第三方评估机构，这些机制可以对企业的信息披露过程进行监督和评估，确保信息的准确性和透明度。

第二种，创新性行为方式修复受损的声誉。首先，企业可以利用新兴的数字平台和社交媒体来传达修复声誉的信息，如通过发布博客、视频、社交媒体帖子等形式，也可以直接与广大受众互动，来传达企业的立场、改进措施和成果。其次，企业可以采用创新的信息可视化方式，以更生动、直观的方式传达修复声誉的信息。例如，通过制作动画视频、图表、图像等形式，将复杂的信息转化为易于理解和吸引人的形式，提高信息传递的效果。此外，企业还可以通过创建虚拟现实场景或增强现实体验，让受众亲身感受到修复声誉的过程和成果，增加参与感和共鸣。最后，企业可以采用故事化的方式来呈现修复声誉的过程和成果，通过讲述真实的故事，分享个人经历和见解，企业可以更加贴近受众，并引起情感共鸣，增强信息的影响力和可信度。

第三种，策略性信息披露方式修复受损的声誉。首先，企业可以通过大量信息披露强调企业的核心价值观和道德标准，以证明其对于修复声誉的承诺和行动，并展示其在受损事件中采取的具体措施，以证明其重视道德和诚信。其次，企业可以制订策略性的信息披露修复计划，通过重点关注利益相关者的关切和需求，在信息披露中积极给予回应，进而增强与他们的沟通和合作并建立更紧密的关系，促进声誉修复的进程并争取最大限度地恢复声誉和信任。再次，当企业遭受负面冲击而产生影响企业声誉的事件时，企业可以利用积极主动地发布社会责任报告的方式来修复组织形象（车笑竹 等，2018）；或是利用高质量的社会责任文本信息来向外部利益相关者传递透明度较高的信息及有责任有担当的企业形象，通过增加外部利益相关者对企业的信任感来影响他们对企业形象及声誉的评估（吴珊 等，2022）。最后，企业可以通过披露更多的创新文本信息向监管机构和公众展示其改进和合规措施的具体细节和成效，以证明企业的自我纠正能力和处理问题的认真态度；通过主动向监管机构和公众展示其运营情况、财务状况和合规措施，以展示其积极配合监管和自我监督的态度；另外通过主动披露创新相关信息来表明企业的诚信意愿，以降低可能的法律风险及进一步的损失和不利影响。

2.2.4　印象管理理论

（1）印象管理理论发展史

印象管理理论是研究个体如何管理和塑造他人对自己印象的学科领域，

印象管理理论的发展是一个不断演进的过程,从早期的自我一致性理论到信号传递理论,不断丰富和完善了对个体印象管理行为的理解。随着社会和技术的变化,印象管理理论将继续适应新的环境和挑战,并为个体和组织提供有关印象管理的指导和策略,以下是印象管理理论的发展史的主要里程碑。

1)自我理论。20世纪60年代,心理学家利奥纳德·伯内特(Leon Festinger)提出了自我一致性理论,认为个体在行为和态度上倾向于保持一致,以维护自我形象和获得他人认同,这为后来的印象管理理论奠定了基础。

2)社会认知理论。20世纪70年代,社会心理学家艾伯特·班德拉(Albert Bandura)提出了社会认知理论,强调个体通过观察和模仿他人来学习和形成自我概念,该理论强调了社会环境对个体印象管理的影响。

3)自我呈现理论。20世纪80年代,社会心理学家厄文·戈夫曼(Erving Goffman)提出了自我呈现理论,强调个体在社交互动中通过表达自我,控制信息和使用符号来管理他人对自己的印象,这一理论对印象管理的概念和策略进行了深入研究。

4)印象形成与管理理论。20世纪80年代和90年代,心理学家约翰·高兹(John J. Skowronski)和其他学者提出了印象形成与管理理论,强调个体通过选择性信息处理、记忆重构和情绪调节等方式来塑造他人对自己的印象。

5)信号传递理论。20世纪90年代,心理学家丹尼尔·基纳曼(Daniel Kahneman)和亚当·塞奇(Adam Tversky)提出了信号传递理论,强调个体通过选择和传递特定的信号来管理他人对自己的印象,该理论强调了信息的重要性及个体在印象管理中的策略性行为。

6)在线社交媒体的兴起。随着社交媒体的普及和数字化时代的到来,个体的印象管理变得更具挑战性和复杂性。一方面,个体在社交媒体上的言行举止及在线活动都会形成数字足迹,对个人形象和印象产生影响,因此,个体需要更加谨慎地管理自己的社交媒体活动,以免形成负面印象。另一方面,随着个体需要在不同社交圈子中扮演不同角色,印象管理变得更加复杂,个体需要在不同场合中塑造和管理不同的印象,以适应不同的社交和身份要求。此外,不同文化背景下的个体可能对印象管理有不同的期望、价值观和行为方式。因此,印象管理还需要考虑到文化差异因素。

(2)印象管理的途径

企业可以通过多种途径来进行印象管理,如通过向外界传达积极的形象和价值观来增强信任和认可,来帮助企业应对挑战和危机,并维护声誉和形象的稳定性。

首先,企业需要明确印象管理的目标。这可能包括塑造积极的品牌形象,提升产品或服务的质量声誉,树立企业的社会责任形象等,明确目标有助于企业确定印象管理的方向和策略。

其次,企业需要明确自己的品牌价值观和核心信息。这包括企业的使命、愿景、核心价值观和品牌故事等,建立品牌价值观有助于塑造企业独特的形象,并与目标受众建立情感连接。

再次,企业的财务信息披露和文本信息披露是重要的信息披露方式。通过准确、详尽地披露企业的财务状况、业绩表现、战略目标及创新描述,企业可以向投资者和利益相关者展示其稳定性和成长潜力以增强其信任和信心,进而达到印象管理的目的。比如,可持续发展报告是企业向外界展示其社会责任和可持续经营实践的重要途径,通过披露企业的环境、社会和治理(ESG)绩效,企业可以展示其对可持续发展的承诺和成果,增强公众对企业的正面印象。通过披露创新信息,企业可以展示其对创新活动的投入和进展情况,增强公众对企业发展前景的信心。

最后,企业可以通过将不同沟通渠道中传达的信息保持一致,来形成统一的企业形象,从而提升消费者对企业的认知和记忆,如企业的品牌标识、口号、广告宣传、社交媒体及不同渠道的信息披露内容等。尤其是当企业面临危机或负面事件时,企业应及时向公众披露相关信息,解释情况,采取措施,并展示对问题的负责任态度,有效的危机管理方式可以保护企业的声誉和形象,是企业印象管理的重要运用领域。此外,企业可以通过举办股东大会、投资者电话会议、消费者调查等方式,了解他们的需求和关切,并及时回应和解决问题,还可以利用社交媒体和在线渠道进行信息披露,与利益相关者进行直接互动,如通过发布企业新闻、产品信息、活动报道等,企业可以积极与利益相关者进行沟通和互动,进而有助于建立良好的关系,塑造积极的印象。

（3）印象管理的经济后果

良好的印象管理可以为企业带来一系列经济后果，包括增加市场份额和销售额、提高产品或服务定价能力、吸引投资和融资机会、降低成本和风险，以及增强应对危机和挑战的能力，这些经济后果有助于企业实现可持续的发展和盈利能力的增强，详情如下。

1）增加市场份额和销售额。良好的印象管理可以提高消费者对企业的认可和信任，当消费者对企业的形象有积极的印象时，他们更有可能选择购买该企业的产品或服务，从而促进销售增长，进而增加市场份额和销售额。此外，通过积极的印象管理，企业可以建立良好的客户关系并提高客户忠诚度。当客户对企业有积极的印象时，他们更有可能成为忠实的重复购买者，并推荐企业给他人，这种客户忠诚度可以增加企业的收入，减少市场营销成本，并带来口碑效应。

2）提高产品或服务定价能力。积极的印象管理可以为企业赋予更高的品牌价值和知名度，使企业能够在市场上实施更高的产品或服务定价，消费者也愿意为具有良好声誉和形象的企业产品支付更高的价格，从而提高企业的盈利能力。

3）吸引投资和融资机会。由于投资者倾向于将资金投入具有良好声誉和形象的企业，金融机构也更愿意为这些企业提供融资支持，因此，良好的印象管理可以增加企业对投资者和金融机构的吸引力，为企业获得更多的投资和融资机会。此外，积极的印象管理可以为企业带来更多的业务机会，吸引更多合作伙伴、合作机构和新客户，从而扩大企业的业务网络和市场渗透率，进而为企业带来更多的合作和销售机会，促进业务增长和拓展，实现良性循环。

4）降低成本和风险。良好的声誉和形象可以吸引优秀的员工加入企业，降低招聘和培训成本，因此积极的印象管理可以帮助企业降低成本和风险；同时，良好的声誉和形象也可以增强企业与供应商和合作伙伴之间的合作关系，降低采购成本和供应风险。

5）应对危机和挑战的能力。企业在危机时拥有良好的声誉和形象，可以更好地应对负面事件，减少声誉损失和经济损失，并更快地恢复到正常运营状态，因此当企业面临危机或挑战时，良好的印象管理可以提供一定的保护和弹性。此外，良好的声誉和形象可以形成企业的核心竞争力，使其在竞争激烈的市场中脱颖而出，因此通过持续的印象管理，有助于企业建立长期的竞争优势。

6）吸引人才和提高员工满意度。员工更倾向于在具有良好声誉和形象的企业中工作，因此良好的印象管理可以使企业成为人才的首选雇主，不断吸引高素质的员工加入企业。还有助于提高员工满意度，降低员工流失率，并增强企业的人力资源优势。

2.2.5 寻租理论

（1）寻租理论发展史

寻租理论是经济学中的一个重要理论框架，用于解释在市场失灵或政府干预的情况下，个体或组织如何通过寻求特殊权益或特权来获取额外收益。寻租理论的发展为理解个体和组织在特殊权益和特权获取方面的行为提供了重要的理论框架。它有助于揭示政府干预和市场失灵对资源配置和社会福利的影响，并为政策制定者提供指导，以减少寻租行为的负面影响，促进经济发展的公平和效率。寻租理论的发展主要分为以下阶段。

1）早期理论。寻租理论的概念最早由经济学家戴维·里卡多（David Ricardo）在19世纪初提出，里卡多认为，当资源分配受到政府干预或存在市场失灵时，个体或组织会通过获取特殊权益或特权来获取额外的收益。

2）奥尔森的贡献。20世纪60年代，经济学家曼库尔·奥尔森（Mancur Olson）对寻租理论进行了重要的发展和扩展，他在其著作《利益集团》中提出了"集体行动困境"概念，指出在大规模组织中，个体或小团体往往会通过寻求特殊权益来获得利益，而这可能会导致整体利益的损失。

3）政治经济学的发展。寻租理论在政治经济学领域得到了广泛的关注和研究，学者们通过研究政府与利益集团之间的关系、政治权力的分配及政府干预的影响等方面，深入探讨了寻租行为的动因和后果。

4）公共选择理论。公共选择理论是对寻租理论的进一步发展和扩展，该理论由詹姆斯·布坎南（James Buchanan）和戈登·图洛克（Gordon

Tullock)等学者提出，强调政治决策过程中的个体利益追求和政治权力分配，公共选择理论为理解政府行为和寻租行为提供了重要的分析工具。

5）后续研究和应用。后续的研究在寻租理论的基础上进一步拓展了对寻租行为的理解，学者们研究了不同类型的寻租行为，如政治寻租、经济寻租、专业寻租等，并探讨了寻租行为对经济增长、资源配置和社会福利的影响。

（2）企业寻租的行为种类

企业信息披露中的寻租行为指的是企业利用信息披露的机会和渠道来追求特殊权益或特权，以获取经济利益或获得市场优势，而不是为了提供真实、准确和全面的信息给投资者和利益相关者。企业可能会利用信息披露的机会来追求自身的私利，而不是真正履行信息披露的义务，对企业而言常见的寻租行为主要有：

1）不完整或误导性的信息披露。企业可能有意选择性地披露信息，以掩盖或减少负面信息，从而误导投资者和利益相关者，企业试图忽略重要的风险因素或财务数据，以提高自己的形象或股价。

2）滥用非财务指标。企业可能使用非财务指标或非标准化指标来美化其业绩，使其看起来比实际情况更好，这种行为可能会误导投资者对企业的真实财务状况和绩效的评估。

3）调整盈余管理。企业可能通过调整会计方法、会计估计和会计政策等手段来管理其盈余，以满足市场预期或激励机制的要求，从而获得更高的股价或奖励，这种行为可能掩盖了企业真实的盈利能力和财务风险。

4）不透明的关联交易。企业可能通过关联交易来转移资产、利润或风险，以谋求自身利益，这种行为可能损害其他利益相关者的利益，如股东、债权人或供应商。这些寻租行为可能会损害信息披露的透明度和可靠性，阻碍投资者和利益相关者对企业的准确评估和决策，违背了信息披露的原则和目的，导致市场的不公平和不稳定。

（3）企业寻租的影响因素

企业寻租行为是一个复杂的现象，受到多个因素的综合影响，了解影响因素有助于更好地理解企业寻租行为的动因和机制，并采取相应的措施来减少寻租行为对经济和社会的负面影响。一般而言，企业寻租的影响因素主要有：

1）市场结构和竞争环境。市场的结构和竞争程度对企业寻租行为产生影响，在竞争激烈的市场中，企业往往更难通过寻租手段获取特殊权益，因为竞争迫使它们更专注于提供创新和高质量的产品或服务，相反，在垄断或寡头垄断市场中，企业可能更容易通过寻租行为获取额外的利润。此外，不同产业的特征和技术变革对企业寻租行为的影响也不同，某些产业可能更容易出现寻租行为，特别是那些具有高度专利保护、准入门槛高或政府补贴等特征的产业，而技术变革则可能改变市场动态和利润机会，从而影响企业的寻租行为。

2）政府政策和监管环境。政府政策和监管环境对企业寻租行为的影响也很重要，政府的干预和监管可能创造了特殊的利益和特权，企业可以利用这些机会来寻求额外的经济利益，政府的不透明性、腐败和不公正的政策执行也可能促使企业进行寻租行为。

3）企业规模和资源。企业的规模和资源水平可能影响其寻租行为，大型企业通常拥有更多的资源和影响力，可以更容易地通过游说、政治捐赠和关系网络等手段来寻求特殊权益，而且大型企业由于其市场份额和垄断地位，可能更容易获得政府的优惠待遇。此外，当企业面临不确定的市场环境、法律法规的变化或竞争压力时，它们可能更倾向于通过寻租手段来减少风险或获得额外的收益，寻求特殊权益为企业提供一定程度的保护和稳定性。

4）利益相关者的期望和反馈。利益相关者的期望和反馈也可能影响企业的寻租行为。如果利益相关者对企业的行为和道德标准有较低的期望，或者对企业寻求特殊权益持纵容或支持态度，那么企业可能更倾向于进行寻租行为；相反，如果利益相关者对企业的道德和责任要求较高，并对寻租行为持批评态度，企业可能会受到舆论压力和声誉风险的影响，减少寻租行为的发生。

5）文化和道德价值观。企业的文化和道德价值观对寻租行为也有重要影响。如果企业内部倡导诚信、透明和合规的价值观，那么寻租行为可能受到抑制；相反，如果企业内部存在道德风险和道德倾斜，缺乏对道德和合规的重视，那么寻租行为可能更容易发生。此外，社会文化和道德观念对企业寻租行为的影响也不可忽视，在一些社会文化背景下，寻租行为可能被视为不道德或不受欢迎的行为，从而限制了企业的寻租行为；相反，在某些文化中，寻求特殊权益可能被视为正当的商业行为。

（4）印象管理的经济后果

透明、准确和公正的信息披露是维护公平竞争和资本市场正常运行的关键，企业利用信息披露寻租会对企业、投资者和市场产生以下影响。

对企业而言，首先，企业利用信息披露寻租可能导致不公平竞争的现象，通过选择性披露信息或在信息披露中夸大或隐藏事实，企业可以获得市场上的竞争优势，从而排挤竞争对手，这种不公平竞争可能导致市场扭曲和资源分配失衡。其次，企业利用信息披露寻租可能对其声誉和信任造成负面影响，一旦企业被揭露或发现利用信息披露进行寻租行为，其声誉和信任度可能受到损害，这可能导致投资者和利益相关者对企业失去信心，影响其长期发展和可持续性。

对投资者而言，企业利用信息披露寻租可能会误导投资者，通过操纵或隐瞒信息，企业可以使投资者对其业绩和前景产生误解，从而影响投资者的决策，这可能导致投资者做出错误决策。

对资本市场而言，企业利用信息披露寻租可能导致市场的不透明度增加，如果企业选择性地披露信息或提供模糊的信息，市场参与者将难以准确评估企业的价值和风险，从而导致市场的不稳定性和不确定性增加。此外，企业利用信息披露寻租还可能导致资本市场的效率下降，如果企业通过操纵信息或误导投资者来获取额外的经济利益，资本市场可能无法准确反映企业的真实价值和风险，进而导致资源配置的失衡和市场效率的下降。

2.3 策略性信息披露文献回顾

2.3.1 策略性信息披露影响因素的相关文献

通过对现有国内外信息披露相关文献的梳理，企业策略性信息披露的影响因素包含以下五方面。

(1)法律和监管要求方面

企业在披露信息时受到法律和监管机构的规定和要求,企业需要按照规定披露特定的信息。这些规定既包括对企业财务报告、风险披露、关联交易等方面披露的具体要求,也涵盖了信息披露的内容、时间、方式和频率等。企业信息披露受到多个法律条款的规范和约束,常见的有公司法、证券法、会计法规、信息披露准则和国家证券监管机构的规定。其中,公司法针对上市公司和公众公司的信息披露做出了明确规定,包括披露的内容、时间、方式和频率等;证券法规定了上市公司和其他证券发行主体在证券市场上的信息披露义务,它要求公司在发生重大事项时及时披露相关信息,以保护投资者利益和维护市场秩序;会计法则规定了财务报表的格式、内容、审计要求等,确保企业的财务信息准确可靠;而国家或地区制定的特定信息披露准则,也会对企业的财务信息披露进行规范,如国际财务报告准则(IFRS)。国家证券监管机构发布的规定和指导意见对企业信息披露的影响,现有学者观点不一致,部分学者认为,法律和监管机构要求越严,企业有可能披露更透明的信息。如学者在利用新西兰数据时发现,采用国际财务报告准则后的企业年报披露篇幅变长,复杂性得到提升,可读性出现下降(Richards et al., 2015;Jang et al., 2016)。证监机构的财务报告问询函能够发挥显著的监管作用,可以提高收函公司的年报可读性,促使与收函公司具有联结关系的上市公司改善年报披露行为,提高年报可读性(翟淑萍 等,2020),也能减少管理层乐观语调操纵行为(范合君 等,2022;付文博 等,2022)。但是也有部分学者认为,在法律和监管的压力下,企业管理者会利用具有较大自由裁量权的文本信息,对披露的时间、语调、方式等内容进行策略性管理(曾庆生 等,2018)。

(2)产业竞争和市场环境方面

企业所处的行业竞争和市场环境也会影响其信息披露策略。一方面,在竞争激烈的市场环境中,企业需要通过信息披露来展示自己的竞争优势、业绩和战略规划,以获得投资者关注和支持,因此企业会更积极地披露信息以降低企业与外部信息使用者之间的信息不对称程度,以此来帮助企业建立良好的声誉和信任并在竞争中脱颖而出,比如,陈良银(2020)研究发现行业竞争程度越激烈越能有效抑制年报语调操纵。然而另一方面，在竞争激烈的市场中，市场环境充满了不稳定性或缺乏透明度，此时企业可能需要更加谨慎地披露信息，以免产生不确定性和负面影响，进而增加出现策略性信息披露的概率。有学者研究发现腐败程度更高和文化较为保守含蓄的地区公司的年报可读性较差（Kumar，2014），因此，经济政策不确定性一方面会增加企业融资约束，进而对年报可读性具有改善作用；但另一方面经济政策不确定性也增大了管理者的机会主义行为，进而可能导致年报可读性下降（丁亚楠等，2021）。

（3）投资者需求方面

投资者需求在很大程度上影响企业的信息披露策略和行为，不同类型的投资者对信息披露的需求和关注点也有所不同，上市公司需要根据投资者的需求来确定信息披露的内容和形式。例如，机构投资者可能更关注财务指标，而社会责任投资者可能更关注环境和社会影响。一般而言，投资者往往希望获取准确、全面和及时的信息，以便做出明智的投资决策，因而为了满足投资者对信息透明度的要求，企业既需要披露较为准确、可比较及详尽的财务信息（资产负债表、利润表和现金流量表等），还需要披露战略规划、市场前景、竞争优势、风险管理和可持续发展等方面的非财务信息，以增加投资者对企业的理解和信任。例如，越来越多的投资者对企业业绩预告、年报文本信息等感兴趣，投资者希望了解企业的预期盈余、可持续发展战略等方面的信息，因而企业需要根据投资者的需求，披露与投资者需求相关的信息，以及企业的综合实力及发展前景。因此，为了更好地满足投资者需求，企业管理层可能会披露更丰富、全面的文本信息来佐证财务信息，并以此来满足投资者的期望并增强投资者对企业的信任与支持，但也有可能会根据投资者关注点及需求来制定信息披露策略，进而实现企业的特定目标或管理者的特定目的。有学者研究发现，公司内部人通过操纵年报可读性来隐藏公司负面信息的动机（朱光 等，2022），年报语调越积极，公司高管在年报公布后一段期间内卖出股票规模越大，净买入股票规模越小，也证实了公司高管编制年报时存在自利的操纵嫌疑（曾庆生 等，2018）。

（4）公司治理结构方面

公司治理结构对信息披露决策有较大影响。有责任感的管理者和良好的公司治理结构有利于企业披露透明度较高的信息，反之，则容易因企业与外部信息使用者之间的信息不对称而产生策略性的信息披露行为。如果董事、监事、经理等管理者具有高度责任感，他们则更有可能推动公司进行透明度较高的信息披露。相反，如果董事、监事、经理等管理者缺乏透明度或存在利益冲突，则可能会抑制信息披露的真实性，进行更多的策略性信息披露。此外，良好的公司治理机制可以促使企业更加透明和合规地披露信息，健全的内部控制和审计机制有助于确保公司信息披露的准确性和合规性。如果公司具有有效的内部控制和审计程序，可以增强对策略性信息披露的监督和管理，从而提高信息披露的质量和可信度。有文献表明，管理层前期任职及慈善经历等背景特征会对管理层信息披露语调产生影响（Davis et al.，2015），董秘的声誉和会计背景有助于提高信息的可读性（孙文章，2019；孙文章，2021）。当管理层持股比例较大时，管理层通常掌握更大的权力，这为其操纵披露信息提供了空间，权力越大的 CEO 越倾向于使用乐观和激进的语调（DeBoskey et al.，2019）。此外，高管的教育水平、自信程度、性别、年龄都会对企业策略性披露年报产生影响（Tuo et al.，2019；Seifzadeh et al.，2021；Bassyouny et al.，2020；Xu et al.，2018）。

（5）媒体和社会舆论方面

媒体报道和社会舆论通过影响企业形象及声誉进而对企业的策略性信息披露产生影响。一方面，企业可能会考虑信息披露对舆论和媒体的影响，以及公众对其形象和声誉的看法。因为媒体报道可以将企业的行为和决策曝光给公众，特别是对不当行为或不透明的信息披露进行揭露。负面的媒体报道可能对企业的声誉造成损害，并引发公众的质疑和不信任。为了维护声誉和避免负面影响，企业可能更倾向于披露可信度较高的信息，以提供更多的透明度并证明其合法性。有研究表明媒体关注显著提高了企业自愿性社会责任信息披露意愿及水平（倪恒旺 等，2015）。另一方面，如果媒体报道负面事件或舆论质疑企业的信息披露实践，投资者可能会对企业的可靠性和透明度产生疑虑。为了恢复投资者信心，企业可能会主动增加策略性信息披露以应对面临的媒体及社会舆论压力，甚至高管还会利用媒体披露管理行为的外部性进行"搭便车"减持（易志高 等，2017）。

2.3.2 策略性信息披露经济后果的相关文献

通过对现有国内外信息披露相关文献的梳理发现，策略性信息披露经济后果的研究主要集中于信息披露的信息含量、信息披露的市场反应和信息披露对利益相关者的影响三方面。

（1）策略性信息披露的信息含量

现有文献对信息披露的信息含量持不同观点，部分学者认为，信息披露可通过降低信息不对称，发挥治理功能促进企业的长远发展，符合"信息增量观"假说。支持该假说的学者认为，管理层信息披露为市场参与者提供了额外有关公司的信息，分析师可以据此形成更为准确的盈余预测，进而降低资本市场信息不对称（李馨子 等，2015；刘彦来 等，2015）。管理层讨论与分析的披露可以起到信息增量的作用，为投资者提供定量财务数据所不能反映的增量信息（刘逸爽 等，2018），进而有助于投资者进行投资决策（Copeland，1978），识别公司潜在的违规风险（郭松林 等，2022），预测未来经营业绩和财务危机发生概率（Cole et al.，2004；薛爽 等，2010；苗霞 等，2019）。此外，年报 MD&A 还可以有效缓解企业的融资约束，提升企业价值（逯东 等，2021；陶雄华 等，2022），并提高资本市场定价效率（余海宗 等，2021）。

然而也有部分学者认为，信息披露是企业管理层机会主义行为的重要载体，符合"信息操纵观"假说。支持该假说的学者认为，披露时间越晚的业绩预告准确性越低，表明公司的业绩预告存在策略性披露行为（李洋 等，2021）。公司管理者可以通过披露高估盈利的业绩预告操纵股价以帮助管理者从减持股票中获利（余晨阳，2018）。管理层可以根据定增对象的不同，策略性地发布信息含量不一样的业绩预告以影响定增新股发行价，若大股东参与认购新股，则倾向于发布坏消息的业绩预告，以压低新股发行价，若大股东不参与认购新股，则倾向于发布好消息的业绩预告，以抬高新股发行价（喻均林 等，2021）。因此，强制的业绩预告制度是一把"双刃剑"，在改善上市公司信息环境的同时会诱发上市公司的盈余管理行为，降低盈余质量（黄

晓蓓 等，2015）。此外，年报文本信息也是管理层印象管理的重要手段（周波 等，2019），不同于经过严格审计的数字信息，以文字信息为主的年报文本信息给管理者较大的策略性披露空间，以达到误导市场情绪的目的（朱朝晖 等，2018），年报文本信息披露的重要动机在于隐藏盈余操纵（程新生 等，2015），年报异常的积极语调暗示了企业较高的未来风险，这与语调的信息增量解释相悖，因此年报异常积极语调更可能是操纵的结果（林晚发 等，2022）。

（2）策略性信息披露的市场反应

投资者对正负盈余预告信息的反应具有非对称性，投资者对负面预告反应要大于对正面预告的反应，市场同样对公司坏消息的反应更为剧烈，而对好消息的表现则相对较为平稳（杨德明 等，2006），企业业绩预告信息越乐观，股票回报越高，且该价格效应受到信息语言特征的影响，当业绩预告信息的情绪被过度渲染时，市场对文本信息的反应程度将减弱，表明我国资本市场能及时且准确地对新信息做出反应（朱朝晖 等，2018）。

首先，在资本成本方面。上市公司的年报篇幅、语调等信息有利于缓解外部投资者面临的信息不对称，进而减少投资者所需的风险补偿，使权益融资成本降低（罗进辉 等，2020；钱燕 等，2022；赵宇亮，2020）；当管理层采取保守或一致预告策略时，公司隐含资本成本显著低于其采取乐观预告策略时，说明公司管理层的乐观预告策略受到了市场的惩罚（董南雁 等，2017）。

其次，在资本市场定价效率方面。在市场化程度和社会信任水平较高地区的企业中，年报可读性对股票流动性的积极影响更为明显（王运陈 等，2020），年报语调可以降低股价同步性，提高资本市场定价效率（余海宗 等，2021）。但是也有学者发现，年报超额净乐观语调与股价同步性正相关，年报超额净乐观语调含有较少的公司层面特质性信息，从而导致股价同步性的提高，损害了资本市场的定价效率（许晨曦 等，2021）。

最后，在股价崩盘风险方面。有学者认为公司年报篇幅越长、可读性越好、语调越积极，越能有效对外传递信息并缓解信息不对称，进而降低公司的股价崩盘风险（熊浩 等，2022；王嘉鑫 等，2022；刘会芹 等，2022；原东

良 等，2022）。然而也有学者认为，年报语调的积极程度对年报披露后的崩盘风险没有显著影响。但考虑语调的真实程度之后，真实程度较低情况下的积极语调反倒会导致较大的崩盘风险（周波 等，2019）；管理层业绩预告乐观偏差越大，企业的股价崩盘风险越大（宫义飞 等，2020）；企业当年年报的增量信息越多，股价崩盘风险越低（Fields et al.，1998；朱杰，2022；宋昕倍 等，2023），但也有学者认为，若企业年报中增量信息较多为与风险有关的信息时，企业的股价崩盘风险反而较高（张淑惠 等，2021）。

（3）策略性信息披露对利益相关者的影响

现有文献对信息披露对利益相关者的影响研究主要集中于信息披露对分析师的影响、对审计师的影响及对其他利益相关者的溢出效应研究三方面。

首先，对分析师的影响。现有文献认为公司复杂的年报会导致分析师预测质量下降并增加分析师预测的分歧度（朱丹 等，2021），而年报语调能提高分析师盈余预测准确性（余海宗 等，2021）。但学者对年报可读性对分析师关注的影响存在分歧，有学者认为分析师会更多关注年报可读性较低的公司（朱丹等，2021），但也有学者认为年报文本信息可读性越低，分析师关注度越低（刘会芹 等，2020）。国外基于盈利电话会议研究表明电话会议可以提高分析师准确预测收益的能力（Bowen et al.，2002）。而国内基于业绩说明会同样表明业绩说明会语调能够为分析师提供增量信息，业绩说明会净积极语调能够显著降低分析师预测偏差和分析师乐观偏差（钟凯 等，2021），分析师工作经验越丰富，信息捕捉能力越强，越能吸收与理解业绩说明会中的前瞻性信息，做出更准确的预测，因此业绩说明会中的前瞻性信息可以显著提升分析师盈余预测准确性（许帅 等，2023）。

其次，对审计的影响。有学者认为年报文本语调具有信息含量，因而可以通过减少审计投入来降低审计费用（梁日新 等，2021），并降低被出具非标准审计意见的概率（李世刚 等，2020）。但是也有学者认为，企业年报语调越积极，审计师在关键审计事项披露中采用更多负面词汇，从而导致关键审计事项的披露语调更消极（蔡闫东 等，2022），当年报文本信息存在异常积极的语调时，审计师为弥补风险溢价会增加审计收费（王嘉鑫 等，2020）。

最后，年报信息披露的溢出效应。较积极的同行管理层讨论与分析语调有助于提高目标企业下一期创新投资水平,表明同行管理层讨论与分析语调对企业创新投资产生正面溢出效应(李姝 等,2021)。而当企业被交易所问询时,会影响外界对公司的风险判断和感知,进而可能影响下游客户管理层对该企业经营风险、发展稳定性和未来业绩的预期,进而提高客户管理层语调的积极性(王海林 等,2022)。此外,文本信息的语调特征具有跨企业传染效应,管理层语调会通过供应链波及供应商(于莹 等,2022),客户MD&A的积极语调,会导致供应商的过度投资(梁思源 等,2023),并减少现金的持有(底璐璐 等,2020),增加对关系专用性的投资(刘雨琳,2022)。此外,业绩说明会的管理层情感语调信息具有同业溢出效应,管理层净正面语调越积极,同业公司股票超额回报率越高,当管理层情感语调与财务信息可以相互印证时,同业溢出效应更强(钟凯 等,2021)。

2.3.3 文献述评

通过对国内外现有文献的梳理可以发现,对企业策略性信息披露影响因素的研究主要集中于法律和监管要求、产业竞争和市场环境、投资者需求、公司治理结构及媒体报道和社会舆论等方面,而策略性信息披露的经济后果不仅会对资本成本、资本市场定价效率和股价崩盘风险产生影响,还会对分析师、审计等利益相关者产生影响。尽管已有研究对策略性信息披露的影响因素及经济后果进行探究,但是并没有对企业策略性信息披露进行系统性和完整性的研究,对于如何规范并治理企业策略性信息披露的研究更是略显不足。本研究从企业创新信息披露视角出发,根据企业对外披露的创新文本信息与实际的创新投入呈现的不一致现象,对企业策略性信息披露行为展开了系统完整的分析,并提出了有效抑制企业"多言寡行"策略性信息披露的措施建议,是对现有文献的有益补充。

第3章

企业策略性信息披露的影响因素

根据前文对已有文献的梳理，可以将影响企业策略性信息披露的因素归纳为企业外部因素和企业内部因素两类。从企业管理层披露信息的动机角度考虑，可以将企业管理层策略性信息披露的动机分为信息传递动机和信息操纵动机两类。考虑到企业策略性信息披露的影响因素及动机是探究企业策略性信息披露的根本点和出发点，本章对企业策略性信息披露的影响因素及动机进行了研究，具体而言，本章将重点研究以下几个问题：①企业策略性信息披露功效之分，即企业策略性信息披露究竟是为了更好地向外界传递企业内部信息（"信息增量观"）还是为了更好地操纵外部利益相关者（"信息操纵观"）？②企业策略性信息披露功利之分，即企业管理层策略性信息披露是为了实现公司整体利益（"公司大局观"）还是为了实现其个人私利（"个人私利观"）？

考虑到文本信息披露是管理层策略性管理的重要手段之一，因此，在我国资本市场治理制度仍有待完善的情况下，如何解读和规范文本信息披露使企业做到言行一致，已成为当前学术界和实务界关注的重点。也就是说，探讨管理层策略性信息披露行为的影响因素，厘清策略性信息披露的动机究竟是在于传递企业内部信息还是为企业及管理层进行印象管理，以及厘清策略性信息披露是为了实现公司整体利益还是管理者的个人私利，对于投资者正确认知企业信息披露行为，监管机构规范企业言行一致，进而更好地推动资本市场健康发展具有重要意义。

3.1 企业策略性信息披露影响因素的理论分析与研究假说

3.1.1 企业策略性信息披露功效之分

企业信息披露制度是指企业为了满足投资者、监管机构和其他利益相关者的需求,主动公开和披露与企业经营、财务状况、风险管理、创新活动等相关的重要信息的一系列规定和程序。其中,不仅包括财务报表、财务附注中研发投入等财务信息,也包含业绩预告、创新文本信息披露等非财务信息,企业信息披露制度的意义在于确保企业向投资者和其他利益相关者提供准确、全面和及时的信息,然而当企业实际的研发投入、研发产出等财务数据与创新文本信息披露等非财务数据出现不一致时,则表明企业存在策略性信息披露的嫌疑。当前,我国财务数据有着严格的审核监管政策,而对于创新文本信息等非财务信息,仅中国证券监督管理委员会(以下简称"证监会")在《公开发行证券的公司信息披露内容与格式准则第2号——年度报告的内容与格式》中要求上市公司在年报 MD&A(经营情况讨论与分析)部分披露企业创新活动的目标、研发活动的进展情况等。监管政策的松弛导致了企业往往对具有较大自由裁量权的文本信息披露进行策略性管理,进而使得我国创新文本信息披露水平参差不齐(鲁惠中 等,2022)。

(1) 企业经营绩效与策略性信息披露

信息披露是企业与外部利益者间进行沟通的重要途径,高质量的信息披露能有效缓解信息不对称,保护外部利益相关者的合法权益,因而信息披露是企业必须面对的重要问题,其中关于企业经营绩效对信息披露的影响研究一直是经典话题(Ali et al.,2017)。而文本信息作为企业信息披露中的非财务信息,近年来,在信息披露中占比越来越大,文本信息可以提供详尽的细节和描述,使投资者能够深入了解特定主题或领域的内容,相比其他形式的信息,文本可以提供更多的图像、音频、文字描述及解释等,帮助读者获取更全面的信息,已成为企业对外信息披露的重要组成部分。

目前,较多研究从合法性理论来探讨经营绩效与企业信息披露之间的关系,发现企业经营绩效越高,企业披露的信息越丰富和全面(Kuzey et al.,

2017；Sun et al.，2019）。但是也有学者通过研究发现经营绩效与企业信息披露二者并没有显著关系（Reverte，2009；Mahadeo et al.，2011；Dyduch et al.，2017），还有从前景理论出发来探讨经营绩效与企业信息披露之间的关系，发现当企业实际经营业绩没有达到预期时，企业会通过披露更多环境信息来建立良好的环境形象，以此来获得社会声誉，并改善消费者对企业的评价（Cormier et al.，2015），也吸引更多投资者来降低系统性风险及资本成本（Kuzey et al.，2017；Albuquerque et al.，2019）。然而较少有研究探究企业绩效与策略性信息披露之间的关系。

事实上，如果企业策略性信息披露的目的在于更好地传递企业内部绩效信息，那么，企业的绩效越好时，企业越有可能在文本信息披露中向外部投资者展示企业积极创新的利好消息，进而获得投资者的认可和支持。具体理由如下。

第一，根据"信息增量观"，企业创新文本信息披露可以起到信息增量的作用，为投资者提供定量财务数据所不能反映的增量信息（刘逸爽 等，2018），进而有助于投资者进行投资决策（Copeland，1978）。而对企业来说，良好的绩效通常意味着企业在经营和财务方面取得了积极的成果，在企业良好绩效的推动下，企业可能更有动力和意愿进行策略性信息披露，即主动披露与企业创新战略、创新业务发展和创新活动未来前景等相关的重要信息。创新文本信息可以将企业复杂的创新活动、理念等概念及观点转化为文字，进而为信息使用者提供更加易于理解的、丰富的和有价值的信息。

第二，根据"投资者信心观"，良好的绩效表明企业在经营和财务方面取得了成功，这会增加投资者对企业的信心，并提高他们对企业未来发展的预期。由信号传递理论可知，企业中拥有信息优势的管理者可以将内部信息传递到潜在投资者那里，以便于他们获得企业内部真实可靠的信息进而做出投资决策（Ross，1977）。企业若想获得足够多的投资者关注，则需要披露更多的创新文本信息来向资本市场传达公司技术先进、竞争力强、未来发展前景良好等方面的积极信号（Li，2010），以此获得乐观的资本市场反应（James et al.，2016）。为了进一步提升投资者的信心，企业可能会主动披露与创新战略、创新业务发展和创新活动相关的重要信息，以展示企业在创新活动方面的实力及其良好的可持续创新发展模式。良好的企业绩效和披露更多创新文本信息可以增强投资者的信心。投资者通常希望了解企业的运营情况、战略规划、市场前景等信息，以做出明智的投资决策。企业通过披露更多创新文本信息可以提供更全面、深入和透明的信息，使投资者更容易评估企业的价值和潜力，从而增加他们对企业的信心。

第三，根据"吸收资源观"，优秀的企业绩效和创新文本信息的披露可以吸引潜在投资者和合作伙伴的关注。投资者和合作伙伴通常希望与具有良好发展前景和创新能力的企业合作，以实现共同的利益并能够持续增长。通过披露更多创新文本信息，企业可以展示其独特的价值主张、创新能力和市场竞争力，吸引更多的潜在投资者和合作伙伴与其合作，以支持创新企业的业务扩张和发展计划。金融机构和债权人也通常更愿意向绩效良好、透明度高的企业提供融资和借款支持，但创新活动具有的高风险性增加了企业从金融机构和债权人处获取融通资金的门槛，而创新文本信息的披露有助于金融机构和债权人增加对企业创新活动的认识和信任程度，并预测企业未来经营业绩和财务危机发生概率（Cole et al.，2004；薛爽 等，2010；苗霞 等，2019），从而提高企业融资和借款的机会和条件。

第四，根据"提升形象观"，良好的绩效有助于提升企业的声誉和形象，因此企业可以通过披露大量创新文本信息来展示企业成功的经营模式、创新能力和可持续竞争力，以进一步巩固其在行业中的领先地位。此外，披露更多创新文本信息表明企业具有透明度和责任感。企业通过主动披露信息，展示其经营状况、风险管理、社会责任和可持续发展等方面的情况，可以向投资者和利益相关者展示其积极的沟通和披露实践，进而有助于建立良好的企业形象和信誉，赢得投资者和利益相关者的信任和支持。

综合上述分析，本研究预期，如果企业策略性信息披露的目的在于更好地传递企业内部绩效信息，那么，企业绩效越高，企业出现策略性信息披露的概率越大。故提出如下假说。

假说3-1：企业绩效越好，企业策略性信息披露出现的概率越大。

（2）企业负债压力与策略性信息披露

在负债压力下，企业面临着更大的投资者压力、社会压力和业绩考核压力，为了有资金来缓解企业内部短缺的资金流和向债权人及金融机构还款，企业管理层倾向于披露更多的创新文本信息来获取资本市场投资者所提供的权益资金。具体理由如下：

第一，负债所带来的投资者压力会使企业管理层为了吸引投资者和获得融资支持而增加策略性信息披露的动机。由于企业内部资金往往有限，因而债务资金和权益资金是企业融通资金的常用方式。其中，债务资金的融资期限短，债权人为了降低资金不能按期收回的风险，往往会在资金用途处设定限制性，而资本市场投资者所带来的权益资金则具有长期性、无负担性，并且股利支付与否及支付多少也是视企业的经营情况而定，因而对创新企业而言，权益资金往往更受青睐。尤其是在债务资金受阻的情况下，企业对资本市场权益资金的需求动机更加强烈。而由前景理论可知，投资者对企业进行投资决策时，会权衡考虑收益和损失，投资者具有的"参考依赖性"会使其将企业负债压力与同行业企业的负债情况进行对比，当企业实际负债压力高于同行业企业的负债压力时，为了避免投资者对企业负债压力产生焦虑情绪从而降低企业价值，管理层将采取积极措施扭转局面（Zeng et al.，2020），如增加创新文本信息的披露，以展示企业在创新战略、创新业务发展和创新活动等方面具有良好的未来前景，通过释放积极信号来转移投资者注意并增强投资者信心。一方面，当企业负债压力增加了投资者对企业的不确定性时，企业通过披露更多的创新文本信息可以向投资者提供更全面和详尽的企业财务状况、债务管理策略、偿债计划等信息，以帮助投资者更好地了解企业的风险和回报情况，进而有助于建立投资者对企业的信心，并为企业争取更多的支持和合作机会。另一方面，企业披露更多的创新文本信息可以帮助其展示应对负债挑战的能力和策略，如企业的负债重组计划、成本控制措施、盈利增长策略等，可以展示企业在面对负债压力时的积极行动态度和详细解决方案，进而增加投资者和利益相关者对企业的信心，使他们相信企业有能力走出负债困境并实现长期可持续发展。此外，通过披露更多的创新文本信息，企业可以向投资者展示其对风险的认识和管理策略，以及采取何种措施来应对负债风险，进而增加投资者对企业风险管理能力的信心，降低投资者的担忧和不确定性。因此，在企业负债压力下，投资者通常希望了解企业的财务状况、债务结构、还款能力等信息,以评估企业的风险和回报潜力,而企业通过披露更多的创新文本信息,恰好可以向投资者展示其在业务发展、市场前景、创新能力等方面的优势,进而增加投资者对企业的信心并获得投资和融资的支持。

第二,负债所带来的社会压力会使企业管理层为了证明自身的合理性而增加策略性信息披露的动机。由合理性理论可知,社会及政治压力是企业在披露信息时重点关注的问题,因此,糟糕的绩效管理者更有可能披露更多的信息以满足利益相关者的期望,并证明自己的合理性(Li et al.,2017)。现有较多研究表明企业披露的信息具有应对社会压力的功能(Bitektine et al.,2015;Gray et al.,1995;Cho et al.,2006),信息披露不仅是降低企业内部与外部利益相关者之间信息不对称的工具,更是可以减轻企业面临的政治及社会压力,是企业进行印象管理的工具(Guidry et al.,2012)。例如,环境表现(CEP)不佳的企业在社会各界的压力下会选择披露大量的环境信息以证明自己合理(Patten,2002;Cho et al.,2007)。同样,负债压力也可能会对企业的形象和信誉造成一定的负面影响,一方面,为了改善形象和信誉,企业可以通过披露更多的创新文本信息来展示其积极经营和发展努力的状态,如企业的战略规划、创新项目、市场拓展计划等,可以展示企业的竞争力和未来增长潜力,进而增加利益相关者对企业的信任和支持,帮助企业渡过负债困境。另一方面,通过披露更多的创新文本信息,企业可以向政府和社会展示其创新能力和发展潜力,不仅可以宣传其负责任的创新行为和对社会的贡献以获得社会的支持和认可,减轻负债压力,并为企业的发展提供更广泛的机会和资源。还可以向政府展示其创新能力、社会责任和可持续发展的承诺,以及在推动整体行业创新发展方面做出的积极贡献,以争取政府的支持和政策优惠,并增加贷款获取、税收减免、补贴获取等机会以减轻负债压力。

第三,负债所带来的管理者业绩考核压力会使企业管理者为了改善与股东关系而增加策略性信息披露的动机。由委托代理理论可知,企业所有者和管理者之间存在委托代理关系,管理者存在业绩考核压力。由于企业的创新研发活动本身具有高投入和高风险的特征,企业的经营风险和管理难度较大,因此,企业对创新活动的投入更是抬高了股东对企业业绩表现的预期,进而加剧了管理者面临的业绩表现压力。基于资源基础观，企业所拥有的资源是企业获得良好经营业绩并建立竞争优势的重要源泉（Barney，1991），企业创新活动具有投入金额较高、不确定性较大等特征，使得财务资源较紧张的企业在创新活动中往往会面临更高风险。因此，企业管理者通过披露更多的创新文本信息可以向股东提供更多关于企业财务状况、债务管理计划和盈利能力的信息，来缓解负债压力对企业股东造成的担忧和不确定性并改善股东关系，进而增加股东对企业的信心和支持并缓解业绩考核压力。

第四，根据"信息操纵观"，企业文本信息是管理层印象管理的重要的方式之一（周波 等，2019）。不同于经过严格审计的数字信息，以文字信息为主的年报文本信息会给管理者较大的策略性披露空间，可以实现误导投资者的目的（朱朝晖 等，2018）。此外，年报异常的积极语调暗示了企业较高的未来风险，这与语调的信息增量解释相悖，也从侧面证实了企业管理层对信息披露进行印象管理的事实（林晚发 等，2022）。前景理论为企业管理层策略性披露信息提供了动机支持，并且"信息操纵观"为企业管理层策略性信息披露提供了条件支撑。

因此，本研究预期，如果企业策略性信息披露的目的在于企业管理者利用内部信息优势来误导投资者，那么，企业负债压力越高时出现策略性信息披露的概率也就越大。故提出如下假说。

假说 3-2：企业负债压力越高，企业出现策略性信息披露的概率越大。

3.1.2　企业策略性信息披露功利之分

（1）企业违规与策略性信息披露

在当今竞争激烈的商业环境中，企业声誉是一项非常宝贵的无形资产，积极的利好消息有利于企业获得良好的形象声誉（Fombrun et al.，1990）。违规处罚是指企业因违反资本市场交易规则、生产经营、信息披露等事项而被监管部门实施处罚并对外公告的事件（朱沛华，2020），一旦企业违规被发现并被处罚，其声誉则会受到严重损害。首先，企业违规行为会导致消费者对企业信任的缺失。当消费者意识到企业采取了违规行动，他们会开始对该企业产生怀疑，并对其产品或服务的质量和可靠性感到不安，这种缺乏信任和不安定感将直接影响到企业的品牌形象，使得消费者不愿继续购买或使用该企业的产品或服务，消费者的抵制行为直接对企业产品的销售产生不利影响，使其营业利润受损。其次，企业违规行为也会对投资者信心造成冲击。投资者通常希望与声誉良好、遵守法律规定的企业合作，一旦企业发生违规行为，投资者不仅会对其管理团队的能力产生怀疑，还会担忧自己的投资是否安全，这种担忧会导致投资者撤资或减少对企业的投资，进而影响企业的市值使其面临经济损失。再次，企业违规行为对内部员工的影响也不容忽视。当员工发现自己所在的企业从事不合规的活动时，他们可能会感到失望、沮丧甚至愤怒，这种情绪会导致员工士气下降，对工作的投入和团队凝聚力降低，员工的积极性和团队协作能力受到削弱，直接影响到企业的运营效率和竞争力。最后，企业违规行为还会使企业面临的法律风险增加。当企业被发现违反法规或法律时，可能面临罚款、诉讼和其他法律后果，这些额外的费用和负担会给企业带来巨大压力，进一步降低其盈利能力和可持续发展的机会。因此，企业违规行为会对企业声誉产生广泛而深远的影响，消费者失去信任，投资者信心减弱，员工士气低落及法律风险增加，都会给企业带来巨大的负面影响。况且上市公司违规处罚事件备受市场潜在投资者、供应商、债权人等利益相关者的广泛关注，会破坏企业与各利益相关者之间的信任，损害企业声誉进而引发声誉风险（吴珊 等，2022）。

由声誉理论可知，当博弈中的双方存在信息不对称时，重复博弈中的行为人会试图为一种特定的博弈方式而建立声誉（Selten，1978），因为当博弈一方的行为特征或行为类型不易被另一方知晓时，而双方之间又存在着重复行为时，这时具有信息优势的一方就有积极性通过建立一个好声誉来换取更长期的收益，而非短期的甚至是一次性的利益（Fombrun et al.，1990）。在声誉机制的影响下，企业与外部利益相关者间会形成隐性的行为约束，使得企业有激励去建立一个更好的声誉来换取未来更大更长久的收益，这与理性人追求利益最大化的原则是一致的（Mailath et al.，2006）。因此，鉴于违规处罚可能对企业的声誉和公众信任造成的负面影响，企业会向公众展示其在改进和修复方面做出的努力，以恢复公众对企业的信任。

已有研究表明，当企业遭受负面冲击而产生影响企业声誉的事件时，一方面，管理层将有强烈动机采取措施来减轻企业所遭受的负面冲击，尽量挽回企业损失的形象及声誉。比如，企业可以利用积极主动地发布社会责任报告的方式来修复组织形象（车笑竹 等，2018）；或是利用高质量的社会责任文本信息来向外部利益相关者传递信息透明度较高且有责任有担当的企业形象，增加外部利益相关者对企业信任感来影响他们对企业形象及声誉的评估（吴珊 等，2022）。由于信息的可用性会影响个人的判断（Tversky et al.，1974），因此，如果企业形象及声誉管理动机真实存在，则可以预期当企业在受到违规处罚的负面冲击下，出于修复形象及声誉考虑，有动机披露创新文本信息等非财务信息，确保企业向投资者和其他利益相关者提供准确、全面和及时的创新信息，展示企业成功的经营模式、创新能力和可持续竞争力，以降低企业声誉损失产生的负面影响。另一方面，为了避免再次监管处罚，企业会通过披露更多的创新文本信息向监管机构和公众展示其改进和合规措施的具体细节和成效以证明企业的自我纠正能力和对问题的认真态度，主动向监管机构和公众展示其运营情况、财务状况和合规措施以展示其积极配合监管和自我监督的态度，并主动披露创新相关信息可以表明企业的诚信意愿以降低可能的法律风险及进一步的损失和不利影响。此外，考虑到企业的违规处罚也会对企业内部员工的士气和忠诚度造成一定的负面影响，而更多研发成果、技术创新、市场拓展计划等文本信息的披露，也可以向员工展示企业的创新能力和转型意愿，并向外界表明企业已经从过去的错误中吸取教训，愿意朝着更可持续、合规的方向发展，进而提高员工对企业未来的信心和参与度以增加员工工作动力和忠诚度，最终提升企业的绩效和竞争力。因此，为了恢复公众信任、展示企业的改进及合规措施、提升透明度并避免进一步的处罚和法律风险，企业管理层有动机对信息进行策略性管理来修复过去的错误和问题。

基于以上分析，本研究预期，企业策略性信息披露的目的在于弥补企业形象，企业在违规受到处罚后，管理层有更大动机进行策略性信息披露以提高企业形象。故提出如下假说。

假说 3-3：被违规处罚过的企业其出现策略性信息披露的概率越大。

（2）管理者私利与策略性信息披露

管理者内部人交易是指公司高级管理人员、董事会成员或其他内部人员以其内部信息为基础进行的交易，在该交易过程中，大股东或控股股东容易出现利用其控制地位，将企业的资源和价值转移给自身或关联方，损害其他股东和公司的利益，企业内部人交易产生的回报是管理者最直接的切身利益。披露创新文本信息的目的是向投资者和其他利益相关者提供准确、全面和有用的信息，以增加透明度和信任度，然而，管理者在披露创新文本信息的过程中，也有可能滥用这些信息来获取个人私利。现有文献已经表明管理者可以选择性地披露或隐藏某些信息，以创造误导性的印象或影响市场预期，企业管理者策略性地管理信息以获取股票交易的超额回报。如国外研究发现，管理者通过不恰当的乐观语气或在信息披露中传播积极或消极的定性语言来误导投资者以获取私利（Huang et al., 2014）；在购买股票前通过公开披露大量坏消息来降低股价以获取私利（Cheng et al., 2006；Brockman et al., 2008），尤其当公司的整体信息环境更不透明时，内部管理者拥有更大的信息优势时，他们会策略性地利用文本信息特征来促进内幕交易并获得个人收益（Cheng et al., 2023）。国内研究发现企业管理者存在通过操纵信息披露可以影响股价或其他市场指标，进而从中获利的现象，如上市公司内部管理者普遍存在利用盈余管理、"高送转"股利政策等操纵手段抬高股价后减持股票牟利的现象（吴育辉 等，2010；谢德仁 等，2016），企业管理层一边在编制年报时采用积极语调暗示他们看好公司的基本面和发展前景，然而另一边却在年报公布后大量卖出其所持公司股票，尤其当企业经营绩效表现不好时，企业所受到的监督越弱时，企业高管越可能口是心非地通过管理年报语调为其股票交易造势（曾庆生 等，2018）。以上研究均表明了企业管理者可以利用其在公司内部拥有的信息优势而进行内幕交易。

内部人交易行为是公司治理领域关注的重点，内部人交易出现的大股东掏空现象也是资本市场监管的难点，一直以来备受监管机构、新闻媒体及利益相关者的关注（Fang et al., 2018）。内幕交易行为的非法性和不道德性不仅违反了证券市场的法律和规定，以及公司治理的原则，也损害了资本市场的公平性和透明度，严重破坏了投资者的信心。我国证券市场对规范及治理大股东关联交易、资金占用等掏空行为向来极为重视，无论是在沪深交易所一线监管问询（聂萍 等，2019），还是证监会审核企业 IPO、再融资及日常市场监管过程中，关联交易的利益输送行为都是长期关注的重点议题（刘慧龙 等，2022）。2020 年 10 月，国务院印发的《国务院关于进一步提高上市公司质量的意见》强调，要严肃处置控股股东的资金占用问题，提高上市公司及相关主体违法违规成本等。在公司治理机制不完善、投资者法律保护较弱等独特背景下，更易于滋生掏空问题，大股东常常利用其控制权优势，并借助关联交易等隐蔽性的掏空手段来侵占公司资源，极大地侵害了中小股东利益，降低了公司资本配置效率（Jian et al., 2010；魏明海 等，2013）。

管理者获取私利行为会增加企业的策略性信息披露行为。具体体现在：首先，进行偏向性披露。管理者可能选择性地披露有利于他们私利的创新信息，而对不利于他们私利的信息保持沉默，他们可能会强调公司的创新能力和成就，而掩盖创新过程中的困难、失败或风险，这种偏向性披露可能会导致投资者对公司的创新能力形成错误的认知。其次，进行虚假陈述和夸大宣传。管理者可能通过发布虚假的陈述或夸大的宣传来操纵创新文本信息披露。他们可能会夸大公司的创新成果、技术优势或市场前景，以吸引投资者的兴趣和资金，这种虚假宣传可能会误导投资者，使他们做出错误的投资决策。最后，出现隐瞒负面信息行为。管理者可能选择隐瞒与创新相关的负面信息，以保护自己的私利，他们可能不披露创新项目的挑战、失败或风险，进而使投资者无法全面评估创新的前景和潜在风险。

基于以上分析，本研究预期，企业策略性信息披露的目的是满足管理层个人私利，当企业管理者存在内幕交易时，管理层更容易出现策略性信息披露行为。故提出如下假说。

假说 3-4：企业内部人交易越多，企业策略性信息披露的概率越大。

3.2 企业策略性信息披露影响因素的研究设计

3.2.1 数据来源与样本选取

考虑到企业信息披露制度的完善主要从 2011 年开始，本研究将样本参考研究区间选定为 2011—2022 年。其中创新投入、企业绩效、内部人交易等财务数据来自国泰安数据库（CSMAR）和中国研究数据服务平台（CNRDS）；创新文本信息披露等非财务数据来自巨潮资讯网所披露的上市公司年度报告，并对数据进行了以下处理：①剔除 ST、*ST、PT 及被退市的企业；②剔除金融行业企业；③剔除资不抵债的企业；④对所有连续变量进行缩尾处理，在对缺失值样本处理后共得到 23 000 个企业年度样本观测值。

3.2.2 主要变量说明

（1）因变量

该变量为 0—1 虚拟变量，企业策略性信息披露（S_Info）为本研究的核心变量，当企业实际的研发投入、研发产出等财务数据与创新文本信息披露等非财务数据呈现出不一致时，则表明企业存在策略性信息披露现象。企业策略性信息披露主要包含以下两种情形：第一，企业实际的创新研发投入金额较多，但是在文本信息披露中却较少显示出与创新有关的信息，使企业呈现出一种"寡言多行"的现象。第二，企业实际的创新研发投入金额较少，但是在文本信息披露中却大量突显出与创新有关的信息，使企业呈现出一种"多言寡行"的现象。我国财务数据向来有着严格的审核监管政策，而创新文本信息等非财务信息的监管则相对较为宽松，因而企业往往对具有较大自由裁量权的文本信息披露更容易进行策略性管理（鲁惠中 等，2022）。因此，本研究定义企业策略性信息披露为企业实际的创新研发投入金额较少，但是在文本信息披露中却大量突显出与创新有关信息的"多言寡行"策略性信息披露行为。

国外 Merkley（2014）通过构建与创新有关的关键词词典对美国上市公司年报创新文本信息披露进行了研究，类似地，国内李岩琼和姚颐（2020）也构建了与创新有关的关键词词典对中国上市公司年报创新文本信息披露进行探究。因此，本研究在综合借鉴 Merkley（2014）及李岩琼和姚颐（2020）创新关键词词典的基础上，确定本研究的创新活动关键词主要包含有：RD、研发、创新、研究、开发、研制、科研、预研、设计、创造、实验、试验、技术、工艺、新项目、新产品、新业务、知识产权、科技成果、科技投入。

第3章 企业策略性信息披露的影响因素

具体地，本研究按照如下步骤构建策略性信息披露指标：第一步，通过巨潮资讯网下载2011—2022年所有A股上市公司的年度报告。第二步，对中国上市公司PDF年报转化为TXT文档。第三步，在剔除扫描文件和缺失文件后，利用python和中文通用词典"Jieba"库，对上市公司年报文本中管理层讨论与分析（MD&A）部分内容进行分词，并去除停用词。第四步，统计以上创新活动关键词的词频总数，取对数作为企业创新文本信息披露的测度指标。第五步，参考马黎珺等（2022）的做法，先按模型（3-1）计算出企业 i 的创新文本信息披露占同行业企业创新文本信息披露的程度（a_say）；再按模型（3-2）计算企业 i 的实际研发投入占同行业企业研发投入的程度（a_done）。第六步，将 a_say 和 a_done 与各自行业中位值比较，当 a_say 大于中位值并且 a_done 小于中位值时，表明企业存在"多言寡行"的策略性信息披露行为（S_Info）。其中，$say_{i,j,t}$ 表示公司 i 在年度 t 的创新文本信息披露 j，$pre\_mean\_say_{i,t}$ 表示公司 i 在披露年度报告前的行业平均创新文本信息披露水平，$done_{i,j,t}$ 表示公司 i 在年度 t 的创新投入水平 j，$pre\_mean\_done_{i,t}$ 表示公司 i 在创新投入前的行业平均创新投入水平。

$$a\_say_{i,j,t}=(say_{i,j,t}-pre\_mean\_say_{i,t})/pre\_mean\_say_{i,t} \quad 模型（3-1）$$

$$a\_done_{i,j,t}=(done_{i,j,t}-pre\_mean\_done_{i,t})/pre\_mean\_done_{i,t} \quad 模型（3-2）$$

（2）自变量

1) 企业绩效

企业绩效是指企业在特定时间段内实现的结果和表现，用于评估企业的经营状况和成果，企业绩效可以通过一系列指标和数据来衡量，如财务指标、市场指标、运营指标、客户满意度等多个方面，本研究用其来考察企业策略性信息披露向外界传递企业内部信息的"信息增量观"假设是否成立。在以往学者对企业绩效的研究中，一般采用市场指标托宾Q值和会计指标 Roa 来衡量企业绩效，但由于托宾Q值可能受到中国股票市场弱有效性的影响（邓新明 等，2023），因此本研究使用资产回报率（Roa）来衡量企业绩效。

2) 负债压力

负债是企业筹集资金的重要来源，可以帮助企业获得充足资金以供生产经营所需，但同时还本付息也会给企业带来较大的经营压力，若不能按时还本付息，企业将很可能走向破产的边缘。企业负债压力是指企业承担的债务及负债所带来的经济压力和风险，当企业的债务水平较高或无法有效管理和偿还债务时，就会面临负债压力。为了进一步考察企业策略性信息披露向外界传递企业内部信息的"信息增量观"是否成立，本研究定义企业负债压力为解释变量之一。本研究参考以往学者研究企业负债压力的做法，采用资产负债率（Lev）来衡量企业负债压力。

3）企业违规

企业违规是指企业在经营和管理过程中违反相关法律法规、行业规范或合同约定的行为。参考邱静和李丹（2022）的做法，当上市公司被中国证监会、深圳证券交易所、上海证券交易所及财政部所处罚，且具有虚构利润、虚列资产、虚假记载（误导性陈述）、推迟披露、重大遗漏、披露不实、欺诈上市、出资违规、擅自改变资金用途、占用公司资产、内幕交易、违规买卖股票、操纵股价、违规担保、一般会计处理不当、偷税、逃避追缴欠税、骗取出口退税、抗税、虚开增值税专用发票或虚开用于骗取出口退税、抵扣税款的其他发票、虚开普通发票、私自印制、伪造、变造发票、非法制造发票防伪专用品、伪造发票监制章、具有偷税、逃避追缴欠税、骗取出口退税、抗税、虚开发票等并经税务机关检查确认的走逃（失联）行为及未缴或少缴税款（欠税）等行为时取 1，否则取 0。

4）内部交易

企业内部交易是指在同一企业集团内部进行的交易活动，涉及集团内不同实体之间的资源、产品、服务或资金的交换。这些交易通常发生在企业集团的子公司、关联公司或其他相关实体之间。由于关联交易事项是大股东进行内部交易的重要方式（Jian et al., 2010），因此，本研究使用企业所有关联交易总金额的自然对数作为内部交易的测度指标。考虑到企业发生关联交易事项的对象分为不同类别，而相较于上市公司的关联方为上市公司的母公司、子公司、与上市公司受同一母公司控制的其他企业、对上市公司实施共同控制的投资方、对上市公司施加重大影响的投资方、上市公司的合营企业及联营企业而言，上市公司的关联方为上市公司的主要投资者个人及与其关系密切的家庭成员、上市公司或其母公司的关键管理人员及其关系密切的家庭成员、上市公司主要投资者个人、关键管理人员或与其关系密切的家庭成员控制、共同控制或者施加重大影响的企业，由于后者内部交易对企业策略性信息披露的动机更大，因此本研究使用后者企业关联交易金额的对数作为后续稳健性检验的替代指标。

（3）控制变量

参考已有文献，选取了影响企业信息披露的系列相关变量作为控制变量，主要有企业规模（Size）、资产负债率（Lev）、上市年龄（Age）、企业盈利能力（Roa）、两职合一（Dual）、账面市值比（BM）、企业成长性（Growth）、现金流（Cflow）、管理层持股比例（M_Share）、机构投资者持股比例（J_Share）、产权性质（Soe），企业亏损状态（Loss）、审计意见（Auditopion）、四大审计（Big4），此外，还控制了年度（Year）和行业（Ind）固定效应。具体变量定义见表3-1。

表3-1　主要变量说明

变量符号	变量名称	定义
S_Info	策略性信息披露	企业存在"多言寡行"的策略性信息披露行为时取1；否则取0，具体定义见主要变量说明
Violate	企业违规	企业被上海证券交易所、深圳证券交易所、中国证监会、财政部或其他部门处罚时取1；否则取0
In_Trade	内部交易	具体定义方式见"（2）自变量"部分
Size	企业规模	ln（资产总计）
Lev	资产负债率	负债合计/资产总计
Age	上市年龄	ln（当年年限－上市年限+1）
Roa	企业盈利能力	净利润/资产总计
Dual	两职合一	当董事长兼任总经理时取1；否则取0
BM	账面市值比	股东权益/公司市值
Growth	企业成长性	（营业收入－上期营业收入）/上期营业收入
Cflow	现金流	经营活动产生的现金流量净额/资产总计
M_Share	管理层持股比例	管理层持股数占企业总股数的比例
J_Share	机构投资者持股比例	机构投资者持股数占企业总股数的比例
Soe	产权性质	当企业为国企时取1；否则取0

续表

变量符号	变量名称	定义
Loss	企业亏损状态	亏损企业取1；否则取0
Auditopion	审计意见	年报审计意见为无保留意见时取4；保留意见时取3；否定意见时取2；无法表示意见时取1
Big4	四大审计	境内审计事务所为四大事务所时取1；否则取0

数据来源：作者整理。

3.2.3 模型构建

为了验证企业策略性信息披露是支持"信息增量观"还是支持"信息操纵观"，以及企业策略性信息披露是为了实现"公司大局观"还是"个人私利观"，本研究构建 logit 模型（3-3）至模型（3-6）对假说 3-1 至假说 3-4 进行检验。如果企业策略性信息披露支持"信息增量观"，则意味着企业绩效越好，企业策略性信息披露的概率越大，则预期模型（3-3）中 α_1 应显著为正；如果企业策略性信息披露支持"信息操纵观"，则意味着企业负债压力越大，企业策略性信息披露的概率越大，则预期模型（3-4）中 β_1 应显著为正。如果企业策略性信息披露支持"公司大局观"，则意味着企业违规的概率越大，企业为了修复负面声誉而进行策略性信息披露的概率越大，则预期模型（3-5）中 δ_1 应显著为正。如果企业策略性信息披露支持"个人私利观"，则意味着企业高管内部交易金额越大，企业管理者为了个人私利而进行策略性信息披露的概率越大，则预期模型（3-6）中 γ_1 应显著为正。模型（3-3）至模型（3-6）如下所示，其中，$S\_Info_{i,t}$ 表示企业 i 在 t 年的策略性信息披露行为，ind 表示行业固定效应，$year$ 表示时间固定效应。

$$S\_Info_{i,t}=\alpha_0+\alpha_1 Roa_{i,t}+\alpha_2 Size_{i,t}+\alpha_3 Lev_{i,t}+\alpha_4 Age_{i,t}+\alpha_5 Dual_{i,t}+\alpha_6 BM_{i,t}+$$
$$\alpha_7 Growth_{i,t}+\alpha_8 Cflow_{i,t}+\alpha_9 M\_Share_{i,t}+\alpha_{10} J\_Share_{i,t}+\alpha_{11} Soe_{i,t}+$$
$$\alpha_{12} Loss_{i,t}+\alpha_{13} Auditopion_{i,t}+\alpha_{14} Big4_{i,t}+ind+year+\varepsilon_{i,t} \quad 模型（3-3）$$

$$S\_Info_{i,t}=\beta_0+\beta_1 Lev_{i,t}+\beta_2 Size_{i,t}+\beta_3 Roa_{i,t}+\beta_4 Age_{i,t}+\beta_5 Dual_{i,t}+\beta_6 BM_{i,t}+$$
$$\beta_7 Growth_{i,t}+\beta_8 Cflow_{i,t}+\beta_9 M\_Share_{i,t}+\beta_{10} J\_Share_{i,t}+\beta_{11} Soe_{i,t}+$$
$$\beta_{12} Soe_{i,t}+\beta_{13} Auditopion_{i,t}+\beta_{14} Big4_{i,t}+ind+year+\varepsilon_{i,t} \quad 模型（3-4）$$

第3章 企业策略性信息披露的影响因素

$$S\_Info_{i,t}=\delta_0+\delta_1 Violate_{i,t}+\delta_2 Size_{i,t}+\delta_3 Lev_{i,t}+\delta_4 Roa_{i,t}+\delta_5 Age_{i,t}+\delta_6 Dual_{i,t}+$$
$$\delta_7 BM_{i,t}+\delta_8 Growth_{i,t}+\delta_9 Cflow_{i,t}+\delta_{10} M\_Share_{i,t}+\delta_{11} J\_Share_{i,t}+$$
$$\delta_{12} Soe_{i,t}+\delta_{13} Loss_{i,t}+\delta_{14} Auditopion_{i,t}+\delta_{15} Big4_{i,t}+ind+year+\varepsilon_{i,t}$$

模型（3-5）

$$S\_Info_{i,t}=\gamma_0+\gamma_1 In\_Trade_{i,t}+\gamma_2 Size_{i,t}+\gamma_3 Lev_{i,t}+\gamma_4 Roa_{i,t}+\gamma_5 Age_{i,t}+\gamma_6 Dual_{i,t}+$$
$$\gamma_7 BM_{i,t}+\gamma_8 Growth_{i,t}+\gamma_9 Cflow_{i,t}+\gamma_{10} M\_Share_{i,t}+\gamma_{11} J\_Share_{i,t}+$$
$$\gamma_{12} Soe_{i,t}+\gamma_{13} Loss_{i,t}+\gamma_{14} Auditopion_{i,t}+\gamma_{15} Big4_{i,t}+ind+year+\varepsilon_{i,t}$$

模型（3-6）

3.3 企业策略性信息披露影响因素的实证检验分析

3.3.1 样本统计分析

（1）企业策略性信息披露的年度统计分析

自2010年证监会发布的《公开发行证券的公司信息披露编报规则第15号——财务报告的一般规定》，要求公司在年报附注无形资产项目下，增加"公司开发项目支出"的披露内容，并对具体格式进行了规定，之后开始按证监会要求列示研发支出的上市公司逐年增多。与此同时，随着投资者对公司信息需求的增加，上市公司为了左右市场参与者的投资行为，甚至对研发文本信息披露进行策略性披露（程新生等，2022）。因此从表3-2可以发现，从2012年开始，我国上市公司策略性信息披露现象呈上升趋势，到2015年，高达19%的样本企业存在企业策略性信息披露行为，虽然自2019年以来有所下降，但2022年占比重新回升至19%以上。可能的原因在于：随着企业策略性信息披露行为的出现，证监机构也在出台各种政策以加强对企业文本信息披露的监管，进而使得策略性信息披露行为自2016年之后开始下降。但是在疫情的冲击下，企业管理层加大了利用策略性信息披露的动机，使得上市公司策略性信息披露现象再次呈现抬头之势。

表 3-2　企业策略性信息披露的年度统计分析

年份	2011	2012	2013	2014	2015	2016	2017	2018	2019	2020	2021	2022
样本数	1453	1682	1698	1617	1775	2071	2180	2334	2170	2035	2152	1844
S_Info	0	291	303	300	342	395	406	440	394	325	342	353
百分比	0	17.3%	17.8%	18.5%	19.2%	19.1%	18.6%	18.8%	18.1%	15.9%	15.8%	19.1%

数据来源：作者整理。

（2）企业策略性信息披露的行业统计分析

按照证监会2012版行业分类，我国企业主要可以分为以下19种大类：A农、林、牧、渔业；B采矿业；C制造业；D电力、热力、燃气及水生产和供给业；E建筑业；F批发和零售业；G交通运输、仓储和邮政业；H住宿和餐饮业；I信息传输、软件和信息技术服务业；J金融业；K房地产业；L租赁和商务服务业；M科学研究和技术服务业；N水利、环境和公共设施管理业；O居民服务、修理和其他服务业；P教育；Q卫生和社会工作；R文化、体育和娱乐业；S综合。

从表3-3可知，企业策略性信息披露最多的行业为制造业，占比高达69.75%，其次为信息传输、软件和信息技术服务业，占比为8.12%，策略性信息披露行为最少的行业为居民服务、修理和其他服务业。可能的理由在于：我国是制造业大国，上市公司数量最多的制造业不仅基数大，创新活动较多，行业内竞争也更激烈，进而企业出现策略性信息披露的行为也最多；而信息传输、软件和信息技术服务业创新活动也较多，竞争也较为激烈，进而出现了一定程度的策略性信息披露行为；而居民服务、修理和其他服务业由于大多为日常服务业务，较少涉及创新活动，因此企业不需要策略性披露创新文本信息，故该行业没有本研究所界定的策略性信息披露行为。

表 3-3　企业策略性信息披露的行业统计分析

行业	S_Info	百分比
A农、林、牧、渔业	49	1.25%
B采矿业	96	2.46%
C制造业	2714	69.75%

续表

行业	S_Info	百分比
D 电力、热力、燃气及水生产和供给业	89	2.28%
E 建筑业	104	2.67%
F 批发和零售业	135	3.46%
G 交通运输、仓储和邮政业	96	2.46%
H 住宿和餐饮业	10	0.25%
I 信息传输、软件和信息技术服务业	316	8.12%
K 房地产业	61	1.56%
L 租赁和商务服务业	51	1.31%
M 科学研究和技术服务业	44	1.13%
N 水利、环境和公共设施管理业	58	1.49%
O 居民服务、修理和其他服务业	0	0
P 教育	2	0.05%
Q 卫生和社会工作	6	0.15%
R 文化、体育和娱乐业	47	1.20%
S 综合	13	0.33%

数据来源：作者整理。

（3）企业策略性信息披露的地区统计分析

根据国家发展改革委对中国东部、中部和西部地区的划分，东部是指最早实行沿海开放政策并且经济发展水平较高的省市，中部是指经济次发达地区，而西部则是经济欠发达的地区。具体而言，东部地区有：北京、天津、河北、辽宁、上海、江苏、浙江、福建、山东、广东、广西、海南、重庆13个省、自治区、直辖市；中部地区有山西、内蒙古、吉林、黑龙江、安徽、江西、河南、湖北、湖南9个省、自治区；西部地区有四川、贵州、云南、西藏、陕西、甘肃、宁夏、青海、新疆9个省、自治区。根据上述地区划分后的样本企业策略性信息披露统计分析见表3-4，从表中可知，东部地区企业策略性信息披露占比最高，占全部样本企业的73.07%，而其中又以广东省上市公司和浙江省上市公司占比最高，分别占比 15.11% 和 13.31%。中部地区企业策略性信息披露总占比为 15.70%，其中中部地区的安徽省占比较高，为 3.34%。而西部地区企业策略性信息披露的总占比为 11.23%，其中四川省占比较高，为 3.44%。可能的理由在于：东部地区由于较早实行开放政策，经济发展水平较高，上市公司较多且竞争较为激烈，因此有较多样本企业出现了策略性信息披露行为。

表 3-4　企业策略性信息披露的地区统计分析

省份/地区	S_Info	百分比
上海市	205	5.27%
北京市	408	10.49%
天津市	58	1.49%
山东省	167	4.29%
广东省	588	15.11%
广西壮族自治区	47	1.21%
河北省	86	2.21%
江苏省	450	11.57%
浙江省	518	13.31%
海南省	26	0.67%
福建省	149	3.83%
辽宁省	74	1.90%
重庆市	67	1.72%
东部合计	2843	73.07%
内蒙古自治区	31	0.80%
吉林省	21	0.54%
安徽省	130	3.34%
山西省	43	1.11%
江西省	63	1.62%
河南省	90	2.31%
湖北省	98	2.52%

续表

省份/地区	S_Info	百分比
湖南省	100	2.57%
黑龙江省	35	0.90%
中部合计	611	15.70%
陕西省	81	2.08%
青海省	18	0.46%
西藏自治区	12	0.31%
贵州省	32	0.82%
甘肃省	30	0.77%
云南省	68	1.75%
四川省	134	3.44%
宁夏回族自治区	8	0.21%
新疆维吾尔自治区	54	1.39%
西部合计	437	11.23%

数据来源：作者整理。

3.3.2 描述性统计分析

本章主要变量的描述性统计分析见表 3-5，企业策略性信息披露（S_Info）的平均值为 0.169，标准差为 0.375，说明样本企业中有 16.9% 的上市公司存在策略性信息披露行为，且不同企业出现策略性信息披露行为概率的差异较大；企业绩效（Roa）的最小值为 -0.473，最大值为 0.240，标准差为 0.063，说明不同样本企业之间存在的企业绩效差异较大；企业负债压力（Lev）的平均值为 0.419，最小值为 0.034，最大值为 0.910，标准差为 0.199，说明样本企业的平均负债率为 41.9%，且不同企业间的负债压力差异较大；企业违规（$Violate$）的平均值为 0.271，标准差为 0.445，说明样本企业被证监会等机构处罚的平均概率为 27.1%，且不同企业间违规被罚的差异较大；企业内部交易金额的标准差为 8.519，最小值为 0，最大值为 24.83，说明不同样本企业间内部交易金额的差异较大；其他控制变量与现有文献差异不大。

表 3-5　样本主要变量的描述性统计分析

变量名称	样本数	平均值	标准差	最小值	中位值	最大值
S_Info	23 000	0.169	0.375	0	0	1
$Violate$	26 000	0.271	0.445	0	0	1
In_Trade	26 000	4.285	8.519	0	0	24.83
$Size$	23 000	22.40	1.281	19.92	22.21	26.74
Lev	23 000	0.419	0.199	0.034	0.413	0.910
Age	23 000	2.095	0.806	0	2.197	3.401
Roa	23 000	0.044	0.063	-0.473	0.042	0.240
$Dual$	23 000	0.289	0.453	0	0	1
BM	23 000	1.022	1.129	0.059	0.654	9.319
$Growth$	23 000	0.189	0.398	-0.636	0.123	4.132
$Cflow$	23 000	0.052	0.068	-0.199	0.050	0.269
M_Share	23 000	0.148	0.199	0	0.017	0.704
J_Share	23 000	0.458	0.255	0.002	0.480	1.218
Soe	23 000	0.334	0.472	0	0	1
$Loss$	23 000	0.083	0.276	0	0	1
$Auditopion$	23 000	3.995	0.067	3	4	4
$Big4$	23 000	0.068	0.252	0	0	1

数据来源：作者整理。

注：所有连续变量均为1%和99%处缩尾后的结果。

3.3.3　相关性分析

为了考察主要变量之间是否存在多重共线性，本书对主要变量进行了 Pearson 相关性检验，从表 3-6 可知，除了账面市值比（BM）与企业规模（$Size$）的相关系数为 0.625，账面市值比（BM）与负债压力（Lev）的相关系数为 0.583，其他变量之间的相关系数的绝对值均小于 0.5，表明模型不存在严重多重共线性问题。此外，从企业绩效（Roa）、负债压力（Lev）、企业违规（$Violate$）、内部交易（In_Trade）与企业策略性信息披露（S_Info）之间的相关系数来看，他们均存在着显著的正相关关系。

表 3-6 主要变量的相关性分析

	S_Info	Violate	In_Trade	Size	Lev	Age	Roa
S_Info	1						
Violate	0.015**	1					
In_Trade	0.034***	−0.060***	1				
Size	0.093***	−0.017***	0.138***	1			
Lev	0.066***	0.059***	0.056***	0.553***	1		
Age	−0.003 00	0.029***	−0.121***	0.531***	0.395***	1	
Roa	0.014**	−0.119***	0.052***	−0.044***	−0.355***	−0.162***	1
Dual	−0.013**	0.029***	−0.012*	−0.192***	−0.137***	−0.252***	0.027***
BM	0.041***	−0.006 00	0.072***	0.625***	0.583***	0.373***	−0.240***
Growth	0.049***	0.001	−0.001	0.017***	0.029***	−0.078***	0.218***
Cflow	−0.016**	−0.048***	0.050***	0.049***	−0.175***	0.029***	0.404***
M_Share	−0.008 00	−0.004 00	−0.033***	−0.409***	−0.333***	−0.554***	0.125***
J_Share	0.015**	−0.081***	0.162***	0.430***	0.226***	0.255***	0.102***
Soe	0.008 00	−0.073***	0.065***	0.397***	0.303***	0.475***	−0.084***
Loss	−0.041***	0.100***	−0.023***	−0.020***	0.164***	0.081***	−0.624***
Auditopion	0.013**	−0.076***	0.015**	0.0100	−0.054***	−0.021***	0.221***
Big4	−0.0100	−0.046***	0.112***	0.340***	0.113***	0.126***	0.028***

	Dual	BM	Growth	Cflow	M_Share	J_Share	Soe
Dual	1						
BM	−0.159***	1					
Growth	0.039***	−0.074***	1				
Cflow	−0.015**	−0.118***	0.0100	1			
M_Share	0.255***	−0.286***	0.067***	−0.018***	1		
J_Share	−0.199***	0.198***	0.029***	0.120***	−0.684***	1	
Soe	−0.303***	0.352***	−0.081***	−0.00700	−0.496***	0.425***	1
Loss	0.00200	0.077***	−0.178***	−0.176***	−0.050***	−0.078***	0.014**
Auditopion	0.012*	−0.024***	0.065***	0.031***	0.00900	0.030***	0.030***
Big4	−0.067***	0.157***	−0.018***	0.078***	−0.141***	0.242***	0.139***

续表

	Loss	Auditopion	Big4
Loss	1		
Auditopion	−0.152***	1	
Big4	−0.019***	0.008 00	1

数据来源：作者整理。

注：*表示 $p<0.1$；**表示 $p<0.05$；***表示 $p<0.01$。

3.3.4 实证分析

（1）企业策略性信息披露功效之分

1）企业绩效与策略性信息披露

为了验证企业策略性信息披露的功效之分，即检验企业策略性信息披露究竟是为了更好地向外界传递企业内部信息，支持"信息增量观"，还是为了更好地操纵外部利益相关者，支持"信息操纵观"，首先对模型（3-3）进行检验。回归结果见表 3-7，第（1）列和第（2）列分别为不控制行业及时间效应下和控制行业及时间效应下，当期企业绩效（Roa）与策略性信息披露（S_Info）的回归结果，二者的系数分别为 −0.236 和 0.632，但均不显著；第（3）列和第（4）列分别为不控制行业及时间效应下和控制行业及时间效应下，上期企业绩效（L.Roa）与策略性信息披露（S_Info）的回归结果，二者的系数分别为 −0.402 和 −0.140，同样不显著。以上结果说明，无论是企业当期绩效还是上期绩效，均不是造成企业策略性信息披露的原因，假说 3-1 没有得到验证，这也意味着企业策略性信息披露的目的并非更好地传递出企业内部信息，"信息增量观"没有得到有效支持。

表 3-7 企业绩效与策略性信息披露

	（1）	（2）	（3）	（4）
Roa	−0.236	0.632		
	(−0.509)	(1.300)		
L.Roa			−0.402	−0.140

续表

	（1）	（2）	（3）	（4）
			（−0.979）	（−0.326）
Size	0.339***	0.304***	0.291***	0.311***
	（15.113）	（12.473）	（11.409）	（11.415）
Lev	0.574***	0.904***	0.585***	0.817***
	（4.548）	（6.796）	（4.112）	（5.506）
Age	−0.278***	−0.300***	−0.314***	−0.287***
	（−8.797）	（−9.085）	（−7.756）	（−6.829）
Dual	−0.067	−0.088**	−0.101**	−0.109**
	（−1.588）	（−2.070）	（−2.140）	（−2.302）
BM	−0.104***	0.015	−0.084***	0.006
	（−4.917）	（0.618）	（−3.731）	（0.222）
Growth	0.189***	0.237***	0.261***	0.278***
	（4.411）	（5.338）	（5.293）	（5.460）
Cflow	−0.665**	−1.475***	−1.215***	−1.444***
	（−2.247）	（−4.637）	（−3.785）	（−4.282）
M_Share	−0.329**	−0.232	−0.278	−0.149
	（−2.149）	（−1.487）	（−1.588）	（−0.845）
J_Share	−0.476***	−0.196*	−0.249**	−0.094
	（−4.272）	（−1.687）	（−1.987）	（−0.732）
Soe	−0.017	0.068	0.055	0.051
	（−0.360）	（1.351）	（1.047）	（0.933）
Loss	−0.454***	−0.482***	−0.479***	−0.532***
	（−4.941）	（−5.214）	（−5.705）	（−6.232）
Auditopion	0.381	0.432	0.273	0.342
	（1.116）	（1.257）	（0.760）	（0.945）
Big4	−0.500***	−0.492***	−0.531***	−0.555***
	（−6.320）	（−6.079）	（−6.080）	（−6.235）

续表

	（1）	（2）	（3）	（4）
常数项	-9.939***	-9.450***	-8.402***	-9.244***
	（-6.931）	（-6.455）	（-5.522）	（-5.977）
行业	NO	YES	NO	YES
时间	NO	YES	NO	YES
样本量	23 011	21 558	18 121	18 121
With_R^2	0.0222	0.0349	0.0226	0.0354

数据来源：作者整理。

注：括号内为 t 统计检验值；*表示 $p<0.1$；**表示 $p<0.05$；***表示 $p<0.01$。

2）企业负债压力与策略性信息披露

为了检验企业策略性信息披露是否支持"信息操纵观"，对模型（3-4）进行回归检验，结果见表3-8，第（1）列和第（2）列分别为不控制行业及时间效应下和控制行业及时间效应下，当期企业负债压力（Lev）与策略性信息披露（S_Info）的回归结果，二者的系数分别为0.591和0.911，均在1%水平下显著为正；第（3）列和第（4）列分别为不控制行业及时间效应下和控制行业及时间效应下，上期企业负债压力（$L.Lev$）与策略性信息披露（S_Info）的回归结果，二者的系数分别为0.711和0.936，均在1%水平下显著为正。以上结果说明，无论是企业当期负债压力还是上期负债压力，均会使企业策略性信息披露的概率增加，假说3-2得到验证，这也意味着企业策略性信息披露的目的是更好地缓解企业存在的负债压力，"信息操纵观"得到验证。

表3-8 企业负债压力与策略性信息披露

	（1）	（2）	（3）	（4）
Lev	0.591***	0.911***		
	（4.690）	（6.857）		
$L.Lev$			0.711***	0.936***
			（5.277）	（6.668）

续表

	（1）	（2）	（3）	（4）
Size	0.339***	0.305***	0.282***	0.302***
	（15.118）	（12.525）	（11.169）	（11.252）
Age	−0.279***	−0.301***	−0.325***	−0.301***
	（−8.859）	（−9.124）	（−8.040）	（−7.186）
Roa	1.060***	2.017***	1.341***	1.764***
	（2.747）	（4.924）	（3.197）	（4.047）
Dual	−0.069	−0.090**	−0.103**	−0.111**
	（−1.641）	（−2.116）	（−2.182）	（−2.344）
BM	−0.098***	0.020	−0.077***	0.016
	（−4.627）	（0.854）	（−3.436）	（0.632）
Growth	0.197***	0.244***	0.290***	0.306***
	（4.610）	（5.529）	（5.899）	（6.029）
Cflow	−0.832***	−1.639***	−1.502***	−1.820***
	（−2.834）	（−5.192）	（−4.494）	（−5.168）
M_Share	−0.349**	−0.255	−0.312*	−0.182
	（−2.279）	（−1.637）	（−1.791）	（−1.032）
J_Share	−0.488***	−0.213*	−0.281**	−0.129
	（−4.386）	（−1.830）	（−2.255）	（−1.009）
Soe	−0.013	0.069	0.060	0.049
	（−0.267）	（1.366）	（1.143）	（0.901）
Auditopion	0.413	0.471	0.266	0.313
	（1.212）	（1.372）	（0.738）	（0.862）
Big4	−0.500***	−0.494***	−0.523***	−0.547***
	（−6.323）	（−6.111）	（−5.993）	（−6.162）
常数项	−10.140***	−9.749***	−8.285***	−9.072***
	（−7.094）	（−6.676）	（−5.427）	（−5.848）
行业	NO	YES	NO	YES

续表

	（1）	（2）	（3）	（4）
时间	NO	YES	NO	YES
样本量	23 011	21 558	18 121	18 121
With_R^2	0.0210	0.0335	0.0216	0.0347

数据来源：作者整理。

注：括号内为 t 统计检验值；*表示 $p<0.1$；**表示 $p<0.05$；***表示 $p<0.01$。

（2）企业策略性信息披露功利之分

1）企业违规与策略性信息披露

为了验证企业策略性信息披露的功利之分，即检验企业策略性信息披露是为了实现公司整体利益以支持"公司大局观"，本研究首先对模型（3-5）进行检验，回归结果见表3-9。第（1）列和第（2）列分别为不控制行业及时间效应下和控制行业及时间效应下，当期企业违规（Violate）与策略性信息披露（S_Info）的回归结果，二者的系数分别为0.069和0.113，前者虽然不显著，但后者在控制时间及行业效应后在5%的水平上显著为正；第（3）列和第（4）列分别为不控制行业及时间效应下和控制行业及时间效应下，上期企业违规（L.Violate）与策略性信息披露（S_Info）的回归结果，二者的系数分别为0.104和0.114，均在5%的水平上显著为正。以上结果表明，企业当期的违规处罚和上期违规被罚都会显著增加企业策略性信息披露的概率，即企业策略性信息披露在一定程度是为了修复企业受损的声誉形象，支持了"公司大局观"。

表3-9 企业违规与策略性信息披露

	（1）	（2）	（3）	（4）
Violate	0.069	0.113**		
	(1.446)	(2.425)		
L.Violate			0.104**	0.114**
			(2.092)	(2.259)
Size	0.304***	0.339***	0.291***	0.303***

续表

	(1)	(2)	(3)	(4)
	(12.473)	(15.094)	(11.649)	(11.352)
Lev	0.893***	0.561***	0.608***	0.870***
	(6.705)	(4.437)	(4.348)	(5.959)
Age	−0.301***	−0.279***	−0.312***	−0.289***
	(−9.110)	(−8.837)	(−7.882)	(−7.045)
Roa	0.653	−0.200	0.026	0.533
	(1.343)	(−0.430)	(0.051)	(1.024)
Dual	−0.089**	−0.068	−0.093**	−0.103**
	(−2.094)	(−1.627)	(−2.014)	(−2.207)
BM	0.015	−0.103***	−0.082***	0.012
	(0.659)	(−4.841)	(−3.667)	(0.495)
Growth	0.235***	0.186***	0.257***	0.267***
	(5.301)	(4.349)	(5.310)	(5.342)
Cflow	−1.473***	−0.665**	−1.177***	−1.519***
	(−4.633)	(−2.248)	(−3.553)	(−4.355)
M_Share	−0.220	−0.308**	−0.256	−0.145
	(−1.404)	(−2.009)	(−1.491)	(−0.835)
J_Share	−0.186	−0.457***	−0.247**	−0.089
	(−1.594)	(−4.094)	(−2.005)	(−0.704)
Soe	0.072	−0.009	0.056	0.056
	(1.430)	(−0.193)	(1.072)	(1.036)
Loss	−0.487***	−0.461***	−0.461***	−0.476***
	(−5.258)	(−5.017)	(−4.696)	(−4.814)
Auditopion	0.448	0.413	0.281	0.331
	(1.303)	(1.208)	(0.817)	(0.954)
Big4	−0.490***	−0.496***	−0.546***	−0.563***
	(−6.051)	(−6.267)	(−6.271)	(−6.355)

续表

	（1）	（2）	（3）	（4）
常数项	−9.536***	−10.087***	−8.510***	−9.261***
	（−6.509）	（−7.027）	（−5.826）	（−6.197）
行业	NO	YES	NO	YES
时间	NO	YES	NO	YES
样本量	21 558	23 011	18 566	18 479
With_R^2	0.0351	0.0225	0.0227	0.0357

数据来源：作者整理。

注：括号内为 t 统计检验值；*表示 $p<0.1$；**表示 $p<0.05$；***表示 $p<0.01$。

2）企业内部交易与策略性信息披露

为了验证企业策略性信息披露存在管理者是为个人私利以支持"个人私利观"，本研究继续对模型（3-6）进行检验，回归结果见表3-10。第（1）列和第（2）列分别为不控制行业及时间效应下和控制行业及时间效应下，当期企业内部交易（In_Trade）与策略性信息披露（S_Info）的回归结果，二者的系数分别为0.004和0.004，前者在5%水平上显著为正，后者在10%水平上显著为正；第（3）列和第（4）列分别为不控制行业及时间效应下和控制行业及时间效应下，上期企业内部交易（L.In_Trade）与策略性信息披露（S_Info）的回归结果，二者的系数分别为0.004和0.005，前者虽然不显著，但在控制行业及时间效应时二者系数在5%的水平上显著为正；第（5）列和第（6）列分别为不控制行业及时间效应下和控制行业及时间效应下，未来一期企业内部交易（F.In_Trade）与策略性信息披露（S_Info）的回归结果，二者的系数分别为0.007和0.007，均在1%的水平上显著为正。以上结果表明，无论是企业当期内部交易、上期内部交易还是未来一期内部交易均会显著增加企业策略性信息披露的概率，即企业策略性信息披露在一定程度是为了满足管理者个人私利的目的，支持了"个人私利观"。

表 3-10 企业内部交易与策略性信息披露

	（1）	（2）	（3）	（4）	（5）	（6）
In_Trade	0.004**	0.004*				
	(2.102)	(1.648)				
L.In_Trade			0.004	0.005**		
			(1.508)	(2.249)		
F.In_Trade					0.007***	0.007***
					(2.854)	(2.761)
Size	0.333***	0.301***	0.286***	0.298***	0.343***	0.310***
	(14.719)	(12.303)	(11.365)	(11.128)	(13.436)	(11.210)
Lev	0.570***	0.898***	0.624***	0.884***	0.469***	0.807***
	(4.513)	(6.753)	(4.464)	(6.063)	(3.317)	(5.394)
Age	−0.262***	−0.285***	−0.299***	−0.266***	−0.226***	−0.253***
	(−8.065)	(−8.335)	(−7.378)	(−6.314)	(−6.227)	(−6.604)
Roa	−0.245	0.623	0.003	0.497	−0.542	0.473
	(−0.527)	(1.282)	(0.005)	(0.956)	(−1.043)	(0.862)
Dual	−0.066	−0.087**	−0.093**	−0.102**	−0.096**	−0.120**
	(−1.578)	(−2.047)	(−2.004)	(−2.179)	(−2.040)	(−2.519)
BM	−0.104***	0.014	−0.084***	0.009	−0.123***	0.005
	(−4.916)	(0.580)	(−3.745)	(0.370)	(−5.012)	(0.169)
Growth	0.192***	0.239***	0.263***	0.274***	0.192***	0.237***
	(4.473)	(5.377)	(5.419)	(5.474)	(4.091)	(4.866)
Cflow	−0.688**	−1.477***	−1.200***	−1.536***	−0.906***	−1.789***
	(−2.322)	(−4.644)	(−3.622)	(−4.403)	(−2.751)	(−5.021)
M_Share	−0.330**	−0.232	−0.283*	−0.170	−0.323*	−0.227
	(−2.153)	(−1.487)	(−1.647)	(−0.980)	(−1.895)	(−1.304)
J_Share	−0.492***	−0.212*	−0.280**	−0.130	−0.449***	−0.154
	(−4.408)	(−1.814)	(−2.265)	(−1.024)	(−3.635)	(−1.185)
Soe	−0.024	0.062	0.044	0.041	−0.057	0.023

续表

	（1）	（2）	（3）	（4）	（5）	（6）
	（−0.493）	（1.220）	（0.855）	（0.746）	（−1.080）	（0.418）
Loss	−0.457***	−0.483***	−0.458***	−0.473***	−0.497***	−0.530***
	（−4.967）	（−5.223）	（−4.672）	（−4.790）	（−4.637）	（−4.930）
Auditopion	0.379	0.428	0.261	0.308	0.122	0.097
	（1.111）	（1.245）	（0.759）	（0.889）	（0.348）	（0.275）
Big4	−0.507***	−0.499***	−0.554***	−0.575***	−0.566***	−0.555***
	（−6.402）	（−6.152）	（−6.347）	（−6.473）	（−6.301）	（−6.025）
常数项	−9.835***	−9.399***	−8.315***	−9.071***	−9.027***	−8.505***
	（−6.855）	（−6.418）	（−5.691）	（−6.068）	（−6.068）	（−5.583）
行业	NO	YES	NO	YES	NO	YES
时间	NO	YES	NO	YES	NO	YES
样本量	23 011	21 558	18 566	18 479	18 802	17 440
With_R^2	0.0224	0.0351	0.0226	0.0357	0.0222	0.0354

数据来源：作者整理。

注：括号内为 t 统计检验值；*表示 $p<0.1$；**表示 $p<0.05$；***表示 $p<0.01$。

3.3.5 进一步分析

（1）产权性质

1）企业负债压力与策略性信息披露

前文已经证实企业负债压力会显著增加企业的策略性信息披露，但是关于企业负债压力对不同生命周期阶段下企业的策略性信息披露有何影响尚不清楚，因此，本章进一步探究企业负债压力对不同生命周期阶段下企业的策略性信息披露的异质性影响。

事实上，产权性质是指企业所有权的性质和结构，包括私营企业和国有企业。其中，国有企业是指国家资本股本占企业全部资本的比例较高并由国家实际控制的企业；而非国有企业一般是指民营企业或私企，主要包括有限公司、股份公司、独资公司、个体工商户等形式。产权性质决定了企业所有者的权益和控制程度，非国有企业在面临来自投资者、债权人和客户等利益相关者的压力时，可能需要更主动地披露信息以获得信任和支持，非国有企业通常由个人或私人股东拥有，他们可以更自由地决定信息披露的内容和方式。而国有企业在政府的监管和控制下，面临来自政府、员工和社会公众等利益相关者的期望，需要更加谨慎地披露信息以免声誉风险。因此，本研究预期，非国有企业面临负债压力时，有更大动机和条件利用策略性信息披露来获得信任和支持。

根据企业产权性质的不同将样本企业分为国有企业组和非国有企业组，回归结果见表3-11，从第（1）列可知，企业当期负债压力（Lev）与策略性信息披露的系数为0.234，并不显著；但从第（2）列可知企业当期负债压力（Lev）与策略性信息披露的系数为1.214，在1%水平上显著为正；从第（3）列可知，企业上期负债压力（L.Lev）与策略性信息披露的系数为0.099，也不显著；但从第（4）列可知，企业上期负债压力（L.Lev）与策略性信息披露的系数为1.320，在1%水平上显著为正。以上结论表明，相较于国有企业，非国有企业的负债压力显著增加了企业策略性信息披露出现的概率。

表3-11 产权性质下企业负债压力与策略性信息披露的分组检验

	（1）国有企业	（2）非国有企业	（3）国有企业	（4）非国有企业
Lev	0.234	1.214***		
	（0.964）	（7.355）		
L.Lev			0.099	1.320***
			（0.396）	（7.462）
Size	0.338***	0.303***	0.339***	0.307***
	（8.404）	（9.313）	（7.731）	（8.489）
Age	−0.312***	−0.332***	−0.259***	−0.374***
	（−4.973）	（−8.207）	（−3.363）	（−7.104）
Roa	0.021	0.975*	0.007	0.656
	（0.021）	（1.675）	（0.006）	（1.036）

续表

	（1）	（2）	（3）	（4）
	国有企业	非国有企业	国有企业	非国有企业
Dual	−0.442***	−0.035	−0.508***	−0.046
	(−3.665)	(−0.744)	(−3.865)	(−0.888)
BM	−0.038	0.106***	−0.037	0.101**
	(−1.151)	(2.616)	(−1.045)	(2.369)
Growth	0.196**	0.260***	0.233**	0.327***
	(2.321)	(4.876)	(2.434)	(5.296)
Cflow	−2.085***	−1.081***	−2.219***	−1.212***
	(−3.633)	(−2.781)	(−3.543)	(−2.758)
M_Share	−4.961***	−0.182	−5.224***	−0.075
	(−3.658)	(−1.059)	(−3.415)	(−0.383)
J_Share	−0.453*	−0.195	−0.448*	−0.088
	(−1.888)	(−1.436)	(−1.726)	(−0.579)
Loss	−0.427***	−0.497***	−0.431***	−0.450***
	(−2.905)	(−4.092)	(−2.719)	(−3.400)
Big4	−0.403***	−0.611***	−0.496***	−0.631***
	(−3.690)	(−4.887)	(−4.163)	(−4.575)
常数项	−7.012***	−9.373***	−7.176***	−8.476***
	(−8.234)	(−5.989)	(−8.023)	(−5.067)
行业	YES	YES	YES	YES
时间	YES	YES	YES	YES
样本量	6954	14 581	6109	11 990
With_R^2	0.0459	0.0404	0.0478	0.0430

数据来源：作者整理。

注：括号内为 t 统计检验值；*表示 $p<0.1$；**表示 $p<0.05$；***表示 $p<0.01$。

2）企业违规与策略性信息披露

前文已经证实企业违规会显著增加企业的策略性信息披露，但是关于企业违规对不同生命周期阶段下企业的策略性信息披露有何影响尚不清楚，因此，本章进一步探究企业违规对不同生命周期阶段下企业的策略性信息披露的异质性影响。

事实上，在不同产权性质下，企业违规对策略性信息披露可能存在一些差异。其中，非国有企业可以更自由地决定信息披露的内容和方式，因而更具有灵活性和自主权，当私营企业发生违规行为时，对创新文本信息的披露具有更大自由裁量权，进而更有条件进行策略性信息披露来重建信任，并帮助其恢复市场信心和消除潜在的负面影响。而国有企业因受到政府的监管和控制，其对策略性信息披露可能会受到政府要求和指导的影响，当国有企业发生违规行为时，国有企业需要向政府和监管机构报告违规行为的情况，并按照相关法规和规定进行信息披露，因而自由裁量权较小。因此，本研究预期，非国有企业违规时，有更多条件利用策略性信息披露来获得信任和支持。

根据企业产权性质的不同将样本企业分为国有企业组和非国有企业组，回归结果见表3-12，从列（1）可知，企业当期违规（$Violate$）与策略性信息披露的系数为0.028，并不显著；但从列（2）可知企业当期违规（$Violate$）与策略性信息披露的系数为0.096，在10%水平上显著为正；从列（3）可知，企业上期违规（$L.Violate$）与策略性信息披露的系数为0.096，也不显著；但从列（4）可知，企业上期违规（$L.Violate$）与策略性信息披露的系数为0.140，在5%水平上显著为正。以上结论表明，相较于国有企业，非国有企业的违规被罚显著增加了企业策略性信息披露出现的概率。

表3-12 产权性质下企业违规与策略性信息披露的分组检验

	（1）国有企业	（2）非国有企业	（3）国有企业	（4）非国有企业
$Violate$	0.028	0.096*		
	（0.312）	（1.702）		
$L.Violate$			0.096	0.140**
			（1.019）	（2.340）
$Size$	0.338***	0.303***	0.346***	0.299***
	（8.406）	（9.308）	（7.914）	（8.502）

续表

	（1）	（2）	（3）	（4）
	国有企业	非国有企业	国有企业	非国有企业
Lev	0.228	1.201***	0.053	0.980***
	（0.937）	（7.269）	（0.201）	（5.556）
Age	−0.311***	−0.335***	−0.265***	−0.375***
	（−4.968）	（−8.259）	（−3.490）	（−7.500）
Roa	0.023	1.012*	−0.233	0.434
	（0.023）	（1.738）	（−0.217）	（0.713）
Dual	−0.443***	−0.036	−0.502***	−0.011
	（−3.671）	（−0.771）	（−3.864）	（−0.216）
BM	−0.038	0.107***	−0.036	−0.044
	（−1.142）	（2.656）	（−1.008）	（−1.165）
Growth	0.196**	0.258***	0.247***	0.270***
	（2.316）	（4.827）	（2.678）	（4.564）
Cflow	−2.083***	−1.081***	−2.121***	−0.889**
	（−3.628）	（−2.780）	（−3.421）	（−2.131）
M_Share	−4.973***	−0.166	−5.343***	−0.173
	（−3.664）	（−0.964）	（−3.504）	（−0.915）
J_Share	−0.450*	−0.181	−0.470*	−0.197
	（−1.870）	（−1.327）	（−1.829）	（−1.350）
Loss	−0.429***	−0.502***	−0.450***	−0.492***
	（−2.917）	（−4.137）	（−2.858）	（−3.816）
Big4	−0.402***	−0.610***	−0.503***	−0.608***
	（−3.675）	（−4.881）	（−4.228）	（−4.487）
常数项	−7.024***	−9.488***	−7.528***	−7.897***
	（−8.238）	（−6.060）	（−8.093）	（−5.011）
行业	YES	YES	YES	YES
时间	YES	YES	YES	YES
样本量	6954	14 581	6200	12 259
With_R^2	0.0459	0.0406	0.0482	0.0301

数据来源：作者整理。

注：括号内为 t 统计检验值；*表示 $p<0.1$；**表示 $p<0.05$；***表示 $p<0.01$。

3）企业内部交易与策略性信息披露

前文已经证实企业内部交易会显著增加企业的策略性信息披露，但是关于企业内部交易对不同产权性质下企业的策略性信息披露有何影响尚不清楚，因此，本章进一步探究企业内部交易对不同产权性质下企业的策略性信息披露的异质性影响。

事实上，国有企业作为公共资源的管理者，其内部交易可能受到公众和社会的更高关注，公众和社会对国有企业的内部交易期望更高，希望了解交易的动机、过程和结果等方面的信息。为了增强企业的信任度，减少市场对内部交易的猜测和怀疑，国有企业可以通过主动披露与创新文本有关的信息向市场和利益相关者传递积极的信号，即可以表明企业对内部交易的合理性和透明度的重视，又有助于维护公众信任和社会声誉，并能回应公众对企业的关切和社会期望。因此，本研究预期，相较于非国有企业，内部交易金额越大的国有企业越有动机进行策略性信息披露。

根据企业产权性质的不同将样本企业分为国有企业组和非国有企业组，回归结果见表3-13，从第（1）列可知，企业当期内部交易（In_Trade）与策略性信息披露的系数为0.012，在1%水平上显著为正；但从第（2）列可知企业当期内部交易（In_Trade）与策略性信息披露的系数为0.004，但不显著；从第（3）列可知，企业上期内部交易（$L.In\_Trade$）与策略性信息披露的系数为0.011，在1%水平上显著为正；但从第（4）列可知，企业上期内部交易（$L.In\_Trade$）与策略性信息披露的系数为0.001，不显著。以上结论表明，相较于非国有企业，国有企业的内部交易显著增加了企业策略性信息披露出现的概率。

表3-13 产权性质下企业内部交易与策略性信息披露的分组检验

	（1）	（2）	（3）	（4）
	国有企业	非国有企业	国有企业	非国有企业
In_Trade	0.012***	−0.004		
	（3.525）	（−1.239）		
$L.In\_Trade$			0.011***	−0.001

续表

	（1）	（2）	（3）	（4）
	国有企业	非国有企业	国有企业	非国有企业
			（2.955）	（−0.351）
Size	0.323***	0.306***	0.330***	0.304***
	（7.975）	（9.374）	（7.518）	（8.490）
Lev	0.239	1.220***	0.085	1.275***
	（0.981）	（7.385）	（0.324）	（6.984）
Age	−0.265***	−0.348***	−0.227***	−0.352***
	（−4.157）	（−8.197）	（−2.958）	（−6.583）
Roa	0.074	0.986*	−0.188	0.858
	（0.074）	（1.692）	（−0.175）	（1.371）
Dual	−0.434***	−0.035	−0.494***	−0.042
	（−3.599）	（−0.760）	（−3.804）	（−0.809）
BM	−0.038	0.108***	−0.037	0.096**
	（−1.162）	（2.667）	（−1.046）	（2.256）
Growth	0.198**	0.258***	0.257***	0.280***
	（2.347）	（4.841）	（2.785）	（4.586）
Cflow	−2.042***	−1.071***	−2.086***	−1.094**
	（−3.552）	（−2.754）	（−3.358）	（−2.540）
M_Share	−4.670***	−0.180	−5.039***	−0.086
	（−3.474）	（−1.050）	（−3.330）	（−0.449）
J_Share	−0.475**	−0.178	−0.496*	−0.063
	（−1.977）	（−1.304）	（−1.933）	（−0.419）
Loss	−0.430***	−0.497***	−0.449***	−0.480***
	（−2.922）	（−4.095）	（−2.849）	（−3.703）
Big4	−0.428***	−0.605***	−0.527***	−0.652***
	（−3.898）	（−4.838）	（−4.411）	（−4.739）
常数项	−6.856***	−9.422***	−7.316***	−9.025***

续表

	（1）	（2）	（3）	（4）
	国有企业	非国有企业	国有企业	非国有企业
	(-8.034)	(-6.016)	(-7.868)	(-5.592)
行业	YES	YES	YES	YES
时间	YES	YES	YES	YES
样本量	6954	14 581	6200	12 255
With_R^2	0.0477	0.0405	0.0495	0.0418

数据来源：作者整理。

注：括号内为 t 统计检验值；*表示 $p<0.1$；**表示 $p<0.05$；***表示 $p<0.01$。

（2）企业生命周期

不同生命周期阶段对企业信息披露的影响有所不同，具体表现为：在企业的成长期，初创企业通常面临着不确定性和竞争压力，可能更关注产品开发、市场拓展和资金筹集等方面，此时，企业可能更注重保护核心技术和商业机密，对外界披露的信息相对较少。然而，初创企业可能需要向潜在投资者、合作伙伴和客户披露一些基本的信息，以建立信任和吸引资源，随着企业规模的扩大和业务的发展，企业需要向投资者、股东、债权人和监管机构等各方披露更多的财务和非财务信息。这些信息可能包括财务报表、经营业绩、风险管理、治理结构、市场前景和战略规划等方面的内容。此时，企业需要建立健全的信息披露制度，以满足外部利益相关者的需求，并提高企业的透明度和信任度。在企业的成熟期，信息披露通常更加广泛和详细，成熟期的企业可能面临更多的监管要求和市场压力，需要向各方披露更全面、准确和及时的信息。此时，企业可能需要遵守更严格的会计准则和报告要求，向投资者和监管机构提交详尽的财务报告和披露文件。同时，企业也需要积极回应市场的关切和投资者的提问，增加与利益相关者的沟通和互动。在企业的衰退期，信息披露的需求可能会有所减少。衰退期的企业可能面临经营困难、财务压力和市场竞争的挑战，需要更加谨慎地披露信息，以免产生进一步的负面影响。

1）企业负债压力与策略性信息披露

前文已经证实企业负债压力会显著增加企业的策略性信息披露，但是关于企业负债压力对不同生命周期阶段下企业的策略性信息披露有何影响尚不清楚，因此，本章进一步探究企业负债压力对不同生命周期阶段下企业的策略性信息披露的异质性影响。

根据企业生命周期的不同将样本企业分为成长期、成熟期和衰退期企业，回归结果见表3-14，从第（1）列可知，企业当期负债压力（Lev）与策略性信息披露的系数为0.097，并不显著；但从第（2）列、第（3）列可知企业当期负债压力（Lev）与策略性信息披露的系数分别为1.244和4.509，均在1%水平上显著为正；从第（4）列可知，企业上期负债压力（L.Lev）与策略性信息披露的系数为0.400但不显著；但从第（5）列、第（6）列可知，企业上期负债压力（L.Lev）与策略性信息披露的系数为1.117和4.557，均在1%水平上显著为正。以上结论表明，相较于成长期企业，成熟期和衰退期企业的负债压力显著增加了企业策略性信息披露出现的概率。

表3-14 企业不同生命周期下负债压力与策略性信息披露的分组检验

	（1）	（2）	（3）	（4）	（5）	（6）
	成长期	成熟期	衰退期	成长期	成熟期	衰退期
Lev	0.097	1.244***	4.509***			
	（0.251）	（5.369）	（3.038）			
L.Lev				0.400	1.117***	4.557***
				（0.985）	（4.680）	（2.695）
Size	0.339***	0.332***	0.198	0.291***	0.369***	−0.030
	（4.443）	（8.239）	（0.853）	（3.442）	（8.334）	（−0.101）
Age	−0.356***	−0.231***	−0.098	−0.258**	−0.322***	−0.262
	（−3.774）	（−4.031）	（−0.310）	（−2.104）	（−4.608）	（−0.584）
Roa	−0.308	0.746	9.371	−0.066	0.364	7.926
	（−0.208）	（0.907）	（1.520）	（−0.041）	（0.417）	（0.933）
Dual	−0.260**	−0.013	−0.582	−0.300**	−0.020	−0.920*
	（−2.156）	（−0.183）	（−1.397）	（−2.173）	（−0.247）	（−1.800）

续表

	（1）成长期	（2）成熟期	（3）衰退期	（4）成长期	（5）成熟期	（6）衰退期
BM	−0.001	−0.054	0.300	−0.061	−0.047	0.513
	（−0.012）	（−1.351）	（1.082）	（−0.816）	（−1.115）	（1.488）
Growth	0.287***	0.256**	0.509	0.352***	0.281**	1.060**
	（2.801）	（2.500）	（1.267）	（2.900）	（2.341）	（2.132）
Cflow	−0.728	−2.063***	−7.563	−0.113	−2.293***	−7.961
	（−0.535）	（−3.005）	（−1.552）	（−0.072）	（−3.024）	（−1.200）
M_Share	−0.463	0.405	−0.306	−0.142	0.357	−0.104
	（−1.033）	（1.538）	（−0.228）	（−0.276）	（1.211）	（−0.060）
J_Share	−0.354	0.203	−1.333	−0.089	0.212	−2.479*
	（−1.026）	（1.043）	（−1.236）	（−0.229）	（0.984）	（−1.788）
Soe	0.175	0.056	−0.325	0.195	0.076	−0.019
	（1.157）	（0.680）	（−0.594）	（1.166）	（0.853）	（−0.030）
Loss	−0.801***	−0.400**	−0.302	−0.678***	−0.373**	0.000
	（−3.475）	（−2.320）	（−0.229）	（−2.664）	（−2.032）	（0.000）
Big4	−0.197	−0.639***	0.737	−0.099	−0.760***	0.359
	（−0.633）	（−5.210）	（0.703）	（−0.289）	（−5.647）	（0.240）
常数项	−10.156**	−10.851***	−4.633	−6.076	−12.320***	−0.905
	（−2.126）	（−4.126）	（−0.931）	（−1.261）	（−3.915）	（−0.142）
行业	YES	YES	YES	YES	YES	YES
时间	YES	YES	YES	YES	YES	YES
样本数	2405	8316	284	1955	7093	219
With_R^2	0.0567	0.0379	0.2246	0.0565	0.0412	0.2905

数据来源：作者整理。

注：括号内为 t 统计检验值；*表示 $p<0.1$；**表示 $p<0.05$；***表示 $p<0.01$。

2）企业违规与策略性信息披露

前文已经证实企业违规会显著增加企业的策略性信息披露，但是关于企业违规对不同生命周期阶段下企业的策略性信息披露有何影响尚不清楚，因此，本章进一步探究企业违规对不同生命周期阶段下企业的策略性信息披露的异质性影响。

根据企业生命周期的不同将样本企业分为成长期、成熟期和衰退期企业，回归结果见表3-15，从第（1）列到第（3）列可知，企业当期违规（Violate）与策略性信息披露的系数分别为0.103、0.027和0.343，但均不显著；但从第（4）列、第（6）列可知，企业上期违规（L.Violate）与策略性信息披露的系数分别为0.118和0.430，也不显著；从第（5）列可知，企业上期违规（L.Violate）与策略性信息披露的系数为0.171，在5%水平上显著为正。以上结论表明，只有在成熟期企业中，上期违规被罚才会显著增加企业策略性信息披露出现的概率。

表3-15 企业生命周期下企业违规与策略性信息披露的分组检验

	（1）成长期	（2）成熟期	（3）衰退期	（4）成长期	（5）成熟期	（6）衰退期
Violate	0.103	0.027	0.343			
	（0.815）	（0.328）	（0.738）			
L.Violate				−0.118	0.171**	0.430
				（−0.841）	（1.988）	（0.796）
Size	0.338***	0.332***	0.190	0.328***	0.340***	−0.089
	（4.434）	（8.234）	（0.816）	（3.923）	（8.041）	（−0.309）
Lev	0.084	1.240***	4.496***	0.154	0.853***	5.224***
	（0.217）	（5.349）	（3.016）	（0.358）	（3.561）	（3.045）
Age	−0.355***	−0.231***	−0.116	−0.284**	−0.294***	0.051
	（−3.757）	（−4.035）	（−0.368）	（−2.372）	（−4.413）	（0.124）
Roa	−0.260	0.752	9.949	−0.446	0.523	9.313
	（−0.176）	（0.914）	（1.600）	（−0.285）	（0.607）	（1.185）
Dual	−0.263**	−0.014	−0.623	−0.301**	0.012	−0.650
	（−2.179）	（−0.184）	（−1.476）	（−2.221）	（0.154）	（−1.338）
BM	0.000	−0.054	0.319	−0.049	−0.117***	0.407
	（0.002）	（−1.344）	（1.149）	（−0.666）	（−2.935）	（1.287）

续表

	（1）	（2）	（3）	（4）	（5）	（6）
	成长期	成熟期	衰退期	成长期	成熟期	衰退期
Growth	0.287***	0.256**	0.479	0.346***	0.236**	0.678
	（2.792）	（2.492）	（1.190）	（2.919）	（2.117）	（1.471）
Cflow	−0.721	−2.061***	−7.443	0.083	−1.894***	−9.546*
	（−0.530）	（−3.003）	（−1.527）	（0.053）	（−2.617）	（−1.654）
M_Share	−0.439	0.410	−0.329	−0.196	0.242	0.899
	（−0.978）	（1.555）	（−0.246）	（−0.387）	（0.841）	（0.554）
J_Share	−0.337	0.208	−1.354	−0.164	0.087	−1.650
	（−0.972）	（1.063）	（−1.257）	（−0.432）	（0.419）	（−1.318）
Soe	0.176	0.058	−0.287	0.192	0.092	0.147
	（1.166）	（0.704）	（−0.522）	（1.161）	（1.079）	（0.229）
Loss	−0.802***	−0.402**	−0.261	−0.688***	−0.381**	0.000
	（−3.485）	（−2.330）	（−0.198）	（−2.768）	（−2.102）	（.）
Big4	−0.187	−0.638***	0.797	−0.170	−0.745***	0.532
	（−0.601）	（−5.197）	（0.756）	（−0.497）	（−5.644）	（0.377）
常数项	−10.141**	−10.887***	−4.489	−9.611*	−10.329***	−0.391
	（−2.126）	（−4.136）	（−0.899）	（−1.952）	（−3.898）	（−0.062）
行业	YES	YES	YES	YES	YES	YES
时间	YES	YES	YES	YES	YES	YES
样本量	2405	8316	284	2009	7204	226
With_R^2	0.0570	0.0379	0.2264	0.0568	0.0301	0.2644

数据来源：作者整理。

注：括号内为 t 统计检验值；* 表示 $p<0.1$，** 表示 $p<0.05$，*** 表示 $p<0.01$。

3）企业内部交易与策略性信息披露

前文已经证实企业内部交易会显著增加企业的策略性信息披露，但是关于企业内部交易对不同生命周期阶段下企业的策略性信息披露有何影响尚不清楚，因此，本章进一步对企业内部交易对不同生命周期阶段下企业的策略性信息披露的异质性影响进行探究。

根据企业生命周期的不同将样本企业分为成长期、成熟期和衰退期企业，回归结果见表3-16，从第（1）列到第（3）列可知，企业当期内部交易（In_Trade）与策略性信息披露的系数分别为0.008、0.004和0.006，但不显著；从第（4）列、第（6）列可知，企业上期内部交易（L.In_Trade）与策略性信息披露的系数分别为0.006和0.010，也不显著；从第（5）列可知，企业上期违规（L.In_Trade）与策略性信息披露的系数为0.007，在10%水平上显著为正。以上结论表明，只有在成熟期企业中，上期内部交易才会显著增加企业策略性信息披露出现的概率。

表 3-16 企业生命周期下企业内部交易与策略性信息披露的分组检验

	（1）成长期	（2）成熟期	（3）衰退期	（4）成长期	（5）成熟期	（6）衰退期
In_Trade	0.008	0.004	0.006			
	（1.178）	（1.179）	（0.262）			
L.In_Trade				0.006	0.007*	−0.010
				（0.788）	（1.644）	（−0.376）
Size	0.328***	0.329***	0.194	0.320***	0.348***	−0.079
	（4.282）	（8.133）	（0.836）	（3.819）	（7.902）	（−0.272）
Lev	0.096	1.229***	4.521***	0.138	1.132***	5.402***
	（0.248）	（5.297）	（3.046）	（0.322）	（4.519）	（3.164）
Age	−0.331***	−0.211***	−0.077	−0.265**	−0.264***	−0.022
	（−3.428）	（−3.531）	（−0.236）	（−2.189）	（−3.694）	（−0.054）
Roa	−0.339	0.723	9.257	−0.443	0.460	8.696
	（−0.228）	（0.879）	（1.500）	（−0.284）	（0.525）	（1.109）
Dual	−0.259**	−0.012	−0.567	−0.302**	−0.010	−0.716
	（−2.151）	（−0.170）	（−1.346）	（−2.231）	（−0.123）	（−1.471）
BM	−0.001	−0.055	0.292	−0.048	−0.051	0.424
	（−0.009）	（−1.383）	（1.044）	（−0.645）	（−1.199）	（1.326）

续表

	（1）成长期	（2）成熟期	（3）衰退期	（4）成长期	（5）成熟期	（6）衰退期
Growth	0.288***	0.259**	0.516	0.344***	0.264**	0.650
	（2.805）	（2.524）	（1.284）	（2.906）	（2.302）	（1.400）
Cflow	−0.728	−2.050***	−7.607	0.091	−2.077***	−9.212
	（−0.535）	（−2.985）	（−1.561）	（0.059）	（−2.793）	（−1.599）
M_Share	−0.444	0.405	−0.302	−0.160	0.319	0.762
	（−0.991）	（1.539）	（−0.224）	（−0.316）	（1.098）	（0.478）
J_Share	−0.376	0.185	−1.354	−0.169	0.158	−1.621
	（−1.088）	（0.947）	（−1.250）	（−0.444）	（0.742）	（−1.292）
Soe	0.162	0.050	−0.335	0.191	0.062	0.058
	（1.070）	（0.605）	（−0.610）	（1.152）	（0.695）	（0.093）
Loss	−0.804***	−0.399**	−0.304	−0.690***	−0.453**	0.000
	（−3.486）	（−2.314）	（−0.231）	（−2.776）	（−2.472）	（0.000）
Big4	−0.235	−0.648***	0.748	−0.198	−0.773***	0.517
	（−0.749）	（−5.266）	（0.716）	（−0.571）	（−5.746）	（0.363）
常数项	−10.056**	−10.816***	−4.625	−9.711**	−10.867***	−0.363
	（−2.100）	（−4.114）	（−0.929）	（−1.970）	（−4.055）	（−0.057）
行业	YES	YES	YES	YES	YES	YES
时间	YES	YES	YES	YES	YES	YES
样本量	2405	8316	284	2009	7204	226
With_R^2	0.0572	0.0381	0.2248	0.0568	0.0403	0.2624

数据来源：作者整理。

注：括号内为 t 统计检验值；*表示 $p<0.1$，**表示 $p<0.05$，***表示 $p<0.01$。

（3）法律制度环境

市场中介组织的发育程度和法律制度环境对企业策略性信息披露有重要影响，具体表现为：首先，市场中介组织如信息中介和评级机构在信息披露中扮演着重要角色，它们通过收集、分析和评估企业信息，为投资者和利益相关者提供独立的评估和意见。这些机构的发育程度和专业能力对企业信息披露的质量和影响力具有重要影响,如果市场中介组织发育完善,投资者和利益相关者可以更容易地获取准确和可靠的信息,从而增加对企业的信任和决策的依据。法律制度和监管要求对企业信息披露起着规范和引导作用,法律制度和监管要求的严格程度和透明度会影响企业信息披露的程度和质量,如果法律制度和监管要求健全,企业将被迫遵守更高的披露标准,并提供更全面和准确的信息。其次,市场中介组织的发育程度和法律制度环境对投资者保护和市场透明度起着重要作用,如果市场中介组织完善,投资者可以依靠其提供的信息和评级来做出决策,从而提高市场的透明度和效率。同时,健全的法律制度和监管要求可以提供投资者保护的法律框架,防止不当行为和欺诈行为的发生,增加市场的稳定性和信任度。最后,市场中介组织的发育程度和法律制度环境也会影响企业信息披露的成本和效益,如果市场中介组织发达,企业可以通过与这些机构合作来提高信息披露的效率和质量,并减少相关的成本。

1)企业负债压力与策略性信息披露

前文已经证实企业负债压力会显著增加企业的策略性信息披露,但是关于法律环境会对企业负债压力与策略性信息披露有何影响尚不清楚,因此,本章进一步对不同法律环境下企业负债压力与策略性信息披露的异质性影响进行探究。

根据企业所处的市场中介组织的发育程度和法律制度环境的行业年度中位值不同,将样本企业分为法律制度较好和法律制度较差的组,回归结果见表3-17,从第(1)列可知,企业当期负债压力(Lev)与策略性信息披露的系数为0.981,在1%水平上显著为正;从第(2)列可知,企业当期负债压力(Lev)与策略性信息披露的系数为0.866,在1%水平上显著为正;从第(3)列可知,企业上期负债压力($L.Lev$)与策略性信息披露的系数为1.075,在1%水平上显著为正;从第(4)列可知,企业上期负债压力($L.Lev$)与策略性信息披露的系数为0.732,在1%水平上显著为正。以上结论表明,企业负债压力显著增加了企业策略性信息披露出现的概率,并且相较于法律制度较差的组,法律制度较好的组中企业负债压力与策略性信息披露的相关系数更大。理由在于，市场中介组织的发育程度和法律制度环境为投资者保护和市场透明度提供了支撑作用，因而该地区企业的创新活动也更容易获得投资者青睐，而企业管理者在负债压力下，通过对具有自由裁量权的文本信息披露进行策略性管理也更易获得投资者认可和支持。

表 3-17 法律制度环境下企业负债压力与策略性信息披露的分组检验

	（1）法律制度较好	（2）法律制度较差	（3）法律制度较好	（4）法律制度较差
Lev	0.981***	0.866***		
	(5.374)	(4.359)		
L.Lev			1.075***	0.732***
			(5.569)	(3.496)
Size	0.318***	0.296***	0.297***	0.323***
	(9.450)	(8.135)	(8.015)	(8.028)
Age	−0.291***	−0.332***	−0.278***	−0.338***
	(−6.441)	(−6.704)	(−4.799)	(−5.406)
Roa	0.881	0.402	0.560	0.293
	(1.294)	(0.571)	(0.761)	(0.385)
Dual	−0.114**	−0.037	−0.147**	−0.047
	(−2.019)	(−0.558)	(−2.326)	(−0.636)
BM	0.048	−0.002	0.056	−0.014
	(1.331)	(−0.067)	(1.422)	(−0.423)
Growth	0.128**	0.342***	0.223***	0.373***
	(1.967)	(5.522)	(2.998)	(5.234)
Cflow	−0.840*	−2.212***	−0.911*	−2.597***
	(−1.918)	(−4.722)	(−1.872)	(−4.947)
M_Share	−0.585***	0.220	−0.552**	0.332
	(−2.836)	(0.902)	(−2.360)	(1.213)
J_Share	−0.524***	0.145	−0.444**	0.227

续表

	（1）	（2）	（3）	（4）
	法律制度较好	法律制度较差	法律制度较好	法律制度较差
	（-3.298）	（0.831）	（-2.521）	（1.185）
Soe	0.034	0.138*	0.014	0.131*
	（0.459）	（1.956）	（0.171）	（1.693）
Loss	-0.524***	-0.426***	-0.568***	-0.327**
	（-3.915）	（-3.299）	（-3.849）	（-2.357）
Auditopion	-0.120	1.454**	-0.409	1.324*
	（-0.298）	（1.983）	（-0.940）	（1.797）
Big4	-0.371***	-0.732***	-0.395***	-0.852***
	（-3.560）	（-5.368）	（-3.474）	（-5.597）
常数项	-7.621***	-13.313***	-6.027***	-13.392***
	（-4.336）	（-4.403）	（-3.171）	（-4.391）
行业	YES	YES	YES	YES
时间	YES	YES	YES	YES
样本量	11 872	9686	9922	8199
With_R^2	0.0392	0.0436	0.0403	0.0464

数据来源：作者整理。

注：括号内为 t 统计检验值；*表示 $p<0.1$；**表示 $p<0.05$；***表示 $p<0.01$。

2）企业违规与策略性信息披露

前文已经证实企业违规会显著增加企业的策略性信息披露，但是关于法律环境会对企业违规对策略性信息披露有何影响尚不清楚，因此，本章进一步对不同法律环境下企业违规与策略性信息披露的异质性影响进行探究。

根据企业所处的市场中介组织的发育程度和法律制度环境的行业年度中位值不同，将样本企业分为法律制度较好和法律制度较差的组，回归结果见表3-18，从第（1）列、第（2）列可知，企业当期违规（Violate）与策略性信息披露的系数分别为0.042和0.090，但均不显著；但从第（3）列可知，企业上期违规（L.Violate）与策略性信息披露的系数为0.107，不显著；从第

(4)列可知,企业上期违规(L.Violate)与策略性信息披露的系数为0.136,在10%水平上显著为正。以上结论表明,在法律制度较差的地区,上期违规被罚的企业会显著增加企业策略性信息披露的概率。理由在于,企业违规被罚是对违反法律及监管要求的上市公司进行的处罚,法律制度较好地区的监管要求也就更高。因此为了修复违规被罚的负面形象,法律制度较差地区的上市公司对信息披露进行策略性管理以降低再次被罚的概率。

表3-18 法律制度环境下企业违规与策略性信息披露的分组检验

	(1) 法律制度较好	(2) 法律制度较差	(3) 法律制度较好	(4) 法律制度较差
Violate	0.042	0.090		
	(0.631)	(1.310)		
L.Violate			0.107	0.136*
			(1.512)	(1.892)
Size	0.318***	0.295***	0.304***	0.293***
	(9.459)	(8.104)	(8.282)	(7.586)
Lev	0.974***	0.851***	0.934***	0.470**
	(5.332)	(4.273)	(4.670)	(2.244)
Age	−0.292***	−0.333***	−0.265***	−0.333***
	(−6.454)	(−6.720)	(−4.671)	(−5.581)
Roa	0.891	0.433	0.675	0.404
	(1.308)	(0.614)	(0.926)	(0.544)
Dual	−0.115**	−0.038	−0.139**	−0.037
	(−2.031)	(−0.581)	(−2.228)	(−0.523)
BM	0.049	−0.000	0.056	−0.074**
	(1.339)	(−0.005)	(1.439)	(−2.286)
Growth	0.127*	0.339***	0.186**	0.335***
	(1.957)	(5.479)	(2.541)	(4.913)
Cflow	−0.839*	−2.208***	−0.863*	−1.770***

续表

	（1）	（2）	（3）	（4）
	法律制度较好	法律制度较差	法律制度较好	法律制度较差
	（−1.916）	（−4.715）	（−1.799）	（−3.560）
M_Share	−0.576***	0.231	−0.516**	0.224
	（−2.787）	（0.949）	（−2.245）	（0.839）
J_Share	−0.517***	0.158	−0.410**	0.124
	（−3.249）	（0.908）	（−2.364）	（0.676）
Soe	0.036	0.144**	0.023	0.104
	（0.488）	（2.035）	（0.293）	（1.412）
Loss	−0.527***	−0.431***	−0.573***	−0.272**
	（−3.936）	（−3.334）	（−3.961）	（−2.009）
Auditopion	−0.110	1.473**	−0.281	1.348*
	（−0.273）	（2.009）	（−0.682）	（1.840）
Big4	−0.369***	−0.730***	−0.420***	−0.824***
	（−3.547）	（−5.350）	（−3.708）	（−5.482）
常数项	−7.681***	−13.396***	−6.943***	−13.054***
	（−4.365）	（−4.430）	（−3.815）	（−4.298）
行业	YES	YES	YES	YES
时间	YES	YES	YES	YES
样本量	11 872	9686	10 102	8377
With_R^2	0.0392	0.0438	0.0388	0.0297

数据来源：作者整理。

注：括号内为 t 统计检验值；*表示 $p<0.1$；**表示 $p<0.05$；***表示 $p<0.01$。

3）企业内部交易与策略性信息披露

前文已经证实企业内部交易会显著增加企业的策略性信息披露，但是关于法律环境会对企业内部交易对策略性信息披露有何影响尚不清楚，因此，本章进一步对不同法律环境下企业内部交易与策略性信息披露的异质性影响进行探究。

第3章 企业策略性信息披露的影响因素

根据企业所处的市场中介组织的发育程度和法律制度环境的行业年度中位值不同,将样本企业分为法律制度较好和法律制度较差的组,回归结果见表 3-19,从第(1)列可知,企业当期内部交易(In_Trade)与策略性信息披露的系数为 0.006,在 10% 水平上显著为正;从第(2)列可知,企业当期内部交易(In_Trade)与策略性信息披露的系数为 0.003,但不显著;从第(3)列可知,企业上期内部交易(L.In_Trade)与策略性信息披露的系数为 0.006,在 10% 水平上显著为正;从第(4)列可知,企业上期违规(L.In_Trade)与策略性信息披露的系数为 0.006,但不显著。以上结论表明,在法律制度较好的地区企业中,本期和上期内部交易会显著增加企业策略性信息披露出现的概率。理由在于,对于企业披露何种程度的创新文本信息是合规的,法律并没有明确规定,因此,企业可以利用具有较大自由裁量权的文本信息披露进行策略性管理,进而在满足法律监管要求的同时实现掩盖内部交易的目的。

表 3-19 法律制度环境下企业内部交易与策略性信息披露的分组检验

	(1) 法律制度较好	(2) 法律制度较差	(3) 法律制度较好	(4) 法律制度较差
In_Trade	0.006*	0.003		
	(1.816)	(0.847)		
L.In_Trade			0.006*	0.006
			(1.823)	(1.640)
Size	0.313***	0.294***	0.298***	0.307***
	(9.279)	(8.041)	(8.105)	(7.670)
Lev	0.968***	0.865***	0.939***	0.849***
	(5.297)	(4.354)	(4.696)	(3.890)
Age	−0.265***	−0.323***	−0.234***	−0.315***
	(−5.575)	(−6.381)	(−3.971)	(−5.069)
Roa	0.858	0.399	0.626	0.391
	(1.258)	(0.566)	(0.858)	(0.515)
Dual	−0.114**	−0.036	−0.139**	−0.043

续表

	（1）	（2）	（3）	（4）
	法律制度较好	法律制度较差	法律制度较好	法律制度较差
	（-2.009）	（-0.541）	（-2.229）	（-0.598）
BM	0.047	-0.003	0.053	-0.017
	（1.277）	（-0.080）	（1.366）	（-0.496）
Growth	0.131**	0.343***	0.194***	0.355***
	（2.015）	（5.539）	（2.645）	（5.090）
Cflow	-0.843*	-2.211***	-0.873*	-2.349***
	（-1.925）	（-4.721）	（-1.819）	（-4.562）
M_Share	-0.587***	0.221	-0.548**	0.304
	（-2.845）	（0.905）	（-2.385）	（1.125）
J_Share	-0.550***	0.135	-0.460***	0.211
	（-3.445）	（0.776）	（-2.639）	（1.117）
Soe	0.020	0.135*	0.001	0.119
	（0.271）	（1.911）	（0.014）	（1.564）
Loss	-0.526***	-0.427***	-0.575***	-0.359***
	（-3.930）	（-3.302）	（-3.969）	（-2.622）
Auditopion	-0.127	1.450**	-0.307	1.370*
	（-0.315）	（1.977）	（-0.746）	（1.864）
Big4	-0.382***	-0.737***	-0.433***	-0.867***
	（-3.659）	（-5.397）	（-3.811）	（-5.694）
常数项	-7.542***	-13.273***	-6.731***	-13.469***
	（-4.289）	（-4.390）	（-3.704）	（-4.416）
行业	YES	YES	YES	YES
时间	YES	YES	YES	YES
样本量	11 872	9686	10 102	8377
With_R^2	0.0395	0.0437	0.0389	0.0467

数据来源：作者整理。

注：括号内为 t 统计检验值；*表示 $p<0.1$，**表示 $p<0.05$，***表示 $p<0.01$。

3.4 企业策略性信息披露影响因素的稳健性检验

3.4.1 Heckman两步法

本章研究中可能存在样本偏差而导致的内生性问题，采用 Heckman 两步法进行解决。第一步，选择合适工具变量，以模型中控制变量作为自变量，并以企业是否进行策略性信息披露为因变量，构建 probit 模型，并求出逆米尔斯值（IMR）；第二步，将第一步中求出的逆米尔斯值（IMR）代入原模型重新回归检验。IMR 作用是为每一个样本计算出一个用于修正样本选择偏差的值，其显著性和系数表明了样本选择偏差是否存在及其方向，若 IMR 系数显著说明样本选择偏差的确影响了原来模型的估计，而 Heckman 两步法则恰好可以纠正样本选择偏差；IMR 不显著则说明原模型不存在严重的样本选择偏差。若经 IMR 修正后的回归结果依然显著，则可以表明前文结论具有稳健性。

（1）企业负债压力与策略性信息披露

考虑到企业策略性信息披露过程中可能存在样本选择偏误，本研究对模型（3-4）采用 Heckman 两步法进行检验。具体而言，首先，构建企业的行业年度负债压力均值（IV_Lev）为工具变量，理由在于，行业年度负债压力表示了整体行业当年的负债水平，与企业负债压力有紧密相关性，但行业负债水平并不会对某一家具体企业的信息披露策略行为产生直接影响，因而满足相关性和独立性的原则。其次，按照 Heckman 两步法构建模型进行回归检验，结果见表3-20，从第（1）列可知，工具变量行业年度负债压力均值（IV_Lev）与自变量企业负债压力（Lev）的相关系数为 0.180，在 1% 水平上显著为正，表明符合相关性原则；从第（2）列可知，逆米尔斯值（IMR）的系数为 0.115，在 5% 水平上显著为正，表明原来样本确实在一定程度上存在样本选择偏差，而经 Heckman 两步法纠正后企业负债压力（Lev）的系数为 0.246，在 1% 水平上显著为正。以上结果表明，在克服样本选择偏误后，企业负债压力依然是企业策略性信息披露的重要原因。

表 3-20 企业负债压力与策略性信息披露的 Heckman 检验

	（1） Lev	（2） S_Info
IV_Lev	0.180***	
	（12.083）	
Lev		0.246***
		（5.446）
Size	0.067***	0.053***
	（4.970）	（6.995）
Age	−0.584***	−0.080***
	（−32.807）	（−3.185）
Roa	1.000***	0.420***
	（3.751）	（2.969）
Dual	−0.034	0.003
	（−1.402）	（0.234）
BM	0.041***	−0.003
	（3.147）	（−0.373）
Growth	−0.089***	0.019
	（−3.146）	（1.156）
Cflow	0.211	−0.158
	（1.213）	（−1.605）
M_Share	0.161*	−0.084*
	（1.852）	（−1.689）
J_Share	0.808***	0.034
	（12.570）	（0.694）
Soe	0.342***	0.030
	（12.129）	（1.383）
Auditopion	0.223	0.145
	（1.277）	（1.269）

续表

	（1） Lev	（2） S_Info
Big4	0.220***	−0.058***
	（5.531）	（−2.740）
常数项	−3.514***	−1.799***
	（−4.599）	（−3.613）
IMR		0.115**
		（2.032）
行业	YES	YES
时间	YES	YES
样本数	23 011	23 011

数据来源：作者整理。

注：括号内为 t 统计检验值；*表示 $p<0.1$；**表示 $p<0.05$；***表示 $p<0.01$。

（2）企业违规与策略性信息披露

接下来，本研究对模型（3-5）采用 Heckman 两步法进行检验。具体而言，首先，构建企业的行业年度违规均值（IV_Violate）为工具变量，理由在于，企业行业年度违规表示了整体行业当年的违规被罚水平，与企业违规被罚有紧密相关性，但并不会对某一家具体企业的信息披露策略行为产生直接影响，因而满足相关性和独立性的原则。其次，按照 Heckman 两步法构建模型进行回归检验，结果见表3-21，从第（1）列可知，工具变量行业年度违规均值（IV_Violate）与自变量企业违规（Violate）的相关系数为3.982，在1%水平上显著为正，表明符合相关性原则；从第（2）列可知，经 Heckman 两步法纠正后的当期企业违规（Lev）的系数为0.077，并不显著；但从第（3）列可知，逆米尔斯值（IMR）的系数为0.489，在5%水平上显著为正，表明原来样本确实在一定程度上存在样本选择偏差，而经 Heckman 两步法纠正后上期企业违规（L.Violate）的系数为0.116，在5%水平上显著为正。以上结果表明，在克服样本选择偏误后，当期企业违规并不是影响企业策略性信息披露的重要原因，但是上期企业违规依然是企业策略性信息披露的重要原因。可能的原因在于，从违规被罚到企业修复弥补是个长期且复杂的过程，当企业违规被罚后，企业可以采取确认违规事实，停止违规行为，以及制订合规的修复计划来解决违规行为引发的问题，并采取多项措施来修复受损的声誉和重建信任。但鉴于策略性信息披露的隐蔽性，并不能产生立竿见影的效果，也为了避免投资者对违规企业的创新文本信息产生怀疑，管理层倾向于滞后开始策略性信息披露行为。

表 3-21　企业违规与策略性信息披露的 Heckman 检验

	（1）Violate	（2）S_Info	（3）S_Info
IV_Violate	3.982***		
	（13.019）		
Violate		0.077	
		（1.618）	
L.Violate			0.116**
			（2.293）
Size	0.002	0.303***	0.301***
	（0.161）	（12.424）	（11.296）
Lev	0.608***	1.101***	1.099***
	（8.512）	（6.777）	（6.196）
Age	0.061***	−0.281***	−0.268***
	（3.257）	（−8.254）	（−6.372）
Roa	−0.930***	0.354	0.211
	（−4.005）	（0.702）	（0.392）
Dual	0.046**	−0.074*	−0.086*
	（1.985）	（−1.708）	（−1.822）
BM	−0.055***	−0.003	−0.008
	（−3.851）	（−0.115）	（−0.285）
Growth	0.077***	0.260***	0.293***

续表

	（1）	（2）	（3）
	Violate	S_Info	S_Info
	（2.996）	（5.680）	（5.710）
Cflow	−0.279*	−1.556***	−1.612***
	（−1.655）	（−4.860）	（−4.588）
M_Share	−0.642***	−0.454**	−0.400*
	（−7.461）	（−2.413）	（−1.936）
J_Share	−0.558***	−0.379***	−0.301*
	（−8.805）	（−2.614）	（−1.914）
Soe	−0.267***	−0.017	−0.041
	（−9.578）	（−0.264）	（−0.600）
Loss	0.163***	−0.432***	−0.416***
	（3.684）	（−4.515）	（−4.062）
Auditopion	−0.670***	0.270	0.134
	（−5.056）	（0.765）	（0.375）
Big4	−0.176***	−0.553***	−0.632***
	（−3.698）	（−6.448）	（−6.746）
IMR		0.448**	0.489**
		（2.240）	（2.276）
常数项	1.011*	−9.315***	−9.007***
	（1.679）	（−6.342）	（−6.008）
行业	YES	YES	YES
时间	YES	YES	YES
样本数	23 004	21 558	18 479

数据来源：作者整理。

注：括号内为 t 统计检验值；*表示 $p<0.1$；**表示 $p<0.05$；***表示 $p<0.01$。

（3）企业内部交易与策略性信息披露

接下来，本研究对模型（3-6）采用 Heckman 两步法进行检验。具体而言，首先，构建企业的行业年度内部交易均值（IV_Trade）为工具变量，理由在于，企业行业年度内部交易金额表示了整体行业当年的内部交易水平，与企业内部交易有紧密相关性，但并不会对某一家具体企业的信息披露策略行为产生直接影响，因而满足相关性和独立性的原则。其次，按照 Heckman 两步法构建模型进行回归检验，结果见表 3-22，从第（1）列可知，工具变量行业年度内部交易均值（IV_Trade）与自变量企业内部交易（In_Trade）的相关系数为 0.180，在 1% 水平上显著为正，表明符合相关性原则；从第（2）列可知，逆米尔斯值（IMR）的系数为 0.104，在 10% 水平上显著为正，表明原来样本确实在一定程度上存在样本选择偏差，而经 Heckman 两步法纠正后当期企业内部交易（In_Trade）的系数为 0.009，在 5% 水平上显著为正。表明在克服样本选择偏误后，当期企业内部交易是影响企业策略性信息披露的重要原因。

从第（3）列可知，工具变量行业年度内部交易均值（IV_Trade）与自变量企业上期内部交易（$L.In\_Trade$）的相关系数为 0.160，在 1% 水平上显著为正，表明符合相关性原则；从第（4）列可知，逆米尔斯值（IMR）的系数为 0.098，不显著，表明原样本不存在样本选择偏差，且上期企业内部交易（$L.In\_Trade$）的系数为 0.005，在 5% 水平上显著为正。以上结果表明，当期企业内部交易和上期企业内部交易均是影响企业策略性信息披露的重要原因。

表 3-22 企业内部交易与策略性信息披露的 Heckman 检验

	（1）	（2）	（3）	（4）
	In_Trade	S_Info	$L.In\_Trade$	S_Info
IV_Trade	0.180***		0.160***	
	（12.083）		（9.894）	
In_Trade		0.009**		
		（2.504）		
$L.In\_Trade$				0.005**
				（2.028）
$Size$	0.067***	0.044***	0.086***	0.049***
	（4.970）	（5.160）	（5.877）	（4.919）

续表

	（1） In_Trade	（2） S_Info	（3） L.In_Trade	（4） S_Info
Lev	0.399***	0.212***	0.335***	0.199***
	（5.329）	（4.520）	（4.091）	（3.610）
Age	−0.584***	−0.077***	−0.445***	−0.065**
	（−32.807）	（−3.049）	（−21.613）	（−2.278）
Roa	1.000***	0.349**	1.058***	0.095
	（3.751）	（2.068）	（3.679）	（0.468）
Dual	−0.034	0.005	−0.048*	0.014
	（−1.402）	（0.404）	（−1.828）	（0.882）
BM	0.041***	−0.002	0.035**	−0.004
	（3.147）	（−0.261）	（2.492）	（−0.507）
Growth	−0.089***	0.018	−0.138***	0.030
	（−3.146）	（1.107）	（−4.267）	（1.412）
Cflow	0.211	−0.139	0.047	−0.175
	（1.213）	（−1.406）	（0.244）	（−1.470）
M_Share	0.161*	−0.073	0.225**	−0.050
	（1.852）	（−1.469）	（2.336）	（−0.816）
J_Share	0.808***	0.035	0.796***	0.068
	（12.570）	（0.699）	（11.253）	（1.059）
Soe	0.342***	0.026	0.247***	0.006
	（12.129）	（1.217）	（8.143）	（0.269）
Auditopion	0.223	0.149	0.333*	0.187
	（1.277）	（1.307）	（1.746）	（1.400）
Big4	0.220***	−0.056***	0.173***	−0.085***
	（5.531）	（−2.658）	（4.055）	（−3.440）
常数项	−3.514***	−1.757***	−5.813***	−1.898***
	（−4.599）	（−3.533）	（−6.928）	（−2.853）
IMR		0.104*		0.098

续表

	（1） In_Trade	（2） S_Info	（3） L.In_Trade	（4） S_Info
		（1.821）		（1.277）
行业	YES	YES	YES	YES
时间	YES	YES	YES	YES
样本数	23 011	23 011	21 781	21 781

数据来源：作者整理。

注：括号内为 t 统计检验值；*表示 $p<0.1$；**表示 $p<0.05$；***表示 $p<0.01$。

3.4.2 替换自变量

为了增加研究结论可靠性，本研究对前文模型（3-4）到模型（3-6）中的自变量寻找替代指标进行稳健性检验。

（1）企业负债压力与策略性信息披露

对模型（3-4）中企业负债压力由原来的资产负债率（Lev）替换为企业过度负债（Over_Lev），过度负债的计算方法参考陆正飞等（2015）的做法，首先，构建模型（3-7）对样本分年度进行 Tobit 回归，用于预测企业的目标负债率；其次，根据企业总负债占总资产比例（资产负债率）来衡量企业实际负债率；最后，用企业实际负债率减去模型所预测的目标负债率，结果即为企业的过度负债率（Ex_Lev）。该指标越大，表明企业的过度负债水平越高，企业负债压力越大。其中，Ind_Lev 为行业负债率的中位数；Fata 为固定资产净额除以总资产的固定资产占比；Shrcr 为第一大股东持股数量除以总股本的第一大股东持股比例，其他变量见表 3-1 中的变量说明，所有自变量均滞后一期。

$$Lev_t = \varphi_0 + \varphi_1 Roa_{t-1} + \varphi_2 Ind\_Lev_{t-1} + \varphi_3 Growth_{t-1} + \varphi_4 Fata_{t-1} + \varphi_5 Size_{t-1} + \varphi_6 Soe_{t-1} +$$
$$\varphi_7 Shrcr_{t-1} + \varepsilon_t \qquad 模型（3-7）$$

用企业过度负债率（Ex_Lev）重新对模型（3-4）回归后的结果见表 3-23，从第（1）列可知，企业过度负债率（Ex_Lev）与企业策略性信息披露（S_Info）的系数为 0.778，在 5% 水平上显著为正，表明当期过度负债会增加企业策略性信息披露出现的概率；从第（2）列可知，企业上期过度负债率

($L.Ex\_Lev$)与企业策略性信息披露(S_Info)的系数为0.438，在10%水平上显著为正，表明企业上期过度负债也会增加企业策略性信息披露出现的概率，前文假说3-2再次得到有效验证。

（2）企业违规与策略性信息披露

对模型（3-5）中企业违规由原来的企业在当年是否出现违规被监管机构处罚，替换为企业有过违规被罚的总次数（$Sum\_Violate$），该指标的逻辑在于违规处罚次数越多的企业，管理层利用策略性信息披露的动机越强。用企业有过违规被罚的总次数（$Sum\_Violate$）重新对模型（3-5）回归后的结果见表3-23，从第（3）列可知，企业有过违规被罚的总次数（$Sum\_Violate$）与企业策略性信息披露（S_Info）的系数为0.033，但不显著；从第（4）列可知，企业滞后一期违规被罚的总次数（$Sum\_Violate$）与企业策略性信息披露（S_Info）的系数为0.047，在10%水平上显著为正，表明企业之前的违规处罚经历会增加企业策略性信息披露出现的概率。前文假说3-3再次得到有效验证。

（3）企业内部交易与策略性信息披露

对模型（3-6）中企业内部交易由原来的企业所有内部交易总金额的自然对数（In_Trade）替换为密切内部交易（P_Trade），具体为上市公司的关联方与上市公司的主要投资者个人及与其关系密切的家庭成员、上市公司或其母公司的关键管理人员及其关系密切的家庭成员，以及上市公司主要投资者个人、关键管理人员或与其关系密切的家庭成员控制、共同控制或施加重大影响的其他企业之间关联交易金额的对数。该指标的逻辑在于，在企业的所有关联方企业中，企业的关联方如果与企业管理层具有密切关系，企业管理者利用信息优势进行策略性管理的动机更强。

用密切内部交易（P_Trade）重新对模型（3-6）回归后的结果见表3-23，从第（5）列可知，密切内部交易（P_Trade）与企业策略性信息披露（S_Info）的系数为0.004，在10%水平上显著为正，表明当期密切内部交易会显著增加企业策略性信息披露的概率；从第（6）列可知，企业滞后一期密切关内部交易（P_Trade）与企业策略性信息披露（S_Info）的系数为0.006，在5%水平上显著为正，表明企业上期的内部交易也会增加企业策略性信息披露出现的概率。前文假说3-4再次得到有效验证。

表 3-23　替换自变量的稳健性检验

	（1）	（2）	（3）	（4）	（5）	（6）
	替换企业负债压力变量		替换企业违规变量		替换内部交易变量	
Ex_Lev	0.778**					
	（2.355）					
L.Ex_Lev		0.438*				
		（1.902）				
Sum_Violate			0.033			
			（1.340）			
L.Sum_Violate				0.047*		
				（1.725）		
P_Trade					0.004*	
					（1.655）	
L.P_Trade						0.006**
						（2.155）
Size	0.365***	0.318***	0.304***	0.299***	0.301***	0.298***
	（12.638）	（11.305）	（12.469）	（11.739）	（12.302）	（11.132）
Lev	0.147	0.525**	0.894***	0.862***	0.899***	0.885***
	（0.454）	（2.270）	（6.714）	（6.191）	（6.757）	（6.067）
Age	−0.243***	−0.307***	−0.301***	−0.317***	−0.285***	−0.267***
	（−7.076）	（−7.447）	（−9.105）	（−8.085）	（−8.328）	（−6.329）
Roa	−0.443	0.297	0.658	0.508	0.622	0.496
	（−0.857）	（0.567）	（1.354）	（1.013）	（1.279）	（0.954）
Dual	−0.105**	−0.098**	−0.089**	−0.083*	−0.087**	−0.102**
	（−2.422）	（−2.148）	（−2.087）	（−1.844）	（−2.048）	（−2.181）
BM	−0.010	0.012	0.015	0.014	0.013	0.009
	（−0.417）	（0.507）	（0.655）	（0.602）	（0.571）	（0.363）
Growth	0.213***	0.260***	0.236***	0.246***	0.239***	0.274***
	（4.770）	（5.541）	（5.316）	（5.331）	（5.378）	（5.472）

续表

	（1）	（2）	（3）	（4）	（5）	（6）
	替换企业负债压力变量		替换企业违规变量		替换内部交易变量	
Cflow	−1.040***	−1.511***	−1.478***	−1.557***	−1.477***	−1.536***
	（−3.306）	（−4.439）	（−4.648）	（−4.660）	（−4.647）	（−4.404）
M_Share	−0.252	−0.191	−0.221	−0.190	−0.233	−0.171
	（−1.590）	（−1.122）	（−1.417）	（−1.137）	（−1.490）	（−0.984）
J_Share	−0.313***	−0.150	−0.187	−0.121	−0.212*	−0.129
	（−2.684）	（−1.208）	（−1.602）	（−0.995）	（−1.813）	（−1.015）
Soe	0.027	0.086	0.071	0.078	0.062	0.041
	（0.523）	（1.620）	（1.416）	（1.507）	（1.226）	（0.758）
Loss	−0.527***	−0.474***	−0.488***	−0.487***	−0.483***	−0.474***
	（−5.589）	（−4.949）	（−5.267）	（−5.151）	（−5.224）	（−4.791）
Auditopion	0.177	0.326	0.460	0.409	0.428	0.309
	（0.509）	（0.940）	（1.337）	（1.184）	（1.245）	（0.892）
Big4	−0.500***	−0.510***	−0.490***	−0.504***	−0.499***	−0.574***
	（−6.151）	（−5.984）	（−6.055）	（−5.999）	（−6.150）	（−6.464）
常数项	−10.099***	−9.363***	−9.578***	−9.298***	−9.399***	−9.077***
	（−6.671）	（−6.149）	（−6.529）	（−6.278）	（−6.418）	（−6.072）
行业	YES	YES	YES	YES	YES	YES
时间	YES	YES	YES	YES	YES	YES
样本量	22 401	19 326	21 558	19 833	21 558	18 479
With_R^2	0.0327	0.0351	0.0350	0.0355	0.0351	0.0357

数据来源：作者整理。

注：括号内为 t 统计检验值；*表示 $p<0.1$，**表示 $p<0.05$，***表示 $p<0.01$。

3.4.3 替换因变量

改变前文定义企业策略性信息披露的测度方式，在获取上市公司年报文本中创新活动关键词的词频总数时，取对数作为企业创新文本信息披露的测度指标；根据研发投入占营业收入比例作为企业创新活动投入的测度指标，根据企业创新文本信息披露和创新活动投入与各自行业的中位值进行比较,当企业创新文本信息披露大于中位值且创新活动投入小于中位值时,表明企业存在"多言寡行"的策略性信息披露行为(S_Info1)。用企业策略性信息披露(S_Info1)的替代指标重新对模型(3-4)到模型(3-6)进行回归检验,结果见表3-24。从第(1)列、第(2)列可知,企业当期负债压力(Lev)与上期负债压力($L.Lev$)均与企业策略性信息披露(S_Info1)在1%水平上显著正相关,表明企业负债压力是企业策略性信息披露的影响因素,假说3-2再次得到证实;从第(3)列、第(4)列可知,企业当期违规被罚($Violate$)与企业策略性信息披露(S_Info1)之间没有显著关系,但企业上期违规被罚($L.Violate$)与企业策略性信息披露(S_Info1)在5%水平上显著正相关,表明企业违规也是企业策略性信息披露的影响因素,假说3-3再次得到证实;从第(5)列、第(6)列可知,企业当期内部交易(In_Trade)和上期内部交易($L.In\_Trade$)与企业策略性信息披露(S_Info1)分别在5%水平上和1%水平上显著正相关,表明企业内部交易是企业策略性信息披露的影响因素,假说3-4再次得到证实。

表 3-24 替换因变量的稳健性检验

	(1)	(2)	(3)	(4)	(5)	(6)
Lev	0.654***					
	(6.033)					
$L.Lev$		0.772***				
		(6.600)				
$Violate$			0.051			
			(1.292)			
$L.Violate$				0.099**		
				(2.321)		
In_Trade					0.004**	
					(2.026)	
$L.In\_Trade$						0.008***

续表

	（1）	（2）	（3）	（4）	（5）	（6）
						（3.555）
Size	0.233***	0.234***	0.233***	0.231***	0.338***	0.321***
	（11.403）	（10.247）	（11.398）	（10.199）	（15.255）	（13.026）
Age	−0.321***	−0.340***	−0.321***	−0.337***	−0.197***	−0.172***
	（−11.851）	（−9.697）	（−11.874）	（−9.824）	（−6.196）	（−4.313）
Roa	0.030	0.087	0.046	0.154	−0.136	−0.013
	（0.080）	（0.211）	（0.122）	（0.375）	（−0.300）	（−0.027）
Dual	−0.056	−0.064*	−0.057*	−0.066*	0.011	0.015
	（−1.638）	（−1.645）	（−1.657）	（−1.718）	（0.276）	（0.332）
BM	−0.031	−0.046**	−0.030	−0.040*	−0.062***	−0.069***
	（−1.478）	（−2.083）	（−1.440）	（−1.800）	（−3.027）	（−3.182）
Growth	0.242***	0.293***	0.241***	0.264***	0.148***	0.180***
	（6.321）	（6.477）	（6.291）	（5.941）	（3.464）	（3.695）
Cflow	−1.101***	−1.176***	−1.099***	−0.996***	−0.575**	−0.940***
	（−4.270）	（−4.009）	（−4.265）	（−3.454）	（−1.981）	（−2.889）
M_Share	0.018	−0.090	0.027	−0.078	0.163	0.178
	（0.145）	（−0.628）	（0.216）	（−0.549）	（1.109）	（1.073）
J_Share	−0.215**	−0.232**	−0.207**	−0.211**	−0.228**	−0.179
	（−2.283）	（−2.185）	（−2.198）	（−2.013）	（−2.108）	（−1.484）
Soe	−0.039	−0.019	−0.036	−0.020	−0.107**	−0.052
	（−0.935）	（−0.410）	（−0.855）	（−0.440）	（−2.277）	（−1.019）
Loss	−0.424***	−0.375***	−0.427***	−0.409***	−0.428***	−0.414***
	（−5.732）	（−4.670）	（−5.768）	（−5.161）	（−4.767）	（−4.347）
Auditopion	0.403	0.386	0.416	0.353	0.539	0.459
	（1.585）	（1.372）	（1.636）	（1.348）	（1.511）	（1.279）
Big4	−0.366***	−0.374***	−0.364***	−0.381***	−0.472***	−0.469***
	（−5.506）	（−5.143）	（−5.480）	（−5.252）	（−6.183）	（−5.685）

续表

	（1）	（2）	（3）	（4）	（5）	（6）
常数项	−7.607***	−6.833***	−7.670***	−7.397***	−10.768***	−10.137***
	(−6.939)	(−5.624)	(−6.990)	(−6.272)	(−7.229)	(−6.695)
行业	YES	YES	YES	YES	YES	YES
时间	YES	YES	YES	YES	YES	YES
样本量	23 011	18 121	23 011	18 566	23 011	18 566
With_R^2	0.0398	0.0329	0.0399	0.0338	0.0216	0.0221

数据来源：作者整理。

注：括号内为 t 统计检验值；*表示 $p<0.1$；**表示 $p<0.05$；***表示 $p<0.01$。

3.4.4 替换模型

改变前文 logit 模型为 probit 模型并重新对模型（3-4）到模型（3-6）进行回归，结果见表 3-25，从第（1）列、第（2）列可知，企业当期负债压力（Lev）与上期负债压力（L.Lev）均与企业策略性信息披露（S_Info）的系数分别为 0.517 和 0.518，均在 1% 水平上显著为正，表明企业负债压力是企业策略性信息披露的影响因素，假说 3-2 的稳健性得到证实；从第（3）列、第（4）列可知，企业当期违规被罚（Violate）与企业策略性信息披露（S_Info）的系数为 0.039，但不显著；企业上期违规被罚（L.Violate）与企业策略性信息披露（S_Info）的系数为 0.064，在 5% 水平上显著为正，表明企业违规也是企业策略性信息披露的影响因素，假说 3-3 的稳健性得到证实；从第（5）列、第（6）列可知，企业当期内部交易（In_Trade）与上期内部交易（L.In_Trade）与企业策略性信息披露（S_Info）的系数为 0.003，均在 5% 水平上显著为正，表明企业内部交易是企业策略性信息披露的影响因素，假说 3-4 的稳健性得到证实。

表 3-25 替换模型的稳健性检验

	（1）	（2）	（3）	（4）	（5）	（6）
Lev	0.517***					
	(6.875)					

续表

	（1）	（2）	（3）	（4）	（5）	（6）
L.Lev		0.518***				
		（6.526）				
Violate			0.039			
			（1.434）			
L.Violate				0.064**		
				（2.237）		
In_Trade					0.003**	
					（2.265）	
L.In_Trade						0.003**
						（2.171）
Size	0.173***	0.172***	0.173***	0.172***	0.187***	0.169***
	（12.459）	（11.255）	（12.458）	（11.344）	（14.274）	（11.132）
Age	−0.169***	−0.168***	−0.169***	−0.162***	−0.135***	−0.150***
	（−9.037）	（−7.072）	（−9.065）	（−7.001）	（−7.262）	（−6.303）
Roa	0.353	0.242	0.367	0.307	−0.007	0.286
	（1.331）	（0.849）	（1.382）	（1.080）	（−0.027）	（1.006）
Dual	−0.049**	−0.062**	−0.049**	−0.058**	−0.045*	−0.058**
	（−2.031）	（−2.312）	（−2.054）	（−2.210）	（−1.922）	（−2.193）
BM	0.010	0.008	0.010	0.009	−0.009	0.007
	（0.720）	（0.528）	（0.758）	（0.599）	（−0.736）	（0.496）
Growth	0.138***	0.175***	0.137***	0.157***	0.115***	0.160***
	（5.296）	（5.840）	（5.265）	（5.316）	（4.515）	（5.445）
Cflow	−0.801***	−0.913***	−0.801***	−0.832***	−0.541***	−0.840***
	（−4.499）	（−4.610）	（−4.500）	（−4.267）	（−3.160）	（−4.308）
M_Share	−0.124	−0.082	−0.118	−0.075	−0.124	−0.089
	（−1.421）	（−0.837）	（−1.345）	（−0.775）	（−1.445）	（−0.917）
J_Share	−0.110*	−0.064	−0.104	−0.050	−0.180***	−0.073

续表

	（1）	（2）	（3）	（4）	（5）	（6）
	（−1.673）	（−0.893）	（−1.585）	（−0.704）	（−2.831）	（−1.026）
Soe	0.043	0.032	0.046	0.036	0.005	0.027
	（1.523）	（1.042）	（1.609）	（1.178）	（0.198）	（0.878）
Loss	−0.263***	−0.243***	−0.265***	−0.257***	−0.279***	−0.256***
	（−5.219）	（−4.455）	（−5.258）	（−4.791）	（−5.621）	（−4.770）
Auditopion	0.235	0.158	0.245	0.186	0.251	0.172
	（1.317）	（0.823）	（1.375）	（1.023）	（1.418）	（0.946）
Big4	−0.277***	−0.306***	−0.275***	−0.315***	−0.287***	−0.320***
	（−6.152）	（−6.247）	（−6.122）	（−6.456）	（−6.492）	（−6.560）
常数项	−5.386***	−5.060***	−5.441***	−5.303***	−5.825***	−5.195***
	（−7.009）	（−6.108）	（−7.065）	（−6.671）	（−7.692）	（−6.542）
行业	YES	YES	YES	YES	YES	YES
时间	YES	YES	YES	YES	YES	YES
样本量	21 558	18 121	21 558	18 479	23 004	18 479
With_R^2	0.0353	0.0362	0.0354	0.0360	0.0333	0.0360

数据来源：作者整理。

注：括号内为 t 统计检验值；* 表示 $p<0.1$；** 表示 $p<0.05$；*** 表示 $p<0.01$。

3.5 本章结论

本章以 2011—2022 年中国 A 股上市公司对外披露的创新文本信息（非财务信息）和创新投入等财务信息为研究对象，对企业策略性信息披露行为（创新文本信息投入大于创新投入）的影响因素进行了探究。在公司基本财务信息、内部治理信息和外部监管信息的基础上，通过对企业策略性信息披露功效之分的研究，发现企业策略性信息披露是为了更好地操纵外部利益相关者，即支持了"信息操纵观"。通过对企业策略性信息披露功利之分的研究，发现企业策略性信息披露既存在"公司大局观"也存在"个人私利观"，即企业管理层策略性信息披露既有修复公司负面形象的动机，也有实现管理者个人私利的动机。

本章结论说明，文本信息披露是管理层策略性管理的重要手段，在我国资本市场治理制度仍有待完善的情况下，如何解读和规范文本信息披露使企业做到言行一致，应成为当前学术界和实务界关注的重点。此外，正确认识企业策略性信息披露的动机不仅有助于投资者正确认知企业信息披露行为，也有助于监管机构制定相关政策以规范企业文本信息披露行为，为推动资本市场健康发展提供有力支撑。具体而言，本章的研究贡献主要体现在如下两方面。

第一，从理论层面，本章的研究进一步拓展了企业策略性信息披露的动因。现有关于策略性信息披露影响因素的文献，大多从企业内部治理视角展开研究，认为大股东掏空减持是企业策略性信息披露的主要原因，本研究通过对企业策略性信息披露功效之分和企业策略性信息披露功利之分进行探究，较为全面地分析了企业策略性信息披露的动机。本章不仅证实了企业策略性信息披露的"信息操纵观"，也支持了企业策略性信息披露的"公司大局观"和"个人私利观"。在进一步分析时发现，产权性质、企业生命周期和法律制度环境都会影响企业策略性信息披露的动机，比如，非国有企业的负债压力、为挽回违规被罚负面声誉动机会显著增加企业策略性信息披露的概率。相对于成长期和衰退期企业，成熟期企业的负债压力、为挽回违规被罚负面声誉动机和内部交易动机会显著增加企业策略性信息披露的概率。

第二，从实践层面，本章的研究有助于外部利益相关者更全面了解企业的信息披露行为。企业希望通过策略性信息披露来获得投资者关注及认可，塑造积极的企业形象和良好的声誉，以掩饰管理层为了获取个人私利的真正目的。因此，策略性信息披露影响因素的研究有助于投资者更全面、深入地了解企业信息披露行为，帮助他们评估企业的价值和潜在风险，更好地进行投资组合管理和资本配置以做出更明智的投资决策。企业文本信息披露是监管机构的重要监管方向，监管机构通过了解企业策略性信息披露动机，可以评估企业是否按照法规要求进行披露，并采取必要的监管措施来确保企业的合规性。例如，如果监管机构发现企业在策略性信息披露中存在误导性、不充分披露或不及时披露的情况，可能意味着存在市场操纵、内幕交易或其他违规行为的风险，监管机构可以根据这些情况采取相应的监管措施，维护市场的健康和稳定。此外，了解企业的策略性信息披露动机可以帮助监管机构了解市场的需求和趋势，及时调整和完善相关的监管政策和规定。

第 4 章

企业策略性信息披露的经济后果

根据前文分析可知,对企业策略性信息披露功效之分的研究更多支持了"信息操纵观"而非"信息增量观",而对企业策略性信息披露功利之分的研究,发现企业既存在"公司大局观",也存在"个人私利观"。那么,在企业策略性信息披露的动机之下,企业内部员工和外部利益相关者又会有何反应呢?考虑到企业策略性信息披露的经济后果是探究企业策略性信息披露的重点,本章对企业策略性信息披露的经济后果进行了研究,具体而言,本章将重点研究以下几个问题:①企业策略性信息披露对企业内部有何影响:一方面,企业高管是否会因为担心自身的声誉前途而选择主动离职以实现"明哲保身"?另一方面,企业策略性信息披露是否会造成企业更大的股价崩盘风险?②企业策略性信息披露对企业外部利益相关者有何影响:一方面,政府是否会因企业对创新活动的策略性信息披露而增加对企业的补助?另一方面,外部审计师能否识别企业的策略性信息披露行为进而影响审计收费?

对企业策略性信息披露经济后果的研究可以向投资者提供决策的依据和参考,帮助投资者了解企业信息披露的效果和市场反应,更好地评估企业的价值和风险,并作出相应的投资决策,进而提高市场的有效性和投资者的决策质量。对企业策略性信息披露经济后果的研究还可以为监管机构和政策制定者提供重要的参考,了解信息披露对市场的影响可以帮助监管机构制定更合理的信息披露规则和要求,以保护投资者利益,提高市场透明度,并促进市场健康发展。此外,了解信息披露对企业价值、股价、投资者行为等方面的影响,可以帮助企业决策者更好地理解市场的反应并相应调整信息披露策略以实现企业目标。因此,对企业策略性信息披露经济后果的研究对投资者、监管机构和企业都具有重要的意义,它可以指导企业战略,促进投资者决策，优化信息披露规则，进而推动学术研究和理论发展。

4.1 企业策略性信息披露经济后果的理论分析与研究假说

4.1.1 企业策略性信息披露的内部经济后果

（1）企业策略性信息披露与高管主动离职

在竞争激烈的市场环境下，高管作为企业的核心管理者，对企业的整体战略布局及持续稳定发展都起着至关重要的作用，然而，在中国资本市场上，高管主动离职的事件却频频发生。高管主动离职不仅造成了企业高层次人才的流失（Gao et al.，2015），更会向外部投资者传递出一种消极的企业信号，导致企业融资成本的增加（黄容 等，2022），对企业的未来经营状况造成负面影响（刘莉 等，2022）。据 21 世纪资本研究院跟踪数据显示，在 2021 年年初 3 个月不到的时间里，A 股上市公司就有超过 430 家公司的核心高管离职，如此之高的离职率给公司的重大人事安排带来了不确定性，对企业的持续稳定发展十分不利。在党的二十大报告提出的"推动企业高质量发展"背景下，分析高管频繁主动离职的原因，探索降低高管主动离职行为的路径对实现企业持续稳定高质量发展具有重要意义。那么，企业策略性信息披露是否会削弱高管对企业持续发展的信心，进而增加主动离职的可能性值得探究。

对于高管变更原因，尽管上市公司对外披露的高管变更类型、种类较多，但是根据离职意愿可以分为被迫离职和主动离职（张天舒 等，2013）。对于被迫离职、代理问题的存在，使得委托人对代理人的行为无法全面获悉，因而一般只能从企业经济成果方面对代理人的能力进行识别和判断。一般来说，糟糕的经营业绩往往是导致企业高管被迫离职的关键原因（DeFond et al.，1999；Greiner et al.，2003；Zhang et al.，2004）。对于主动离职，学术界主要聚焦在以下几方面：第一，薪酬不公是造成高管主动离职的主要原因。当高管将自身薪酬和其他高管薪酬进行比较时发现自身薪酬水平更低时，会因没有受到重视而产生不公平感，从而使得高管离开原企业到外部市场上去寻找新企业就业的概率增加（Fong et al.，2010；Wowak et al.，2011；He et al.，

2017；梅春 等，2016）。第二，风险是造成高管主动离职的重要原因。在企业受到系统风险和非系统风险影响时，高管管理难度和经营风险增加，进而提高了高管主动离职率（何滔 等，2014）。当企业面临的系统风险增加时，投资者出于风险规避心理减少对企业投资或提高必要报酬率以弥补风险溢价，企业融资难度或融资成本的增加，减少了企业的投资决策，而企业高管对未来不佳业绩的预期增加了高管主动离职的动机（Huang et al.，2021）。但也有学者认为系统风险的增加降低了高管主动离职率，只有企业自身风险的增加才提高了高管的离职概率（Bushman et al.，2010）。第三，工作满意度等工作感知也是影响高管主动离职的重要因素。工作满意度越高的高管，对企业忠诚度和组织承诺也会越高，因而可以降低高管的离职倾向（Egan et al.，2004；Tschopp et al.，2014）。第四，高管的个人特征也会对主动离职行为产生影响，比如，高管的年龄和受教育程度等都会对高管的离职行为产生一定影响（Murphy，1999；张龙 等，2009）。由此可见，高管主动离职的原因主要来自高管对自我的感知，高管作为理性经济人和社会人的结合体，其想法和行为会随着其所处周边环境的变化而变化。因此，我们要基于具体的特定情境去分析高管主动离职的原因，这不仅有利于加深对高管主动离职背后原因的理解，更有助于降低高管主动离职行为的发生概率。

在现实中，企业策略性信息披露的现象比比皆是，比如，企业管理者为了以低价购入本公司的股票，会通过增加企业坏消息的披露数量来降低公司的股票价格（Cheng et al.，2006），而当面临卖空威胁时，企业又会对外增加好消息的披露次数以防卖空者的进入（Chen et al.，2020）。企业一边在年报信息披露中使用积极语调对外传递出企业乐观信息，而另一边高管却在年报公布后大规模地卖出本公司股票（曾庆生 等，2018）。已有研究表明，企业若能做到言行一致，不仅能够增加员工敬业度和忠诚度（王震 等，2018），还能引起投资者关注并获得良好的市场反应，使企业经营业绩提高（蔡显军 等，2022）；而当企业出现言大于行的策略性信息披露时，意味着企业管理层为了达到某种特定目的而想刻意隐瞒某些事实，高管作为企业管理层团队之一，对企业经济活动的真实性有着直观且深入的了解，因而可能会对企业策略性信息披露行为做出相应反应。

当企业出现策略性信息披露行为时，企业对外传递出企业实际行为与其表达的态度、价值观的不一致性，以及说话不算数，不信守承诺的程度（Simons，2002）。不同于西方文化，在中国，儒家文化占据主导地位，因而在中国情境下企业的言行一致通常被视作道德品质的表现（Palanski et al.，2015），当企业表现出不一致时，不仅会对员工的敬业度和忠诚度产生消极影响（王震 等，2018），还会影响投资者对企业的原有预期，进而影响企业的资本市场表现（张程 等，2021），最终对企业的持续稳定发展产生不利影响。具体而言，企业策略性信息披露行为影响高管主动离职的原因主要有以下三个。

首先，企业策略性信息披露行为降低了高管的工作满意度。根据会计信息质量要求，企业应根据真实的经济业务活动如实地进行记录和确认，因而无论是企业的言或行，都应该是企业研发活动内容的真实反映。而企业过多披露创新文本信息所导致的言行不一致行为，恰恰反映出企业要么没有严格按照准则进行业务确认，要么对文本信息披露进行了操纵。因此，当企业高管并不认同管理层团队的言行不一致时，高管个体对组织的依赖感和认同感都会下降，甚至会对企业价值观产生怀疑，进而降低其工作满意度（Tschopp et al.，2014）。此外，在企业中，高管是企业决策最重要的知情者或参与者，对企业言行不一致的原因和真实意图十分清楚，当企业言行不一致是为了隐瞒某种实情或达到某种特定的目的时，会降低高管对企业原有预期，对尤其注重职业声誉的高管而言，更会从个人风险出发选择最佳的离职时间点来规避损失（Allen，2007）。

其次，企业策略性信息披露行为降低了高管对管理层团队的信任。信任是一种心理状态，能够对高管的预期行为产生积极影响，已有较多研究表明，员工对管理者的信任建立在两者和谐关系的基础之上（Davis et al.，2000），员工对管理者越信任其离职率越低（Rich，1997）。类似地，高管对管理层团队的信任也会影响其离职倾向。在企业中，管理层在"言"方面比"行"有更多的操纵权（曾庆生 等，2018），企业使用的语调、文本的长度及披露的具体内容都是经过管理层的精心策划和讨论后才公开的，即使有高管持反对意见，最终也会因为"力量"不够而被忽视掉。而由心理契约理论可知，不论何时企业不同管理者之间存在着不成文规定的一整套期望，当期望实现时会加强原有心理契约，反之则会降低心理契约的实现程度（Guest，1998）。当管理层团队都默许并认同企业的言行不一致行为时，高管的心理契约会逐渐下降，并丧失对管理层团队的信任，最终影响其离职倾向。

最后，企业策略性信息披露行为降低了外部投资者对企业的信任度，增加了企业的外部风险，进而增加了高管主动离职的动机。一方面，由信息不对称理论可知，企业管理者比社会公众掌握更多与企业有关的内部消息，而处于信息弱势方的投资者获取企业信息的途径主要通过企业自身的信息传递。而企业言行不一致的出现使得企业与外部投资者之间的信息更晦涩难懂，信息不对称程度加大。另一方面，根据相互印证理论，当投资者从不同渠道获取的企业信息能够相互印证时，会提高对信息的认可度和接受度（Slovic，1966），而企业言行不一致的出现会使得投资者对企业的满意度和信任度下降。由于在中国资本市场上，散户占比高且大多以短期利润为目标，因而对于企业言行不一致的最直接后果就是投资者抛售股票，这无疑在增加企业的融资难度和外部经营风险。当企业外部环境风险增加时，高管对未来不佳业绩的预期会显著增加其主动离职意愿（Huang et al.，2021）。综合以上分析，本研究预期，当企业出现策略性信息披露行为（言行不一致）时，高管更容易出现主动离职行为，故提出假说。

假说4-1：企业策略性信息披露会增加高管主动离职的概率。

（2）企业策略性信息披露与股价崩盘风险

构建支持创新驱动发展战略的资本市场以增加服务实体经济的覆盖面是大势所趋，党的二十大报告指出，创新是第一动力，要深入实施创新驱动发展战略。2015年《中共中央 国务院关于深化体制机制改革加快实施创新驱动发展战略的若干意见》中也特别强调"强化资本市场对科技创新的支持"。可是，资本市场中企业频频发生的机会主义行为却严重损伤了投资者的投资热情和信心，从盈余管理、虚假信息披露（Bayraktar et al.，2020；Sun，2021）、年报语调及可读性的操纵（Merkley，2014；程新生 等，2022）到"专利泡沫"和"创新假象"的发生（谭小芬 等，2020），无不表明中国上市公司存在着种种机会主义行为，这不仅降低了投资者对资本市场的信任，而且不利于资本市场资源配置效率的提升，还会对需要获得投资者资金支持的创新企业产生重大冲击。

在我国散户投资者占比较多，且相较于机构投资者，他们往往缺乏分析、整合信息的能力（陈皓雪 等，2022），因此，为了获得他们的关注和支持，企业倾向于提高信息披露的数量和质量（Vieira et al.，2020；Gu et al.，2003）。已有研究表明，投资者对企业创新活动的支持与否不仅受到研发投入的影响，也受到公司对外披露研发文本信息的影响。研发投入可以向外界传递出企业创新与发展潜力的积极信号，帮助投资者更好地了解公司的创新行为以形成其对公司价值的积极预测（Hirschey et al.，1985；韩鹏 等，2016）；也有研究表明，研发活动文本信息可以向市场传达增量信息，减少信息不对称并提高投资者信心（Vieira et al.，2020），有助于提高股票流动性和公司价值（Core，2001；徐枫 等，2022；Yu et al.，2022）；可是管理层为了左右市场参与者的投资行为，也会故意操纵研发文本信息披露以获得投资者的包容和认可（程新生 等，2022）。由此可见，受研发活动自身特征及投资者心理等因素影响，投资者并不总是对企业创新活动持支持态度。

股价崩盘风险具有突发性、快速性、频发性、传染性等特征，不仅会极大冲击投资者对资本市场的信心，而且会严重损害市场资源的配置效率，对金融市场的稳定运行和实体经济的平衡发展产生十分不利的影响（伍翕婷 等，2023）。一方面，股价崩盘会导致投资者持有的股票市值急剧下跌，从而造成资本损失，投资者可能会面临巨额的财富缩水，尤其是那些在高价位购买股票的投资者。这对个人投资者、机构投资者和股票基金等都可能带来重大影响。进而严重影响投资者的信心和信任度，使得投资者对企业失去信心，对股票市场产生怀疑，甚至对整个经济形势感到担忧，这可能导致投资者撤离市场，加剧股价下跌的压力。另一方面，股价崩盘会使企业陷入资金困境，一旦企业股价大幅下跌，市值缩水，企业可能面临融资困难，尤其是在需要进行股票发行或债务融资时。此外，股价崩盘还会对企业的声誉和信用造成严重损害，导致企业在市场上的形象受损，难以恢复信任和吸引投资，进而造成企业合作伙伴关系破裂和客户流失等问题。

对于股价崩盘风险影响因素的探究，有学者从委托代理理论出发提出了"信息隐藏假说"，认为企业高管有足够动机在信息披露中隐匿坏消息，一旦坏消息积聚到一定水平无法继续隐藏时，累积的坏消息会对公司股价造成严重冲击进而导致崩盘（Jin et al.，2006），因此，股价崩盘风险是企业坏消息的蓄积爆发而引致短期内股价出现大幅下跌而产生的（Hutton et al.，2009）。此外，也有学者认为企业内部治理机制的不完善才是造成企业股价崩盘风险的主要原因，如当高管自利行为越明显时，股价暴跌的风险将显著提高（周爱民 等，2018），高管股票减持行为和掏空行为均是公司股价暴跌的重要原因（易志高 等，2019）。本研究在已有研究的基础上，认为投资者一旦识别企业的策略性信息披露行为，也会造成短期内的股价抛售，进而增加企业的股价崩盘风险，因此，本研究对企业策略性信息披露是对造成公司股价暴跌影响因素的探究，可以对现有文献起到补充和完善作用。

企业策略性信息披露对股价崩盘风险的影响主要体现在以下两方面：首先，在频频发生企业违规的资本市场，投资者更倾向于相信真实可靠性较强的企业，但由于处于信息的劣势方，投资者只能尽可能从多方渠道获取企业消息以降低投资风险。根据印证理论，当人们从不同来源所获得的信息若能够相互印证时，则会加强对该信息真实性的信任（Slovic，1966）。若企业对外公开的信息是不可验证的，将会增加信息使用者判断的异质性（Audi et al.，2016），而可验证的信息则会对市场参与者的判断模式和交易行为产生积极影响（Barber et al.，2008）。对投资者而言，企业研发投入是对研发活动量化的财务数据，而文本信息披露是对企业研发活动的文字表述，若二者能够呈现出一致性，则代表企业的研发活动信息更可信，可以增强投资者对创新活动真实性和可靠性的感知（刘建梅 等，2021）。当企业出现策略性信息披露行为时，即企业对外传递出的企业实际研发活动与其表达的研发文本信息呈现出不一致性，会给投资者造成企业说话不算数、不信守承诺的印象，进而使投资者信任受损并引发消极的投资者情绪。在中国传统儒家文化中，诚信的观念深入人心，人们相信坚守诚信原则的企业往往能做到言行一致，因此，企业能否做到言行一致通常被投资者视作企业是否值得信任的重要表现形式（Palanski et al.，2015），如果企业在信息披露中传达了积极的信息，但在实际行动中未能兑现承诺，投资者可能会感到失望和不信任，这种失信可能增加投资者对企业的不确定性和风险感知，进而引发市场的恐慌和不确定情绪,使投资者在短期内修正估值预期和集中抛售,最终使企业股价崩盘风险得到提升(周波 等,2019)。

其次,企业策略性信息披露会降低企业信息透明度,增加企业与外部信息使用者之间的信息不对称,从而增加企业股价崩盘风险。企业在文本信息披露中夸大对创新活动的文本信息披露,会使投资者和其他利益相关者无法准确了解企业的创新能力和实际情况,这种不一致性可能导致投资者对企业的判断产生偏差,无法做出准确的投资决策。或者企业在信息披露中使用模糊的术语或标准,没有提供足够的细节和数据,那么投资者也将难以比较不同企业之间的创新活动和实际投入情况,这种不一致性会增加企业信息可比性的难度,进而降低企业的信息透明度。而投资者通常倾向于投资那些信息透明度高,能够提供准确、完整和可比信息的企业,因为信息透明度降低时,投资者无法准确评估企业的价值和风险,容易做出偏离企业实际价值的判断。当投资者无法获得准确、完整和可比的信息时,他们可能会对交易市场产生怀疑,进而减少交易活动和流动性,而市场流动性的下降则会增加企业的股价波动性和股价崩盘的风险。此外,企业策略性信息披露行为还可能会引发监管机构的调查,监管机构的调查可能会导致企业面临巨大的法律风险、罚款和声誉损失,这将进一步增加股价崩盘的风险。

综上所述,企业策略性信息披露行为,会增加投资者的不确定性,导致信息不准确性和误导性,损害投资者信任,降低市场流动性,并引发法律诉讼和监管风险。因此,本研究预期,企业策略性信息披露行为会增加企业的股价崩盘风险,故提出假说。

假说4-2:企业策略性信息披露会增加企业股价崩盘风险。

4.1.2 企业策略性信息披露的外部经济后果

(1)企业策略性信息披露与政府补助

政府是我国市场经济的重要参与者,掌握着大量资源,具有相当的资源配置权力(戴亦一 等,2014)。对企业来说,政府补助作为一种财政资源配置手段,具有无偿性和稀缺性的特点,企业获取政府补助往往不需要承担直接成本,同时政府补助具有"认证效应"(Yan et al.,2018),能够向市场传递积极信息，不仅可以提供额外的财务支持和资源以帮助其实施创新项目，扩大业务和提高竞争力，还可以帮助企业获取更多的社会资本以缓解其融资压力，因此，企业有获取政府补助的强烈愿望。政府补助一般可以采取直接拨款、贷款、减免税收、资本注入、拨付研发资金、培训支持等多种形式，其目的在于鼓励和促进科研与技术创新，扩大就业机会，增加社会福利和可持续发展等方面的活动。政府补助通常会设定一些条件和资格要求，以确保补助资金的合理使用和达到预期的目标，而为了获得政府补助，企业往往倾向于创造条件以满足政府补助的具体条件及要求。

现有文献较多从政府补助经济后果和影响因素展开研究。其中，经济后果主要集中于政府补助对微观企业所带来的影响。如政府补助能够提高公司价值相关性并提升市场资源配置效率（李明 等，2021），重污染行业上市公司的政府研发补助会显著增加企业的策略性绿色创新绩效，但是却与实质性绿色创新绩效没有显著的正向相关，随着政府研发补助的增加，企业的实质性绿色创新绩效呈现出先上升后下降的倒"U型"关系（王永贵 等，2023），而当公司收到政府补助却不充分披露补助具体信息时，高管能够通过政府补助这一业绩噪声获取更多的薪酬（任宇 等，2019）。而政府补助的影响因素则主要集中在企业特征方面，具体表现在企业的政治关联、社会责任表现和自身信息披露情况都会对企业政府补助产生显著影响。其中，有学者研究发现企业的政治关联会使处于财务困境的企业获得更多的政府补助（潘越 等，2009；郭剑花 等，2011）。而在"利益互惠"和鼓励企业履行社会责任的指导思想下，政府对于积极承担社会责任的企业会进行更多的补助，如慈善捐助较多的企业（王理想 等，2019）、参与扶贫活动较多的企业（何康 等，2022）。此外，企业是否可以获得政府补助与其传递的信息息息相关，因此对披露更多增量信息的企业而言，其获得政府补助的机会也更大，如披露更多环境信息的企业下一期获得政府补助的机会更大（姚圣 等，2017），管理层通过操纵信息披露语调来增加获取补助的机会，即管理层语调操纵具有资源获取效应（董小红 等，2023）。然而，较少研究探究企业创新信息披露是否会影响企业的政府补助，本研究是对政府补助影响因素的有益补充。

当前中国上市公司在科技创新领域存在着"专利泡沫"的创新假象（谭

小芬 等，2020；竺李乐 等，2021），他们认为产生这一问题的根源主要在于各级地方政府长期以来实行的创新数量激励政策，为企业寻租提供了广阔空间。具体而言，各级政府为了响应国家"创新驱动发展战略"的号召，纷纷出台包括专利评价、专利资助，以及高新技术企业认定等在内的以鼓励企业创新为初衷的配套政策，但由于企业与政府之间存在着严重的信息不对称，使得企业申请专利不仅是为了进行科研与技术创新并寻求技术保护，还是为了实现高新技术企业认定，获得税收优惠及获取政府补助等资源的策略性行为。因此，企业倾向于通过提交虚假专利申请，拆分高质量专利或是披露大量与创新有关的文本信息来制造企业高质量创新的"假象"，以此来满足政府提出的要求。

虽然政府补助的获取不仅仅取决于企业的信息披露，但是企业可以通过策略性披露大量创新文本信息来向政府展示其创新能力、政策契合度、竞争力和潜在经济效益，进而间接地影响政府补助的获取。首先，企业策略性信息披露可以向政府展示企业在技术研发、产品创新、工艺改进等方面的能力和成果，这种展示可以增加政府对企业创新能力的认可和信任，从而提高获得政府补助的机会。其次，某些政府补助可能与特定政策目标相关，政府在制定补助政策时通常会考虑促进创新和科技发展的目标，企业通过披露大量创新文本信息，可以向政府证明其在创新领域的活动和贡献，展示企业的良好业绩、创新能力、市场竞争力等方面的成果，以向政府证明其在特定领域的优势和贡献，以及与政府相关政策目标的契合度，进而增加获取补助的可能性。最后，企业策略性披露创新文本信息可以用于展示企业在市场竞争中的优势和差异化，如果企业能够通过信息披露故意夸大或歪曲自身的创新能力或项目的价值向政府证明其在创新方面的竞争力，考虑到政府补助通常是为了促进经济增长、创造就业机会和提高国家竞争力等目标，因而政府可能更倾向于向该企业提供补助以促进其进一步发展。

综上所述，企业策略性对创新文本信息披露会增加政府对企业创新能力的认可和信任，符合政府创新政策目标的契合度，进而更容易获得政府补助，故提出假说。

假说4-3：企业策略性信息披露会使政府发放更多政府补助。

（2）企业策略性信息披露与审计费用

审计费用是指会计师事务所或独立审计师为进行审计服务而向客户收取的费用，而审计是对企业或组织的财务报表、会计记录和相关信息进行独立、客观的检查和评估，以确定其准确性、合规性和可靠性。一般而言，审计费用通常由审计主体和审计对象来确定：第一，审计师和审计机构。审计师和审计机构的声誉和专业资质是客户选择的重要考虑因素，知名的会计师事务所或具有良好声誉的独立审计师通常能提供高质量的审计服务，更能高效地完成审计工作，因此他们可能会在市场上有更高的定价能力。此外，对于特定行业具有深入了解和专业知识的审计师，可能能够更好地理解行业的特点和风险，提供更有价值的审计服务，因此可能会收取相应的溢价。第二，审计对象的规模和复杂性。客户的规模和复杂性也是影响审计收费的因素之一，大型企业通常需要更多的审计资源和人力，因此审计收费可能较高。此外，客户的历史数据和财务状况也可能影响审计收费。除基本的审计服务外，审计师可能提供其他附加价值的服务，如风险评估、内部控制评估、税务咨询等。这些附加服务可能也会影响审计收费。第三，审计的工作范围和复杂性。审计收费通常与审计工作的范围和复杂性相关，如果企业或组织的财务状况复杂，涉及多个业务部门、多个地区或多个法律体系，审计工作可能需要更多的时间和资源，因此审计收费可能较高。此外，不同行业的审计可能存在不同的风险和挑战，这可能会影响审计收费。例如，金融行业的审计可能涉及复杂的金融工具和风险管理，而非营利组织的审计可能需要考虑特殊的法规和规范。

现有关于审计费用的文献主要从其影响因素进行的探究，一方面，企业文本信息披露的积极语调由于具有一定的信息含量，不仅可以通过减少审计投入来降低审计费用（梁日新 等，2021）；还可以通过减少企业风险，降低审计师的重大错报风险评估水平来降低审计费用（刘建秋 等，2022）。根据社会认同理论，审计师可能更信任履行社会责任较好的企业的财务报告，进而将公司错报风险评估为较低水平，而企业文本信息披露传递的积极信号恰好可以通过减少负面监管、立法或财政行动的可能性来减少公司的业务风险，降低审计师对重大错报风险的评估（Hillman et al.，2001）。因此，公司定性披露文本信息可以为审计师提高其审计风险评估实践提供有力依据，是审计师在审计风险评估决策时参考的重要因素，审计师会对积极披露文本信息的公司减少审计工作并降低审计费用。

然而另一方面，企业管理层会策略性地使用文本信息披露来进行印象管理（Merkl-Davies et al.，2011），如主题领域、文本复杂性或是语调等方面的操纵（Brennan et al.，2013）。由于缺乏对企业文本信息披露的有效监管，企业的文本信息披露更多反映了公司的酌情决定和印象管理形式，这意味着企业创新文本信息可能被管理者视为管理利益相关者感知的工具，管理者会在报告中使用较多与创新有关的文本信息来吸引投资者关注。因此，为了应对公司重大潜在信息风险而带来的审计风险，审计师需要增加对重大错报风险的评估，进而审计师也需要在证据收集和实质性测试方面投入更多的努力，而较高的审计费用则是审计师在与高风险客户打交道时为潜在的声誉损失寻求赔偿的结果（Hribar et al.，2014）。此外，相比投资者而言，审计师表现出保守的职业偏见，导致他们不情愿接受有利的证据，并质疑乐观主义在管理陈述中的可信度（Hurtt et al.，2013），为了降低审计风险，审计师必然会增加审计程序，进而产生更高的审计费用。从现有文献可知，企业文本信息披露与审计收费之间的关系存在不确定性，文本信息披露既可能会降低审计收费，也可能会使企业的审计费用增加。本研究对企业策略性信息披露与审计费用二者关系的探究有利于对现有文献提供理论支撑。

企业策略性信息披露对审计费用的影响主要体现在以下三方面：首先，风险评估和复杂性的增加。企业策略性信息披露可能会增加审计师对企业财务报表的风险评估和审计程序的复杂性，由于企业创新文本信息披露与实际研发投入之间存在不一致或矛盾之处，会直接增加审计师审计企业研发活动时所需付出的努力，审计师还需要更加谨慎地审查和验证财务信息的准确性和可靠性，这需要审计师投入更多的时间和资源来完成审计程序，从而导致审计费用的增加。其次，额外审计程序和调查的增加。企业策略性文本信息披露会导致企业的业务复杂度增加，审计师在审查此类企业时往往需要付出更多的努力，审计师甚至可能需要从其他渠道来获取创新活动的信息以验证研发活动的真实性，进而引发审计师对特定事项的额外审计程序和调查。审计师对于言行不一致相关的交易、披露和业务活动更加深入地审查和评估，会增加审计师的工作量和时间成本，进而产生额外的审计费用。最后，风险溢价的补偿。根据审计保险理论，审计具有保险价值，一旦信息使用者对审计师提起诉讼，审计师很有可能需要赔偿（Wallace，2004）。而企业策略性信息披露会增加影响企业财务报表的真实性和可靠性的风险，因此在审计该类企业时，审计师预期未来保险赔偿概率增加，为弥补额外的风险和不确定性所带来的潜在损失，审计师将对此类企业收取更高的审计费用来补偿未来可能的赔偿（刘向强 等，2018）。

综上所述，企业策略性信息披露会增加审计师的风险评估和审计程序的复杂性，导致额外的审计程序和调查，并需对风险溢价进行额外补偿进而引起审计费用增加。故提出假说。

假说4-4：企业策略性信息披露会使审计师增加审计收费。

4.2 企业策略性信息披露经济后果的研究设计

4.2.1 数据来源与样本选取

考虑到企业信息披露制度的完善主要从2011年开始，本研究将样本参考研究区间选定为2011—2022年。其中高管主动离职、股价崩盘风险、政府补助、审计费用等财务数据来自国泰安数据库（CSMAR）和中国研究数据服务平台（CNRDS）；创新文本信息披露等非财务数据来自巨潮资讯网所披露的上市公司年度报告，并对数据进行了以下处理：①剔除ST、*ST、PT及被退市的企业；②剔除金融行业企业；③剔除资不抵债的企业；④对所有连续变量进行缩尾处理。

4.2.2 主要变量说明

（1）自变量

该变量为0—1虚拟变量，企业策略性信息披露（S_Info）为本研究的核心变量，当企业实际的研发投入、研发产出等财务数据与创新文本信息披露等非财务数据呈现出不一致时，则表明企业存在策略性信息披露现象。由于我国财务数据有着严格的审核监管政策,但对创新文本信息等非财务信息的监管相对较为宽松,因而企业往往对具有较大自由裁量权的文本信息披露进行策略性管理(鲁惠中等,2022)。因此,本研究定义企业策略性信息披露为企业实际的创新研发投入金额较少,但是在文本信息披露中却大量突显出与创新有关的信息的"多言寡行"策略性信息披露行为。具体企业策略性信息披露指标的计算方法参考第三章中模型(3-1)和模型(3-2)。

(2)因变量

1)高管主动离职

高管主动离职是指公司的高级管理人员自愿选择离开其担任的职位和组织。高管主动离职的原因有个人职业转型、不满意工作环境或公司战略变化等方面,中国上市公司的高管在离职时需要对外公布其离职的原因,企业高管常见的离职原因可以分为以下 12 类:1= 工作调动;2= 退休;3= 任期届满;4= 控股权变动;5= 辞职;6= 解聘;7= 健康原因;8= 个人;9= 完善公司法人治理结构;10= 涉案;11= 其他;12= 结束代理。通过分析高管的离职原因,我们可以发现,在中国"以和为贵"的文化背景下,高管即使主动离职,也会和企业达成一致的离职意见,为了维护企业和高管个人声誉,很少在离职原因中写明真实离职原因,大部分主动离职的高管会含蓄表达为健康原因或是个人原因。因此,本研究借鉴刘莉等(2022)的研究,当企业高管在离职时对外披露原因为"辞职"、"健康"或"个人"时,则表示发生了高管主动离职($Turnover$)并取值为 1,否则为 0。

2)股价崩盘风险

企业股价崩盘风险是指投资者对企业的信心急剧下降,导致大量投资者抛售股票,进而导致企业股票价格在相对较短的时间内出现迅速下跌的风险。参考 Hutton 等(2009)的做法,本研究使用上下波动比率($DUVOL$)与负收益偏态系数($NCSKEW$)两个指标衡量股价崩盘风险。具体计算步骤如下:

第一步,构建模型(4-1)使用周市场回报率对公司个股周回报率分公司分年度进行回归,以剔除市场因素对公司股票回报的影响,并计算出模型的残差 $\varepsilon_{i,t}$。其中,$R_{i,t}$ 为股票 i 在第 t 周考虑现金红利再投资的收益率;$R_{m,t}$ 为 A 股所有股票在第 t 周经流通市值加权调整后的平均收益率;$R_{m,t-1}$ 为 A

股所有股票在第 $t-1$ 周经流通市值加权调整后的平均收益率；$R_{m,\ t-2}$ 为 A 股所有股票在第 $t-2$ 周经流通市值加权调整后的平均收益率；$R_{m,\ t+1}$ 为 A 股所有股票在第 $t+1$ 周经流通市值加权调整后的平均收益率；$R_{m,\ t+2}$ 为 A 股所有股票在第 $t+2$ 周经流通市值加权调整后的平均收益率。

$$R_{i,\ t}=\alpha_i+\beta_1 R_{m,\ t-2}+\beta_1 R_{m,\ t-1}+\beta_3 R_{m,\ t}+\beta_4 R_{m,\ t+1}+\beta_5 R_{m,\ t+2}+\varepsilon_{i,\ t} \quad 模型（4-1）$$

第二步，根据已有研究，构建模型（4-2）来计算公司周特有收益率 $W_{i,\ t}$，其中 $\varepsilon_{i,\ t}$ 为模型（4-1）计算出的残差。

$$W_{i,\ t}=\ln(1+\varepsilon_{i,\ t}) \quad 模型（4-2）$$

第三步，构建模型（4-3）来构造本研究实证回归中衡量股价崩盘风险的主要测度指标——上下波动比率（DUVOL），其中，$W_{i,\ t}$ 为模型（4-2）计算出的周特有收益率，n_u 表示周特有收益率上涨周数，定义为周特有收益率大于公司周特有收益率年度均值（mean_W）的周数；n_d 表示周特有收益率下跌周数，定义为周特有收益率小于公司周特有收益率年度均值（mean_W）的周数。该指标值越大，表明公司股价崩盘风险越高。

$$DUVOL_{i,\ t}=\ln\{[(n_u-1)(\sum\nolimits_{down}W^2_{i,\ t})]/[(n_d-1)(\sum\nolimits_{up}W^2_{i,\ t})]\} \quad 模型（4-3）$$

第四步，构建模型（4-4）来构造稳健性回归中衡量股价崩盘风险的替代指标——负收益偏态系数（NCSKEW），其中，$W_{i,\ t}$ 为模型（4-2）计算出的周特有收益率。该指标值越大，表明公司股价崩盘风险越高。

$$NCSKEW_{i,\ t}=-[n(n-1)^{3/2}\sum W^3_{i,\ t}]/[(n-1)(n-2)(\sum W^2_{i,\ t})^{3/2}]$$
$$模型（4-4）$$

3）政府补助

政府补助是指政府向企业、组织或个人提供的财政资金或资源支持，旨在促进特定领域的发展，改善社会福利或实现政府政策目标，政府补助有直接拨款、减免税收、低息贷款、补贴和奖励等多种形式。本研究对政府补助指标的测度（Subsidy）是依据《企业会计准则第 16 号——政府补助》中的相关规定，政府补助是指企业从政府无偿取得的货币性资产或非货币性资产，主要包括政府对企业的无偿拨款、税收返还、财政贴息，以及无偿给予的非货币性资产等。具体指标的测度则参考盛丽颖和冯艳茹（2022）的做法，采用合并利润表中营业外收入明细下的政府补助为指标数据来源，并对其进行标准化处理。

4）审计费用

审计费用是指企业或组织支付给审计师事务所或独立审计师的费用，以获取审计服务的成本。现有文献对审计费用（Fee）的定义较为统一，基本是以审计费用的自然对数作为审计费用的测度指标（刘建秋 等，2022），因此，本研究与已有测度方式保持一致。

（3）控制变量

参考已有文献，本研究对企业基本财务指标、内部治理指标和外部治理指标进行了控制，主要有企业规模（Size）、资产负债率（Lev）、上市年龄（Age）、企业盈利能力（Roa）、两职合一（Dual）、账面市值比（BM）、企业成长性（Growth）、现金流（Cflow）、管理层持股比例（M_Share）、机构投资者持股比例（J_Share）、产权性质（Soe）、企业亏损状态（Loss）、审计意见（Auditopion）、四大审计（Big4），此外，还控制了年度（Year）和行业（Ind）固定效应。具体变量定义见表4-1。

表4-1 主要变量说明

变量符号	变量名称	定义
Turnover	高管主动离职	当企业高管在离职时对外披露原因为"辞职"、"健康"或"个人"时，则取值取1；否则取0
Crash	股价崩盘风险	上下波动比率（DUVOL），具体计算方法见模型（4-3）
Subsidy	政府补助	合并利润表中营业外收入明细下的政府补助的自然对数
Fee	审计费用	审计费用的自然对数
S_Info	策略性信息披露	企业存在"多言寡行"的策略性信息披露行为时取1；否则取0。具体定义见第三章主要变量说明
Size	企业规模	资产总计的自然对数
Lev	资产负债率	负债合计/资产总计
Age	上市年龄	ln（当年年限 – 上市年限 +1）

续表

变量符号	变量名称	定义
Roa	企业盈利能力	净利润/资产总计
Dual	两职合一	当董事长兼任总经理时取 1；否则取 0
BM	账面市值比	股东权益/公司市值
Growth	企业成长性	（营业收入－上期营业收入）/上期营业收入
Cflow	现金流	经营活动产生的现金流量净额/资产总计
M_Share	管理层持股比例	管理层持股数占企业总股数的比例
J_Share	机构投资者持股比例	机构投资者持股数占企业总股数的比例
Soe	产权性质	当企业为国企时取 1；否则取 0
Loss	企业亏损状态	亏损企业取 1；否则取 0
Auditopion	审计意见	年报审计意见为无保留意见时取 4；保留意见时取 3；否定意见时取 2；无法表示意见时取 1
Big4	四大审计	境内审计事务所为四大事务所时取 1；否则取 0

数据来源：作者整理。

4.2.3 模型构建

为了验证企业策略性信息披露对企业内部高管主动离职、股价崩盘风险有何影响，本研究构建模型（4-5）到模型（4-6）进行检验。其中，模型（4-5）中因变量高管主动离职（Turnover）为 0—1 虚拟变量，故采用 logit 模型进行回归检验，如果企业策略性信息披露会导致高管因为担心自身声誉前途而"明哲保身"，则预期模型（4-5）中 α_1 应显著为正。模型（4-6）中因变量股价崩盘风险（Crash）为连续变量，故模型采用固定效应模型进行回归，如果企业策略性信息披露会使企业产生更大的股价崩盘风险，则预期模型（4-6）中 β_1 应显著为正。为了验证企业策略性信息披露对企业外部政府补助、审计费用有何影响，本研究构建模型（4-7）、模型（4-8）来进行检验。其中，模型（4-7）中因变量政府补助（Subsidy）为连续变量，故模型采用固定效应模型进行回归，如果企业策略性信息披露会增加政府对企业的扶持力度，则预期模型（4-7）中 δ_1 应显著为正。模型（4-8）中因变量审计费用（Fee）为连续变量，故模型采用固定效应模型进行回归，如果企业策略性信息会被审计师所识别,进而要求风险溢价补偿,则预期模型(4-8)中 r_1 应显著为正。具体模型如下所示,其中,$S\_Info_{i,t}$ 表示企业 i 在 t 年的策略性信息披露行为,ind 表示行业固定效应,$year$ 表示时间固定效应。

$$Turnover_{i,t} = \alpha_0 + \alpha_1 S\_Info_{i,t} + \alpha_2 Sizi_{i,t} + \alpha_3 Lev_{i,t} + \alpha_4 Age_{i,t} + \alpha_5 Roa_{i,t} + \alpha_6 Dual_{i,t} +$$
$$\alpha_7 BM_{i,t} + \alpha_8 Growth_{i,t} + \alpha_9 Cflow_{i,t} + \alpha_{10} M\_Share_{i,t} + \alpha_{11} Soe_{i,t} +$$
$$\alpha_{12} J\_Share_{i,t} + \alpha_{13} Loss_{i,t} + \alpha_{14} Auditopion_{i,t} + \alpha_{15} Big4_{i,t} + ind +$$
$$year + \varepsilon_{i,t} \quad \text{模型(4-5)}$$

$$Crash_{i,t} = \beta_0 + \beta_1 S\_Info_{i,t} + \beta_2 Sizi_{i,t} + \beta_3 Lev_{i,t} + \beta_4 Age_{i,t} + \beta_5 Roa_{i,t} + \beta_6 Dual_{i,t} +$$
$$\beta_7 BM_{i,t} + \beta_8 Growth_{i,t} + \beta_9 Cflow_{i,t} + \beta_{10} M\_Share_{i,t} + \beta_{11} Soe_{i,t} +$$
$$\beta_{12} J\_Share_{i,t} + \beta_{13} Loss_{i,t} + \beta_{14} Auditopion_{i,t} + \beta_{15} Big4_{i,t} + ind +$$
$$year + \varepsilon_{i,t} \quad \text{模型(4-6)}$$

$$Subsidy_{i,t} = \delta_0 + \delta_1 S\_Info_{i,t} + \delta_2 Sizi_{i,t} + \delta_3 Lev_{i,t} + \delta_4 Age_{i,t} + \delta_5 Roa_{i,t} + \delta_6 Dual_{i,t} +$$
$$\delta_7 BM_{i,t} + \delta_8 Growth_{i,t} + \delta_9 Cflow_{i,t} + \delta_{10} M\_Share_{i,t} + \delta_{11} Soe_{i,t} +$$
$$\delta_{12} J\_Share_{i,t} + \delta_{13} Loss_{i,t} + \delta_{14} Auditopion_{i,t} + \delta_{15} Big4_{i,t} + ind +$$
$$year + \varepsilon_{i,t} \quad \text{模型(4-7)}$$

$$Fee_{i,t} = \gamma_0 + \gamma_1 S\_Info_{i,t} + \gamma_2 Sizi_{i,t} + \gamma_3 Lev_{i,t} + \gamma_4 Age_{i,t} + \gamma_5 Roa_{i,t} + \gamma_6 Dual_{i,t} +$$
$$\gamma_7 BM_{i,t} + \gamma_8 Growth_{i,t} + \gamma_9 Cflow_{i,t} + \gamma_{10} M\_Share_{i,t} + \gamma_{11} Soe_{i,t} +$$
$$\gamma_{12} J\_Share_{i,t} + \gamma_{13} Loss_{i,t} + \gamma_{14} Auditopion_{i,t} + \gamma_{15} Big4_{i,t} + ind +$$
$$year + \varepsilon_{i,t} \quad \text{模型(4-8)}$$

4.3 企业策略性信息披露经济后果的实证检验分析

4.3.1 描述性统计分析

本章主要变量的描述性统计分析见表 4-2,高管主动离职(*Turnover*)的平均值为 0.056,标准差为 0.229,说明样本企业中有 5.6% 的上市公司发生过高管主动离职,且不同企业之间存在一定差异;股价崩盘风险(*Crash*)的最小值为 -2.396,最大值为 1.570,标准差为 0.723,说明不同样本企业之间存在的股价崩盘风险差异较大;政府补助(*Subsidy*)的平均值为 0.004,表明 0.4%的样本公司可以获得政府补助,其最小值为 0,最大值为 0.036,说明不同企业间获得的政府补助存在一定差异;审计费用(Fee)的平均值为13.87,标准差为0.707,说明不同企业间审计费用的差异较大;企业策略性信息披露(S_Info)的平均值为0.167,标准差为0.373,说明样本企业中有16.7%的上市公司存在策略性信息披露行为,且不同企业出现策略性信息披露行为概率的差异较大;其他控制变量与现有文献差异不大。

表4-2 样本主要变量的描述性统计分析

变量名称	样本数	平均值	标准差	最小值	中位值	最大值
Turnover	22 000	0.056	0.229	0	0	1
Crash	27 000	−0.321	0.723	−2.396	−0.271	1.570
Subsidy	17 000	0.004	0.006	0	0.002	0.036
Fee	21 000	13.87	0.707	12.61	13.78	16.28
S_Info	21 000	0.167	0.373	0	0	1
Size	21 000	22.37	1.275	19.92	22.19	26.61
Lev	21 000	0.420	0.200	0.034	0.414	0.910
Age	21 000	2.094	0.800	0	2.197	3.367
Roa	21 000	0.043	0.063	−0.473	0.042	0.239
Dual	21 000	0.285	0.451	0	0	1
BM	21 000	1.018	1.125	0.059	0.651	9.319
Growth	21 000	0.193	0.401	−0.636	0.126	4.132
Cflow	21 000	0.051	0.068	−0.199	0.050	0.269
M_Share	21 000	0.146	0.200	0	0.015	0.704
J_Share	21 000	0.459	0.256	0.002	0.482	1.218
Soe	21 000	0.340	0.474	0	0	1
Loss	21 000	0.081	0.272	0	0	1
Auditopion	21 000	3.995	0.067	3	4	4
Big4	21 000	0.066	0.248	0	0	1

数据来源:作者整理。

4.3.2 相关性分析

为了考察主要变量之间是否存在多重共线性，文章对主要变量进行了 Pearson 相关性检验，从表 4-3 可知，除了审计费用（Fee）与企业规模（Size）的相关系数为 0.775，管理层持股比例（M_Share）和机构投资者持股比例（J_Share）相关系数绝对值为 0.687，其他变量之间的相关系数的绝对值均小于 0.65，表明模型不存在严重多重共线性问题。

表 4-3　主要变量的相关性分析

	Turnover	Crash	Subsidy	Fee	S_Info	Size	Lev
Turnover	1						
Crash	−0.011 0	1					
Subsidy	−0.001 00	0.027***	1				
Fee	0.008 00	−0.069***	−0.189***	1			
S_Info	0.003 00	−0.004 00	−0.043***	0.094***	1		
Size	−0.013 0	−0.081***	−0.216***	0.775***	0.092***	1	
Lev	0.016**	−0.078***	−0.131***	0.410***	0.063***	0.559***	1
Age	0.029***	−0.079***	−0.151***	0.389***	−0.001 00	0.528***	0.398***
Roa	−0.063***	0.031***	0.079***	−0.084***	0.008 00	−0.050***	−0.356***
Dual	−0.018**	0.037***	0.019**	−0.116***	−0.014**	−0.192***	−0.139***
BM	−0.001 00	−0.063***	−0.168***	0.435***	0.038***	0.626***	0.586***
Growth	0.003 00	0.020***	−0.007 00	0.006 00	0.046***	0.019***	0.026***
Cflow	−0.016**	0.003 00	0.013 0	0.070***	−0.023***	0.043***	−0.177***
M_Share	−0.044***	0.071***	0.070***	−0.298***	−0.010 0	−0.409***	−0.334***
J_Share	−0.001 00	−0.030***	−0.016*	0.334***	0.017**	0.431***	0.229***
Soe	−0.016**	−0.087***	−0.034**	0.244***	0.009 00	0.398***	0.306***
Loss	0.051***	0.009 00	−0.034**	0.038***	−0.040***	−0.016**	0.167***
Auditopion	−0.016**	−0.010 0	0.019**	−0.032***	0.011*	0.008 00	−0.046***
Big4	0.009 00	−0.041***	−0.030***	0.445***	−0.010 0	0.340***	0.116***

续表

	Age	Roa	Dual	BM	Growth	Cflow	M_Share
Age	1						
Roa	−0.165***	1					
Dual	−0.252***	0.028***	1				
BM	0.371***	−0.240***	−0.160***	1			
Growth	−0.077***	0.209***	0.041***	−0.069***	1		
Cflow	0.025***	0.391***	−0.015**	−0.121***	0.003 00	1	
M_Share	−0.559***	0.126***	0.254***	−0.285***	0.071***	−0.017**	1
J_Share	0.264***	0.101***	−0.200***	0.200***	0.025***	0.121***	−0.687***
Soe	0.480***	−0.085***	−0.302***	0.350***	−0.084***	−0.008 00	−0.498***
Loss	0.086***	−0.622***	−0.002 00	0.077***	−0.174***	−0.167***	−0.053***
Auditopion	−0.019***	0.220***	0.010 0	−0.017**	0.064***	0.027***	0.006 00
Big4	0.130***	0.029***	−0.069***	0.157***	−0.020***	0.078***	−0.143***

	J_Share	Soe	Loss	Auditopion	Big4
J_Share	1				
Soe	0.427***	1			
Loss	−0.075***	0.019***	1		
Auditopion	0.032***	0.029***	−0.156***	1	
Big4	0.241***	0.141***	−0.025***	0.007 00	1

数据来源：作者整理。

注：*表示p<0.1；**表示p<0.05；***表示p<0.01。

4.3.3 实证分析

（1）企业策略性信息披露的内部影响结果

1）企业策略性信息披露与高管主动离职

为了检验企业策略性信息披露是否会降低高管的工作满意度和对管理层团队的信任，进而导致其主动离职，文本对模型（4-5）进行检验，回归结果见表4-4。第（1）列为没有控制变量和不控制行业及时间效应下，企业策略性信息披露（S_Info）与高管主动离职（Turnover）的回归结果，二者系数为

0.032，但不显著；第（2）列为有控制变量但不控制行业及时间效应下，企业策略性信息披露（S_Info）与高管主动离职（Turnover）的回归结果，二者系数为0.080，也不显著；第（3）列为有控制变量且控制行业及时间效应下，企业策略性信息披露（S_Info）与高管主动离职（Turnover）的回归结果，二者系数为0.092，依然不显著。以上结果说明，无论是否有控制行业时间效应，企业策略性信息披露都不会造成高管的主动离职，假说4-1没有得到验证。这也从侧面印证策略性信息披露是企业管理层的一种印象管理行为，企业高管并不会因此而产生风险感知，高管"明哲保身"的假设没有得到支持。

表4-4　企业策略性信息披露与高管主动离职

	（1）	（2）	（3）
S_Info	0.032	0.080	0.092
	（0.341）	（0.827）	（0.937）
Size		−0.143***	−0.120**
		（−3.038）	（−2.380）
Lev		0.157	0.064
		（0.632）	（0.247）
Age		0.121*	0.120*
		（1.774）	（1.719）
Roa		−2.617***	−2.631***
		（−3.635）	（−3.544）
Dual		−0.192**	−0.158*
		（−2.176）	（−1.776）
BM		−0.011	−0.015
		（−0.222）	（−0.283）
Growth		0.218**	0.198**
		（2.565）	（2.318）
Cflow		0.074	0.318
		（0.125）	（0.526）

续表

	（1）	（2）	（3）
M_Share		−2.120***	−2.152***
		（−6.242）	（−6.300）
J_Share		−0.549**	−0.643***
		（−2.467）	（−2.810）
Soe		−0.468***	−0.500***
		（−5.083）	（−5.216）
Loss		0.240	0.255*
		（1.573）	（1.661）
Auditopion		−0.084	−0.112
		（−0.183）	（−0.239）
Big4		0.418***	0.416***
		（2.844）	（2.815）
常数项	−2.967***	0.974	0.978
	（−75.300）	（0.468）	（0.458）
行业	NO	NO	YES
时间	NO	NO	YES
样本量	16 615	16 615	16 615
With_R^2	0.0304	0.0245	0.0306

数据来源：作者整理。

注：括号内为 t 统计检验值；*表示 $p<0.1$；**表示 $p<0.05$；***表示 $p<0.01$。

2）企业策略性信息披露与股价崩盘风险

为了检验企业策略性信息披露是否会增加企业的股价崩盘风险，文本对模型（4-6）进行检验，回归结果见表4-5。第（1）列为没有控制变量和不控制行业及时间效应下，企业策略性信息披露（S_Info）与股价崩盘风险（Crash）的回归结果，二者系数为0.014，不显著；第（2）列为有控制变量但不控制行业及时间效应下，企业策略性信息披露（S_Info）与股价崩盘风险（Crash）

的回归结果，二者系数为 0.022，在 10% 水平上显著为正；第（3）列为有控制变量且控制行业及时间效应下，企业策略性信息披露（S_Info）与股价崩盘风险（Crash）的回归结果，二者系数为 0.021，在 10% 水平上显著为正。以上结果说明，在控制其他可能影响因素后，企业策略性信息披露会使其股价崩盘风险增加，假说 4-2 得到验证。

表 4-5　企业策略性信息披露与股价崩盘风险

	（1）	（2）	（3）
S_Info	0.014	0.022*	0.021*
	（1.134）	（1.758）	（1.714）
Size		−0.055***	−0.020
		（−4.879）	（−1.594）
Lev		−0.098**	−0.194***
		（−2.149）	（−4.123）
Age		−0.012	0.102***
		（−0.806）	（5.253）
Roa		0.055	−0.014
		（0.526）	（−0.135）
Dual		−0.003	−0.004
		（−0.204）	（−0.269）
BM		0.049***	0.059***
		（7.189）	（7.882）
Growth		0.008	−0.015
		（0.784）	（−1.513）
Cflow		−0.159**	0.014
		（−2.220）	（0.192）
M_share		0.119**	0.175***
		（1.970）	（2.932）
J_Share		0.228***	0.253***

续表

	（1）	（2）	（3）
		（5.504）	（6.109）
Soe		−0.089***	−0.076**
		（−2.697）	（−2.346）
Loss		0.034*	0.037*
		（1.745）	（1.916）
Auditopion		−0.007	−0.045
		（−0.117）	（−0.776）
*Big*4		0.002	0.009
		（0.058）	（0.240）
常数项	−0.197***	0.985***	−0.051
	（−49.430）	（3.046）	（−0.133）
行业	NO	NO	YES
时间	NO	NO	YES
样本量	18 369	18 369	18 369
With_R^2	0.0001	0.0111	0.0486

数据来源：作者整理。

注：括号内为 t 统计检验值；*表示 $p<0.1$；**表示 $p<0.05$；***表示 $p<0.01$。

（2）企业策略性信息披露的外部影响结果

1）企业策略性信息披露与政府补助

为了检验企业策略性信息披露是否使企业获得的政府补助增加，文本对模型（4-7）进行检验，回归结果见表4-6。第（1）列为没有控制变量和不控制行业及时间效应下，企业策略性信息披露（*S_Info*）与政府补助（*Subsidy*）的回归结果，二者系数为0.000，不显著；第（2）列为有控制变量但不控制行业及时间效应下，企业策略性信息披露（*S_Info*）与政府补助（*Subsidy*）的回归结果，二者系数为0.001，在1%水平上显著为正；第（3）列为有控制变量且控制行业及时间效应下，企业策略性信息披露（*S_Info*）与政府补助

（Subsidy）的回归结果，二者系数为 0.000，在 5% 水平上显著为正。以上结果说明，在控制其他可能影响因素后，企业策略性信息披露会使企业获得更多的政府补助，假说 4-3 得到验证。

表 4-6　企业策略性信息披露与政府补助

	（1）	（2）	（3）
S_Info	0.000	0.001***	0.000**
	（0.405）	（4.118）	（2.041）
Size		−0.002***	−0.001***
		（−15.661）	（−9.921）
Lev		0.003***	0.001
		（5.362）	（0.910）
Age		−0.003***	−0.001***
		（−15.313）	（−3.375）
Roa		0.004***	0.005***
		（2.624）	（4.062）
Dual		0.000	0.000
		（0.707）	（0.859）
BM		−0.000***	0.001***
		（−4.156）	（6.559）
Growth		−0.000***	−0.000***
		（−2.749）	（−2.831）
Cflow		0.002**	0.001
		（2.361）	（1.628）
M_Share		0.001	0.001
		（0.811）	（1.033）
J_Share		0.002***	0.002***
		（3.517）	（3.384）
Soe		−0.001*	−0.000

续表

	（1）	（2）	（3）
		（−1.757）	（−1.176）
Loss		−0.001***	−0.000**
		（−2.720）	（−2.057）
Auditopion		−0.001	−0.002***
		（−1.007）	（−2.667）
Big4		−0.000	−0.000
		（−0.535）	（−1.104）
常数项	0.004***	0.059***	0.047***
	（80.082）	（12.832）	（9.404）
行业	NO	NO	YES
时间	NO	NO	YES
样本量	13 682	13 682	13 682
With_R^2	0.0052	0.1605	0.2487

数据来源：作者整理。

注：括号内为 t 统计检验值；*表示 $p<0.1$；**表示 $p<0.05$；***表示 $p<0.01$。

2）企业策略性信息披露与审计费用

为了检验企业策略性信息披露是否被审计师识别，进而增加对企业的审计费用，文本对模型（4-8）进行检验，回归结果见表4-7。第（1）列为没有控制变量和不控制行业及时间效应下，企业策略性信息披露（S_Info）与审计费用（Fee）的回归结果，二者系数为0.072，在1%水平上显著为正；第（2）列为有控制变量但不控制行业及时间效应下，企业策略性信息披露（S_Info）与审计费用（Fee）的回归结果，二者系数为0.019，在1%水平上显著为正；第（3）列为有控制变量且控制行业及时间效应下，企业策略性信息披露（S_Info）与审计费用（Fee）的回归结果，二者系数为0.012，在5%水平上显著为正。以上结果说明，在控制其他可能影响因素后，企业策略性信息披露会使外部审计师增加更多的审计投入，以及为了弥补风险溢价而提高审计费用，假说4-4得到验证。

表4-7 企业策略性信息披露与审计收费

	（1）	（2）	（3）
S_Info	0.072***	0.019***	0.012**
	（8.130）	（3.574）	（2.134）
Size		0.454***	0.397***
		（94.230）	（80.796）
Lev		−0.112***	0.062***
		（−5.683）	（3.005）
Age		0.114***	−0.037***
		（17.239）	（−5.195）
Roa		−0.511***	−0.452***
		（−11.370）	（−9.226）
Dual		0.008	0.010*
		（1.395）	（1.703）
BM		−0.015***	−0.026***
		（−5.139）	（−7.585）
Growth		−0.018***	−0.005
		（−4.077）	（−1.064）
Cflow		0.262***	0.212***
		（8.405）	（6.313）
M_Share		−0.110***	−0.105***
		（−4.157）	（−4.122）
J_Share		−0.066***	−0.010
		（−3.657）	（−0.543）
Soe		0.039***	0.021*
		（2.859）	（1.822）
Loss		0.013	0.011

续表

	（1）	（2）	（3）
		(1.601)	(1.291)
Auditopion		−0.157***	−0.107***
		(−6.055)	(−3.322)
Big4		0.302***	0.403***
		(18.800)	(26.345)
常数项	13.859***	4.170***	5.249***
	(4862.643)	(29.636)	(31.220)
行业	NO	NO	YES
时间	NO	NO	YES
样本量	20 818	20 818	16 368
With_R^2	0.6299	0.6568	0.6550

数据来源：作者整理。

注：括号内为 t 统计检验值；*表示 $p<0.1$；**表示 $p<0.05$；***表示 $p<0.01$。

4.3.4 进一步分析

（1）产权性质

1）企业策略性信息披露与股价崩盘风险

前文已经证实企业策略性信息披露会显著提高股价崩盘风险，但是对于不同产权下企业策略性信息披露会对股价崩盘风险有何影响尚不清楚，因此，本章进一步对不同产权下企业策略性信息披露对股价崩盘风险的异质性影响进行探究。

事实上，根据产权性质的不同，我国上市公司可以分为国有企业和非国有企业，其中，国有企业是指国家资本股本占企业全部资本的比例较高并由国家实际控制的企业；而非国有企业一般是指民营企业或私企，主要包括有限公司、股份公司、独资公司、个体工商户等形式。产权性质不仅决定了企业所有者的权益和控制程度，更会影响投资者对企业信息披露行为的反应。在我国散户投资者占比较多，且相较于机构投资者，他们往往缺乏分析、整合信息的能力（陈皓雪 等，2022），而在频频发生企业违规的资本市场，投资者更是倾向于相信真实可靠性较强的企业，因为处于信息的劣势方，投资者对于具有政府监管和控制的国有企业更加信任和依赖。当国有企业进行策略性信息披露时，投资者会基于对政府的信任不会轻易大量抛售股票，但是对非国有企业而言，投资者则会由于恐慌心理短期内大量抛售股票，进而造成较大的股价崩盘风险。因此，本研究预期，相较于国有企业，非国有企业进行的策略性信息披露会造成更大的股价崩盘风险。

根据企业产权性质的不同将样本企业分为国有企业组和非国有企业组，回归结果见表4-8，从第（1）列国有企业样本组可知，企业策略性信息披露（S_Info）与股价崩盘风险（$Crash$）的系数为0.004，为负但不显著，表明国有企业的策略性信息披露并不会造成股价的崩盘风险；但从第（2）列非国有企业样本组可知，企业策略性信息披露（S_Info）与股价崩盘风险（$Crash$）的系数为0.031，在5%水平上显著为正，表明非国有企业的策略性信息披露会显著造成股价崩盘风险的增加。以上结论表明，相较于国有企业，非国有企业的策略性信息披露更容易造成企业的股价崩盘风险。

表4-8 产权性质下企业策略性信息披露与股价崩盘风险的分组检验

	（1）	（2）
	国有企业	非国有企业
S_Info	−0.004	0.031**
	（−0.211）	（2.018）
$Size$	−0.095***	0.030*
	（−4.034）	（1.874）
Lev	−0.107	−0.225***
	（−1.195）	（−3.942）
Age	0.116**	0.110***
	（2.560）	（4.544）
Roa	0.487**	−0.188
	（2.048）	（−1.550）

续表

	（1） 国有企业	（2） 非国有企业
Dual	0.017	−0.020
	（0.617）	（−1.248）
BM	0.065***	0.059***
	（6.555）	（4.615）
Growth	−0.008	−0.021*
	（−0.467）	（−1.669）
Cflow	−0.032	0.049
	（−0.262）	（0.545）
M_Share	1.179**	0.119*
	（1.963）	（1.875）
J_Share	0.334***	0.193***
	（4.413）	（3.769）
Loss	0.062**	0.026
	（2.068）	（1.021）
Auditopion	−0.009	−0.052
	（−0.053）	（−0.831）
Big4	0.015	0.016
	（0.279）	（0.297）
常数项	1.612*	−1.337***
	（1.827）	（−2.744）
行业	YES	YES
时间	YES	YES
样本量	6425	11 944
With_R^2	0.0553	0.0531

数据来源：作者整理。

注：括号内为 t 统计检验值；*表示 $p<0.1$；**表示 $p<0.05$；***表示 $p<0.01$。

2)企业策略性信息披露与政府补助

前文已经证实企业策略性信息披露会显著增加政府补助,但是对于不同产权下企业策略性信息披露会对政府补助有何影响尚不清楚,因此,本章进一步对不同产权下企业策略性信息披露对政府补助的异质性影响进行探究。

事实上,根据产权性质的不同,我国上市公司可以分为国有企业和非国有企业。其中,国有企业通常是由政府全资或部分资助设立和控制的企业,对国有企业而言,政府可以通过直接拨款、资本注入、优惠贷款等方式向其提供资金支持,还可以通过税收减免、土地使用权等方式给予国有企业特殊的经济利益,由于我国国有企业不仅肩负着企业发展的压力,还肩负着履行社会责任的压力,因此,国有企业获得的政府补助往往更加直接和丰富。而非国有企业通常是由私人投资者或股东控制和经营的企业,主要包括有限公司、股份公司、独资公司、个体工商户等形式,对私营企业而言,政府可以通过减税、优惠贷款、创业资金、科技创新支持等方式鼓励和支持私营企业的发展。相较于有政治资源的国有企业而言,非国有企业所获得的政府补助会相对较少。因此,本研究预期,国有企业策略性信息披露会获得更多的政府补助。

根据企业产权性质的不同,将样本企业分为国有企业组和非国有企业组,回归结果见表 4-9,从第(1)列国有企业样本组可知,企业策略性信息披露(S_Info)与政府补助($Subsidy$)的系数为 0.001,在 1% 水平上显著为正,表明国有企业的策略性信息披露会获得更多的政府补助;从第(2)列非国有企业样本组可知,企业策略性信息披露(S_Info)与政府补助($Subsidy$)的系数为 0.000,不显著,表明非国有企业的策略性信息披露并不会显著增加企业获得的政府补助。以上结论表明,相较于非国有企业,国有企业的策略性信息披露更容易获得更多的政府补助。

表 4-9 产权性质下企业策略性信息披露与政府补助的分组检验

	(1)	(2)
	国有企业	非国有企业
S_Info	0.001***	0.000

续表

	（1） 国有企业	（2） 非国有企业
	（2.665）	（0.514）
Size	−0.002***	−0.001***
	（−7.924）	（−6.742）
Lev	−0.000	0.001
	（−0.134）	（1.405）
Age	−0.001*	−0.001**
	（−1.802）	（−2.010）
Roa	0.006**	0.007***
	（2.142）	（4.464）
Dual	0.000	0.000
	（0.842）	（0.319）
BM	0.001***	0.001***
	（5.576）	（4.781）
Growth	−0.000	−0.000***
	（−0.535）	（−2.920）
Cflow	0.003*	0.001
	（1.845）	（0.728）
M_Share	0.029***	0.001
	（4.471）	（0.903）
J_Share	0.003***	0.001**
	（3.018）	（2.334）
Loss	−0.001***	0.000
	（−2.968）	（0.126）
Auditopion	−0.002	−0.002**
	（−0.642）	（−2.234）
Big4	−0.000	−0.001
	（−0.730）	（−0.990）

续表

	（1）	（2）
	国有企业	非国有企业
常数项	0.061***	0.043***
	（4.443）	（6.912）
行业	YES	YES
时间	YES	YES
样本量	5158	8524
With_R^2	0.2321	0.2649

数据来源：作者整理。

注：括号内为 t 统计检验值；* 表示 $p<0.1$；** 表示 $p<0.05$；*** 表示 $p<0.01$。

3）企业策略性信息披露与审计费用

前文已经证实企业策略性信息披露会显著提高审计收费，但是对于不同产权下企业策略性信息披露会对审计费用有何影响尚不清楚，因此，本章进一步对不同产权下企业策略性信息披露对审计费用的异质性影响进行探究。

事实上，产权性质决定了企业所有者的权益和控制程度，非国有企业通常由个人或私人股东拥有，可以更自由地决定信息披露的内容和方式。一方面，非国有企业通常具有更多样化和复杂的业务结构、财务体系和组织架构，这可能导致审计工作的复杂性增加，需要审计师投入更多的时间和资源进行审计。此外，非国有企业的经营环境和市场竞争压力可能更大，风险管理和内部控制方面的要求也更高，这可能增加了审计师的工作量和责任，从而使审计费用增加。另一方面，非国有企业在策略性信息披露方面可能面临更高的要求和期望，投资者、股东、债权人等利益相关方对非国有企业的披露要求可能更加严格，需要审计师对披露的信息进行更加详尽和严格的审查，这也需要审计师进行更多的工作，从而增加了审计费用。相较于由政府全资或部分资助设立和控制的国有企业，非国有企业策略性信息披露会增加企业财务报表的真实性和可靠性的风险，在审计该类企业时，审计师预期未来保险赔偿概率会增加，因而为了弥补额外的风险和不确定性所带来的潜在损失，审计师会对此类企业收取更高的审计费用（刘向强 等，2018）。因此，本研究预期，非国有企业的策略性信息披露会产生更高的审计费用。

根据企业产权性质不同，将样本企业分为国有企业组和非国有企业组，回归结果见表4-10，从第（1）列国有企业样本组可知，企业策略性信息披露（S_Info）与审计费用（Fee）的系数为0.014，不显著，表明国有企业的策略性信息披露并没有显著增加审计费用；从第（2）列非国有企业样本组可知，企业策略性信息披露（S_Info）与审计费用（Fee）的系数为0.012，在10%水平上显著为正，表明非国有企业的策略性信息披露会显著增加企业的审计费用。以上结论表明，相较于国有企业，非国有企业的策略性信息披露更容易产生更高的审计费用。

表4-10　产权性质下企业策略性信息披露与审计费用的分组检验

	（1）国有企业	（2）非国有企业
S_Info	0.014	0.012*
	(1.512)	(1.772)
$Size$	0.409***	0.374***
	(46.917)	(62.072)
Lev	−0.073*	0.090***
	(−1.889)	(3.682)
Age	−0.049***	−0.042***
	(−3.171)	(−5.274)
Roa	−0.505***	−0.413***
	(−4.790)	(−7.376)
$Dual$	0.005	0.005
	(0.420)	(0.738)
BM	−0.018***	−0.019***
	(−3.968)	(−3.287)
$Growth$	−0.011	0.003
	(−1.242)	(0.498)

续表

	（1） 国有企业	（2） 非国有企业
Cflow	0.123**	0.257***
	（2.162）	（6.268）
M_Share	−0.000	−0.069***
	（−0.001）	（−2.650）
J_Share	0.034	0.012
	（0.991）	（0.582）
Loss	−0.017	0.030***
	（−1.247）	（2.611）
Auditopion	−0.112	−0.064*
	（−1.053）	（−1.915）
Big4	0.369***	0.421***
	（16.564）	（20.111）
常数项	5.066***	5.581***
	（10.907）	（29.555）
行业	YES	YES
时间	YES	YES
样本量	5907	10 461
With_R^2	0.5608	0.6955

数据来源：作者整理。

注：括号内为 t 统计检验值；*表示 $p<0.1$；**表示 $p<0.05$；***表示 $p<0.01$。

（2）企业生命周期

1）企业策略性信息披露与股价崩盘风险

前文已经证实企业策略性信息披露会显著提高股价崩盘风险，但是对于不同生命周期阶段下企业的策略性信息披露会对股价崩盘风险有何影响尚不清楚，因此，本章进一步对不同生命周期阶段下企业策略性信息披露对股价崩盘风险的异质性影响进行探究。

首先，相较于成长期企业而言，成熟期企业通常在市场中已经建立了一定的声誉和期望值，投资者对这些企业的业绩和前景有较高的期望，对策略性信息披露的反应也更为敏感。如果成熟期企业的策略性信息披露与市场的期望值不符，暗示了业绩下滑或风险增加，投资者可能会对企业失去信心，因而更容易导致股价崩盘。其次，成熟期企业通常有更多的投资者和利益相关方，信息传递和沟通更加复杂。如果企业在策略性信息披露中存在信息不对称或信息披露不充分的情况，投资者可能会对企业的透明度和治理质量产生怀疑，从而加剧股价崩盘的风险。此外，成熟期企业的市场规模和影响力通常较大，其信息披露可能对整个市场产生较大的影响。如果成熟期企业的策略性信息披露引发了市场的恐慌或担忧，可能会引发更广泛的卖压和股价下跌，进而导致股价崩盘的风险增加。因此，本研究预期，相较于成长期企业而言，成熟期企业的策略性信息披露更容易出现股价崩盘风险。

根据企业生命周期的不同将样本企业分为成长期和成熟期企业，回归结果见表4-11，从第（1）列成长期样本企业可知，企业策略性信息披露（S_Info）与股价崩盘风险（$Crash$）的系数为0.012，不显著，表明成长期企业的策略性信息披露并不会造成股价的崩盘风险；但从第（2）列成熟期样本企业可知，企业策略性信息披露（S_Info）与股价崩盘风险（$Crash$）的系数为0.055，在5%水平上显著为正，表明成熟期企业的策略性信息披露会显著造成股价崩盘风险的增加。以上结论表明，相较于成长期企业而言，成熟期企业的策略性信息披露更容易造成企业的股价崩盘风险。

表4-11 生命周期下企业策略性信息披露与股价崩盘风险的分组检验

	（1）成长期	（2）成熟期
S_Info	−0.012	0.055**
	（−0.268）	（2.283）
$Size$	−0.087	−0.041
	（−1.634）	（−1.536）
Lev	0.038	0.004

续表

	（1） 成长期	（2） 成熟期
	（0.220）	（0.042）
Age	0.121	−0.011
	（1.536）	（−0.287）
Roa	−0.941**	0.302
	（−2.184）	（1.448）
Dual	−0.013	−0.017
	（−0.260）	（−0.648）
BM	0.092***	0.058***
	（3.654）	（3.628）
Growth	−0.011	−0.063**
	（−0.307）	（−2.359）
Cflow	0.501	0.032
	（1.264）	（0.183）
M_Share	−0.124	0.153
	（−0.490）	（1.360）
J_Share	0.170	0.350***
	（1.049）	（4.449）
Soe	−0.176	−0.155**
	（−1.355）	（−2.352）
Loss	0.048	0.044
	（0.737）	（1.043）
Auditopion	0.274	0.138
	（1.082）	（1.122）
Big4	0.045	−0.001
	（0.269）	（−0.008）
常数项	0.275	−0.297
	（0.179）	（−0.262）

续表

	（1）成长期	（2）成熟期
行业	YES	YES
时间	YES	YES
样本量	2196	6930
With_R^2	0.0801	0.0614

数据来源：作者整理。

注：括号内为 t 统计检验值；*表示 $p<0.1$；**表示 $p<0.05$；***表示 $p<0.01$。

2）企业策略性信息披露与政府补助

前文已经证实企业策略性信息披露会显著增加政府补助，但是对于不同生命周期阶段下企业的策略性信息披露会对政府补助有何影响尚不清楚，因此，本章进一步对不同生命周期阶段下企业策略性信息披露对政府补助的异质性影响进行探究。

事实上，对于不同生命周期的企业，政府补助的侧重点存在不同。首先，成长期企业通常处于初创或快速扩张阶段，政府补助的主要目的是促进其创新、发展和扩张。这些补助可能更多地关注技术研发、市场拓展、人才培养等方面，以支持企业的成长和竞争力提升。而成熟期企业已经建立了一定的市场地位和稳定的盈利模式，政府补助的侧重点可能更多地放在支持企业的可持续发展、转型升级、环境保护等方面，这些补助可能与市场竞争、可持续发展和社会责任等因素相关。其次，成长期企业可能更多地依赖于创业支持和创新类补助，这些补助可以包括初创资金、科技研发补助、创业孵化器支持等，旨在帮助企业克服初创阶段的困难和风险。而成熟期企业可能更多地受益于产业支持和转型升级类补助，这些补助可能涉及行业发展规划、技术改造升级、市场拓展支持等，旨在帮助企业提升竞争力、适应市场变化和推动产业升级。此外，对于成长期企业，政府补助可能更加注重创新能力、市场潜力和就业创造等方面的评估，以确保资金的有效使用和预期效果的实现。而对于成熟期企业，政府补助可能更加注重企业的可持续性、环境友好性、社会责任等方面的考虑。因此，本研究预期，成长期和成熟期企业由于各自政府补助的侧重点不同,因此在不同生命周期企业的策略性信息披露对于所获取的政府补助并没有显著差异。

根据企业生命周期的不同将样本企业分为成长期和成熟期企业,回归结果见表4-12,从第(1)列成长期样本企业可知,企业策略性信息披露(S_Info)与政府补助(Subsidy)的系数为0.000,不显著,表明成长期企业的策略性信息披露并不会使企业获得更多的政府补助;但从第(2)列成熟期样本企业可知,企业策略性信息披露(S_Info)与政府补助(Subsidy)的系数为0.000,也不显著,表明成熟期企业的策略性信息披露并不会使企业获得更多的政府补助。以上结论表明,企业的不同生命周期阶段并不会显著影响企业策略性信息披露对政府补助的影响。

表4-12　生命周期下企业策略性信息披露与政府补助的分组检验

	（1）	（2）
	成长期	成熟期
S_Info	−0.000	0.000
	（−0.114）	（0.474）
Size	−0.001	−0.002***
	（−1.534）	（−5.314）
Lev	−0.002	0.001
	（−0.962）	（1.003）
Age	0.001	−0.002***
	（1.023）	（−3.613）
Roa	0.000	0.006**
	（0.063）	（2.137）
Dual	0.001	0.000
	（0.905）	（0.337）
BM	0.000	0.001***
	（0.686）	（3.393）
Growth	−0.000	−0.000

续表

	（1）成长期	（2）成熟期
	（-0.015）	（-0.986）
Cflow	0.001	0.001
	（0.226）	（0.687）
M_Share	0.002	-0.002*
	（0.703）	（-1.770）
J_Share	0.003	0.002**
	（1.524）	（1.964）
Soe	0.001	-0.001*
	（0.510）	（-1.810）
Loss	-0.001	-0.001
	（-1.560）	（-1.194）
Auditopion	-0.002	-0.003*
	（-0.576）	（-1.698）
Big4	-0.002	-0.002***
	（-0.959）	（-2.637）
常数项	0.033*	0.055***
	（1.947）	（4.694）
行业	YES	YES
时间	YES	YES
样本量	1663	5191
With_R^2	0.2364	0.2762

数据来源：作者整理。

注：括号内为 t 统计检验值；*表示 $p<0.1$；**表示 $p<0.05$；***表示 $p<0.01$。

3）企业策略性信息披露与审计费用

前文已经证实企业策略性信息披露会显著提高审计收费，但是对于不同生命周期阶段下企业的策略性信息披露会对审计费用有何影响尚不清楚，因此，本章进一步对不同生命周期阶段下企业策略性信息披露对审计费用的异质性影响进行探究。

事实上，不同生命周期阶段企业面临着不确定性和竞争压力的不同，会影响会计师事务所对企业策略性信息披露的审计收费。首先，相较于成长期企业，成熟期企业通常规模较大，业务复杂度和多样性也更高，这意味着在策略性信息披露中涉及的数据和信息量更大，审计师需要投入更多的时间和资源来审查和验证这些信息，从而导致审计费用的增加。其次，成熟期企业面临的风险和不确定性通常较多，策略性信息披露可能涉及企业的未来计划、战略转型、市场竞争等方面的信息，这些信息可能存在较高的不确定性和风险，审计师需要更加谨慎地评估和验证这些信息，以确保信息的准确性和可靠性，从而增加了审计的复杂性和费用。最后，成熟期企业可能面临更多的外部压力，如投资者、监管机构、利益相关方的关注和要求，这些压力可能要求审计师在策略性信息披露的审计中更加严格和细致，以保证审计的独立性和公正性。审计师可能需要投入更多的资源和工作量来满足这些要求，从而增加了审计费用。此外，成熟期企业通常受到更多的法规和合规要求的约束，策略性信息披露可能涉及关键业务决策、财务报告准则的解释和应用、内部控制的评估等方面的内容，审计师需要对这些法规和合规要求进行深入了解，并确保企业的披露符合相关的要求，这也可能导致审计费用的增加。因此，本研究预期，相较于成长期企业而言，成熟期企业的策略性信息披露的审计费用可能会更高。

根据企业生命周期的不同将样本企业分为成长期和成熟期企业，回归结果见表4-13，从第（1）列成长期样本企业可知，企业策略性信息披露（S_Info）与审计费用（Fee）的系数为0.010，不显著，表明成长期企业的策略性信息披露并不会显著增加企业的审计费用；但从第（2）列成熟期样本企业可知，企业策略性信息披露（S_Info）与审计费用（Fee）的系数为0.017，在10%水平上显著为正，表明成熟期企业的策略性信息披露会使企业的审计费用提高。以上结论表明，相较于成长期企业而言，成熟期企业的策略性信息披露更容易显著提高企业的审计费用。

表 4–13　生命周期下企业策略性信息披露与审计费用的分组检验

	（1）成长期	（2）成熟期
S_Info	0.010	0.017*
	(0.519)	(1.793)
Size	0.392***	0.420***
	(28.477)	(55.021)
Lev	−0.012	0.067*
	(−0.185)	(1.904)
Age	−0.021	−0.029***
	(−1.107)	(−2.699)
Roa	−0.709***	−0.424***
	(−4.015)	(−5.052)
Dual	0.028	0.009
	(1.436)	(0.900)
BM	−0.021**	−0.026***
	(−2.161)	(−4.303)
Growth	0.027*	0.001
	(1.704)	(0.092)
Cflow	0.400**	0.002
	(2.210)	(0.021)
M_Share	0.060	−0.083**
	(0.756)	(−2.139)
J_Share	0.053	−0.006
	(0.949)	(−0.200)
Soe	0.033	−0.053***
	(1.104)	(−3.131)
Loss	0.014	0.020
	(0.504)	(1.139)

续表

	（1） 成长期	（2） 成熟期
Auditopion	−0.250**	−0.060
	（−2.357）	（−1.041）
Big4	0.497***	0.415***
	（9.848）	（19.035）
常数项	5.808***	4.696***
	（11.473）	（16.414）
行业	YES	YES
时间	YES	YES
样本量	1861	6324
With_R^2	0.6803	0.6450

数据来源：作者整理。

注：括号内为 t 统计检验值；*表示 $p<0.1$；**表示 $p<0.05$；***表示 $p<0.01$。

（3）法律制度环境

1）企业策略性信息披露与股价崩盘风险

前文已经证实企业策略性信息披露会显著提高股价崩盘风险，但是对于不同法律制度环境下企业的策略性信息披露会对股价崩盘风险有何影响尚不清楚，因此，本章进一步对不同法律制度环境下企业策略性信息披露对股价崩盘风险的异质性影响进行探究。

事实上，不同法律制度环境会对企业策略性信息披露与股价崩盘风险的关系产生显著影响。首先，相较于法制环境较好地区，法制环境较差地区可能存在信息不透明的问题。企业在策略性信息披露中提供的信息可能不够准确、完整或可靠，或者存在信息隐藏、误导等情况，投资者无法获得真实和可靠的信息，难以做出明智的投资决策，从而增加了股价崩盘的风险。其次，法制环境较差地区的监管机构可能存在监管不力或腐败问题。监管机构对企业的策略性信息披露可能缺乏有效的监管和监督，或者存在滥用职权、利益冲突等情况，这导致企业可以更容易地进行虚假披露或隐瞒重要信息，增加了股价崩盘的风险。最后，法制环境较差地区的企业可能长期存在信任危机和市场不稳定的情况。投资者对企业的策略性信息披露持怀疑态度，缺乏信心和信任，这可能导致投资者的抛售行为增加，进而引发股价的崩盘。此外，法制环境较差地区的法律保护可能不够健全和有效，投资者在企业的策略性信息披露中受到的法律保护较弱，难以维护自身的权益，因而企业可能更容易逃避法律责任或操纵股价，进而增加了股价崩盘的风险。因此，本研究预期，相较于法律环境较好地区而言，法律环境较差地区企业策略性信息披露的股价崩盘风险可能会更高。

根据上市公司所在地的法律环境的不同，将样本企业划分为法律环境较好和法律环境较差组，回归结果见表 4-14，从第（1）列法律环境较好组可知，企业策略性信息披露（S_Info）与股价崩盘风险（Crash）的系数为 0.012，不显著，表明法律环境较好地区企业的策略性信息披露并不会显著增加企业的股价崩盘风险；但从第（2）列法律环境较差组可知，企业策略性信息披露（S_Info）与股价崩盘风险（Crash）的系数为 0.055，在 5% 水平上显著为正，表明法律环境较差地区企业的策略性信息披露会显著增加企业的股价崩盘风险。以上结论表明，相较于法律环境较好地区企业而言，法律环境较差地区企业的策略性信息披露更容易显著增加企业的股价崩盘风险。

表 4-14 法律环境下企业策略性信息披露与股价崩盘风险的分组检验

	（1）法律环境较好	（2）法律环境较差
S_Info	−0.012	0.055**
	（−0.268）	（2.283）
Size	−0.087	−0.041
	（−1.634）	（−1.536）
Lev	0.038	0.004
	（0.220）	（0.042）
Age	0.121	−0.011
	（1.536）	（−0.287）
Roa	−0.941**	0.302

续表

	（1）法律环境较好	（2）法律环境较差
	（−2.184）	（1.448）
Dual	−0.013	−0.017
	（−0.260）	（−0.648）
BM	0.092***	0.058***
	（3.654）	（3.628）
Growth	−0.011	−0.063**
	（−0.307）	（−2.359）
Cflow	0.501	0.032
	（1.264）	（0.183）
M_Share	−0.124	0.153
	（−0.490）	（1.360）
J_Share	0.170	0.350***
	（1.049）	（4.449）
Soe	−0.176	−0.155**
	（−1.355）	（−2.352）
Loss	0.048	0.044
	（0.737）	（1.043）
Auditopion	0.274	0.138
	（1.082）	（1.122）
Big4	0.045	−0.001
	（0.269）	（−0.008）
常数项	0.275	−0.297
	（0.179）	（−0.262）
行业	YES	YES
时间	YES	YES
样本量	2196	6930
With_R^2	0.0553	0.0531

数据来源：作者整理。

注：括号内为 t 统计检验值；*表示 $p<0.1$；**表示 $p<0.05$；***表示 $p<0.01$。

2）企业策略性信息披露与政府补助

前文已经证实企业策略性信息披露会显著增加政府补助,但是对于不同法律制度环境下企业的策略性信息披露会对政府补助有何影响尚不清楚,因此,本章进一步对不同法律制度环境下企业策略性信息披露对政府补助的异质性影响进行探究。

事实上,不同法律制度环境会对企业策略性信息披露与政府补助的关系产生显著影响。首先,相较于法律环境较好地区企业,在法律环境较差的地区,政府对经济活动的控制和干预通常更为显著,政府可能通过向企业提供补助来实现经济政策目标,如促进区域创新发展、支持特定创新项目等。在这种情况下,企业通过策略性信息披露,向政府展示自身的重要性和潜在贡献,以获取更多的政府补助。其次,法律环境较差地区的政府可能对企业的信息了解不足,存在信息不对称的情况,企业通过策略性信息披露可以向政府提供更多的信息,使政府更好地了解企业的经营状况、发展计划和潜在效益,这有助于政府更准确地评估企业的需求和贡献,从而提供更多的补助。最后,在法律环境较差的地区,企业与政府之间的利益博弈和关系网络可能更为复杂,企业通过策略性信息披露可以积极参与到这种利益博弈中,与政府建立更紧密的合作关系,以获取更多的政府支持和补助。因此,本研究预期,相较于法律环境较好地区而言,法律环境较差地区企业策略性信息披露可能会获得更多的政府补助。

根据上市公司所在地的法律环境的不同,将样本企业划分为法律环境较好和法律环境较差组,回归结果见表4-15,从第(1)列法律环境较好组可知,企业策略性信息披露(S_Info)与政府补助($Subsidy$)的系数为0.000,不显著,表明法律环境较好地区企业的策略性信息披露并不会显著提高企业所获得的政府补助;但从第(2)列法律环境较差组可知,企业策略性信息披露(S_Info)与政府补助($Subsidy$)的系数为0.001,在1%水平上显著为正,表明法律环境较差地区企业的策略性信息披露会显著提高企业所获得的政府补助。以上结论表明,相较于法律环境较好地区企业而言,法律环境较差地区企业的策略性信息披露更容易显著提高企业所获得的政府补助。

表 4–15　法律环境下企业策略性信息披露与政府补助的分组检验

	（1）	（2）
	法律环境较好	法律环境较差
S_Info	−0.000	0.001***
	（−0.239）	（2.648）
Size	−0.002***	−0.001***
	（−8.276）	（−5.221）
Lev	0.001	0.000
	（0.955）	（0.159）
Age	−0.000	−0.002***
	（−1.591）	（−4.996）
Roa	0.006***	0.006***
	（3.191）	（2.822）
Dual	0.000	0.000
	（0.173）	（1.165）
BM	0.001***	0.001***
	（5.406）	（3.569）
Growth	−0.000	−0.000**
	（−1.308）	（−2.365）
Cflow	0.002*	0.001
	（1.774）	（0.928）
M_Share	0.001	−0.001
	（1.470）	（−0.926）
J_Share	0.002**	0.002*
	（2.525）	（1.927）
Soe	0.001**	−0.002***
	（2.292）	（−3.186）
Loss	−0.001*	−0.000
	（−1.810）	（−1.193）
Auditopion	−0.003***	−0.001

续表

	（1）	（2）
	法律环境较好	法律环境较差
	（-2.952）	（-0.495）
Big4	0.000	-0.001
	（0.174）	（-1.185）
常数项	0.054***	0.051***
	（8.098）	（5.624）
行业	YES	YES
时间	YES	YES
样本量	7543	6139
With_R^2	0.2479	0.2682

数据来源：作者整理。

注：括号内为 t 统计检验值；*表示 $p<0.1$；**表示 $p<0.05$；***表示 $p<0.01$。

3）企业策略性信息披露与审计费用

前文已经证实企业策略性信息披露会显著提高审计收费，但是对于不同法律制度环境下企业的策略性信息披露会对审计费用有何影响尚不清楚，因此，本章进一步对不同法律制度环境下企业策略性信息披露对审计费用的异质性影响进行探究。

事实上，不同法律制度环境会对企业策略性信息披露与审计费用的关系产生显著影响。首先，相较于法律环境较好地区企业，法律环境较差地区存在更高的商业和法律风险。政府监管不完善、法律执行力度不足等因素可能导致企业更容易违反法律法规或面临法律纠纷，为了降低法律风险，审计师需要更加谨慎地审查企业的财务报表和相关信息，以确保合规性，这增加了审计的复杂性和工作量，进而导致审计费用的增加。其次，在法律环境较差的地区，舞弊和不当行为的风险可能更高。企业为了获取政府支持、规避法律限制或谋求私利，可能采取不当的行为，如虚报收入、隐瞒负债、操纵财务数据等，为了发现和防止这些不当行为，审计师需要进行更加深入和严格的审计程序，从而增加了审计费用。最后，在法律环境较差的地区，审计师可能面临更大的公众利益考量。由于法律环境的不完善，投资者和其他利益相关者对企业的财务报表的可靠性和透明度持怀疑态度，为了维护公众利益和市场信心，审计师需要更加严格地审查企业的财务信息，以确保其真实性和准确性，这也会导致审计费用的增加。因此，本研究预期，相较于法律环境较好地区而言，法律环境较差地区企业策略性信息披露可能被收取更高的审计费用。

根据上市公司所在地的法律环境的不同，将样本企业划分为法律环境较好和法律环境较差组，回归结果见表4-16，从第（1）列法律环境较好组可知，企业策略性信息披露（S_Info）与审计费用（Fee）的系数为0.012，不显著，表明法律环境较好地区企业的策略性信息披露并不会显著提高企业所获得的审计费用；但从第（2）列法律环境较差组可知，企业策略性信息披露（S_Info）与审计费用（Fee）的系数为0.017，在10%水平上显著为正，表明法律环境较差地区企业的策略性信息披露会显著提高企业所获得的审计费用。以上结论表明，相较于法律环境较好地区企业而言，法律环境较差地区企业的策略性信息披露更容易显著增加企业的审计费用。

表4-16 法律环境企业策略性信息披露与审计费用的分组检验

	（1）	（2）
	Fee	Fee
S_Info	0.012	0.017*
	(1.548)	(1.960)
Size	0.399***	0.395***
	(59.988)	(54.918)
Lev	0.104***	0.021
	(3.736)	(0.664)
Age	−0.032***	−0.034***
	(−3.485)	(−3.108)
Roa	−0.323***	−0.592***
	(−4.810)	(−7.912)

续表

	（1）	（2）
	Fee	Fee
Dual	0.005	0.019**
	(0.565)	(2.027)
BM	−0.024***	−0.017***
	(−4.587)	(−3.608)
Growth	−0.006	−0.001
	(−0.834)	(−0.178)
Cflow	0.173***	0.270***
	(3.739)	(5.316)
M_Share	−0.114***	−0.067
	(−3.502)	(−1.602)
J_Share	−0.037	0.037
	(−1.551)	(1.343)
Soe	0.025	0.008
	(1.549)	(0.479)
Loss	0.023*	−0.002
	(1.766)	(−0.172)
Auditopion	−0.050	−0.266***
	(−1.216)	(−4.931)
Big4	0.436***	0.417***
	(21.377)	(17.631)
常数项	5.019***	5.849***
	(23.255)	(21.834)
行业	YES	YES
时间	YES	YES
样本量	9020	7348
With_R^2	0.6535	0.6404

数据来源：作者整理。

注：括号内为 t 统计检验值；*表示 $p<0.1$；**表示 $p<0.05$；***表示 $p<0.01$。

4.4 企业策略性信息披露经济后果的稳健性检验

4.4.1 Heckman两步法

为了解决本研究研究中可能存在样本偏差而导致的内生性问题，本研究采用Heckman两步法进行解决。第一步，选择合适的工具变量，同时以模型中控制变量作为自变量，在控制时间效应和行业效应的基础上，设计一个计算企业披露策略性信息概率的模型，该模型的统计估计结果可以用来预测每个个体的概率。具体而言，构建以企业是否进行策略性信息披露为因变量，以工具变量、模型原有控制变量、所属行业、所属年份为自变量的probit模型（4-9），并据此求出逆米尔斯比率（IMR）；第二步，将这些被预测个体概率合并为一个额外的解释变量，与其他控制变量等变量一起来矫正自选择问题。即将第一步中求出的逆米尔斯比率（IMR）代入模型（4-6）到模型（4-8）中重新回归检验。IMR作用是为每一个样本计算出一个用于修正样本选择偏差的值，其显著性和系数表明了样本选择偏差方向及是否存在，若IMR系数显著说明样本选择偏差的确影响了原来模型的估计，而Heckman两步法则恰好可以纠正样本选择偏差；IMR不显著则说明原模型不存在严重的样本选择偏差。一旦经IMR修正后的回归结果依然显著，则可以表明前文结论具有稳健性。

$$S\_Info_{i,t} = \gamma_0 + \gamma_1 IV\_Info_{i,t} + \gamma_2 Size_{i,t} + \gamma_3 Lev_{i,t} + \gamma_4 Age_{i,t} + \gamma_5 Roa_{i,t} + \gamma_6 Dualge_{i,t} +$$
$$\gamma_7 BM_{i,t} + \gamma_8 Growth_{i,t} + \gamma_9 Cflow_{i,t} + \gamma_{10} M\_Share_{i,t} + \gamma_{11} J\_Share_{i,t} +$$
$$\gamma_{12} Soe_{i,t} + \gamma_{13} Loss_{i,t} + \gamma_{14} Auditopion_{i,t} + \gamma_{15} Big4_{i,t} + ind + year + \varepsilon_{i,t}$$

模型（4-9）

（1）企业策略性信息披露与股价崩盘风险

考虑到企业策略性信息披露过程中可能存在的样本选择偏误，本研究对模型（4-6）采用Heckman两步法进行检验。具体而言，首先，构建行业年度策略性信息披露水平（IV_Info）为工具变量，理由在于，行业年度策略性信息披露水平表示了行业当年的整体水平，与企业策略性信息披露有紧密相关性，但行业水平并不会直接对某一家具体的股价崩盘风险产生直接影响，因而满足相关性和独立性的原则。其次，按照 Heckman 两步法构建模型进行回归检验，结果见表 4-17，从第（1）列可知，工具变量行业年度策略性信息披露水平（IV_Info）与自变量企业策略性信息披露（S_Info）的相关系数为 4.704，在 1% 水平上显著为正，表明符合相关性原则；从第（2）列可知，逆米尔斯比率（IMR）的系数为 0.083，在 1% 水平上显著为正，表明原来样本确实在一定程度上存在样本选择偏差，而经 Heckman 两步法纠正后企业策略性信息披露（S_Info）的系数为 0.032，在 10% 水平上显著为正。以上结果表明，在克服样本选择偏误后，企业策略性信息披露依然会显著增加股价崩盘风险。

表 4-17　企业策略性信息披露与股价崩盘风险的 Heckman 检验

	（1）	（2）
	S_Info	Crash
IV_Info	4.704***	
	（3.203）	
S_Info		0.032*
		（1.710）
Size	0.173***	−0.030*
	（12.459）	（−1.690）
Lev	0.517***	−0.082
	（6.875）	（−1.199）
Age	−0.169***	−0.016
	（−9.037）	（−0.718）
Roa	0.353	0.179
	（1.331）	（1.156）
Dual	−0.049**	−0.006
	（−2.031）	（−0.288）
BM	0.010	0.049***
	（0.720）	（4.834）
Growth	0.138***	0.030*

续表

	（1） S_Info	（2） Crash
	（5.296）	（1.939）
Cflow	−0.801***	−0.239**
	（−4.499）	（−2.237）
M-Share	−0.124	0.182**
	（−1.421）	（2.035）
J-Share	−0.110*	0.343***
	（−1.673）	（5.535）
Soe	0.043	−0.121**
	（1.523）	（−2.471）
Loss	−0.263***	0.041
	（−5.219）	（1.390）
Auditopion	0.235	−0.038
	（1.317）	（−0.434）
Big4	−0.277***	−0.026
	（−6.152）	（−0.451）
IMR		0.083***
		（2.970）
常数项	−6.287***	0.049
	（−7.756）	（0.085）
行业	YES	YES
时间	YES	YES
样本量	21 558	18 362
With_R^2	0.0353	0.0095

数据来源：作者整理。

注：括号内为 t 统计检验值；*表示 $p<0.1$；**表示 $p<0.05$；***表示 $p<0.01$。

（2）企业策略性信息披露与政府补助

考虑到企业策略性信息披露过程中可能存在的样本选择偏误，本研究对模型（4-7）采用 Heckman 两步法进行检验。具体而言，首先，构建行业年度策略性信息披露水平（IV_Info）为工具变量，理由在于，行业年度策略性信息披露水平表示了行业当年的整体水平，与企业策略性信息披露有紧密相关性，但行业水平并不会直接影响某一家具体企业所获得的政府补助，因而满足相关性和独立性的原则。其次，按照 Heckman 两步法构建模型进行回归检验，结果见表 4-18，从第（1）列可知，工具变量行业年度策略性信息披露水平（IV_Info）与自变量企业策略性信息披露（S_Info）的相关系数为 4.294，在 1% 水平上显著为正，表明符合相关性原则；从第（2）列可知，逆米尔斯比率（IMR）的系数为 0.002，在 1% 水平上显著为负，表明原来样本确实在一定程度上存在样本选择偏差，而经 Heckman 两步法纠正后企业策略性信息披露（S_Info）的系数为 0.000，在 10% 水平上显著为正。以上结果表明，在克服样本选择偏误后，企业策略性信息披露依然会显著增加企业所获得的政府补助。

表 4-18　企业策略性信息披露与政府补助的 Heckman 检验

	（1） S_Info	（2） Subsidy
IV_Info	4.294***	
	(11.107)	
S_Info		0.000*
		(1.679)
Size	0.187***	−0.003***
	(11.362)	(−18.525)
Lev	0.489***	0.002***
	(5.397)	(4.411)
Age	−0.152***	−0.003***
	(−6.523)	(−16.005)
Roa	−0.011	0.004***
	(−0.036)	(3.236)
Dual	−0.071**	0.000

续表

	（1） S_Info	（2） Subsidy
	（−2.463）	（1.559）
BM	−0.015	−0.000***
	（−0.933）	（−3.412）
Growth	0.141***	−0.000***
	（4.411）	（−4.026）
Cflow	−1.063***	0.003***
	（−4.914）	（3.979）
M_Share	−0.153	0.000
	（−1.439）	（0.696）
J_Share	−0.035	0.002***
	（−0.446）	（4.423）
Soe	−0.007	−0.000
	（−0.204）	（−1.156）
Loss	−0.319***	0.000
	（−5.090）	（0.009）
Auditopion	−0.158	−0.001
	（−0.766）	（−0.994）
Big4	−0.268***	0.000
	（−5.050）	（0.697）
IMR		−0.002***
		（−12.550）
常数项	−4.980***	0.073***
	（−5.535）	（15.523）
行业	YES	YES
时间	YES	YES
样本量	15 368	13 682
With_R^2	0.0451	0.1721

数据来源：作者整理。

注：括号内为 t 统计检验值；*表示 $p<0.1$；**表示 $p<0.05$，；***表示 $p<0.01$。

(3)企业策略性信息披露与审计费用

考虑到企业策略性信息披露过程中可能存在的样本选择偏误，本研究对模型（4-8）采用Heckman两步法进行检验。具体而言，首先，构建行业年度策略性信息披露水平（IV_Info）为工具变量，理由在于，行业年度策略性信息披露水平表示了行业当年的整体水平，与企业策略性信息披露有紧密相关性，但行业水平并不会直接影响某一家具体企业的审计费用，因而满足相关性和独立性的原则。其次，按照Heckman两步法构建模型进行回归检验，结果见表4-19，从第（1）列可知，工具变量行业年度策略性信息披露水平（IV_Info）与自变量企业策略性信息披露（S_Info）的相关系数为4.294，在1%水平上显著为正，表明符合相关性原则；从第（2）列可知，逆米尔斯比率（IMR）的系数为0.003，不显著，表明原来样本不存在样本选择偏差，而企业策略性信息披露（S_Info）与审计费用（Fee）的系数为0.012，在10%水平上显著为正，结果表明，企业策略性信息披露显著增加了企业审计费用。

表4-19　企业策略性信息披露与审计费用的Heckman检验

	（1） S_Info	（2） Fee
IV_Info	4.294***	
	（11.107）	
S_Info		0.012**
		（2.144）
Size	0.187***	0.397***
	（11.362）	（73.965）
Lev	0.489***	0.063***
	（5.397）	（2.964）
Age	−0.152***	−0.037***
	（−6.523）	（−5.056）
Roa	−0.011	−0.452***
	（−0.036）	（−9.223）
Dual	−0.071**	0.010*

续表

	（1） S_Info	（2） Fee
	（-2.463）	（1.659）
BM	-0.015	-0.026***
	（-0.933）	（-7.566）
Growth	0.141***	-0.005
	（4.411）	（-0.956）
Cflow	-1.063***	0.210***
	（-4.914）	（5.803）
M_Share	-0.153	-0.105***
	（-1.439）	（-4.127）
J_Share	-0.035	-0.010
	（-0.446）	（-0.538）
Soe	-0.007	0.021*
	（-0.204）	（1.821）
Loss	-0.319***	0.011
	（-5.090）	（1.108）
Auditopion	-0.158	-0.107***
	（-0.766）	（-3.328）
Big4	-0.268***	0.402***
	（-5.050）	（25.776）
IMR		0.003
		（0.204）
常数项	-4.980***	5.234***
	（-5.535）	（28.634）
行业	YES	YES
时间	YES	YES
样本量	15 368	16 368
With_R^2	0.0451	0.6550

数据来源：作者整理。

注：括号内为 t 统计检验值；*表示 $p<0.1$；**表示 $p<0.05$；***表示 $p<0.01$。

4.4.2 替换自变量

为了增加研究结论可靠性，本研究改变前文定义企业策略性信息披露的测度方式，在获取上市公司年报文本中创新活动关键词的词频总数时，取对数作为企业创新文本信息披露的测度指标；根据研发投入占营业收入比例作为企业创新活动投入的测度指标，根据企业创新文本信息披露和创新活动投入与各自行业的中位值进行比较，当企业创新文本信息披露大于中位值且创新活动投入小于中位值时，表明企业存在"多言寡行"的策略性信息披露行为（S_Info1）。并用企业策略性信息披露（S_Info1）的替代指标重新对模型（4-6）到模型（4-8）进行回归检验，结果见表4-20。从第（1）列可知，企业策略性信息披露（S_Info1）与股价崩盘风险（$Crash$）的系数为0.026，在5%水平上显著为正，表明企业策略性信息披露会显著增加企业的股价崩盘风险，假说4-2再次得到证实；从第（2）列可知，企业策略性信息披露（S_Info1）与政府补助（$Subsidy$）的系数为0.000，在1%水平上显著为正，表明企业策略性信息披露会显著增加企业所获得的政府补助，假说4-3再次得到证实；从第（3）列可知，企业策略性信息披露（S_Info1）与审计费用（Fee）的系数为0.016，在1%水平上显著为正，表明企业策略性信息披露会显著提高企业的审计费用，假说4-4再次得到证实。

表4-20 替换自变量的稳健性检验

	（1） Crash	（2） Subsidy	（3） Fee
S_Info1	0.026**	0.000***	0.016***
	(2.032)	(2.725)	(2.715)
Size	−0.021	−0.001***	0.393***
	(−1.630)	(−9.954)	(65.682)
Lev	−0.192***	0.001	0.053**
	(−4.093)	(0.960)	(2.380)
Age	0.103***	−0.001***	−0.028***
	(5.334)	(−3.249)	(−2.918)

续表

	（1） Crash	（2） Subsidy	（3） Fee
Roa	−0.012	0.005***	−0.427***
	(−0.116)	(4.091)	(−8.623)
Dual	−0.004	0.000	0.007
	(−0.275)	(0.830)	(1.098)
BM	0.059***	0.001***	−0.023***
	(7.870)	(6.543)	(−6.436)
Growth	−0.015	−0.000***	−0.005
	(−1.484)	(−2.811)	(−1.000)
Cflow	0.012	0.001	0.199***
	(0.165)	(1.603)	(5.827)
M_Share	0.174***	0.001	−0.147***
	(2.908)	(1.020)	(−5.200)
J_Share	0.252***	0.002***	−0.010
	(6.105)	(3.362)	(−0.525)
Soe	−0.076**	−0.000	0.084***
	(−2.348)	(−1.214)	(5.592)
Loss	0.037*	−0.000**	0.009
	(1.932)	(−2.016)	(1.055)
Auditopion	−0.045	−0.002***	−0.104***
	(−0.785)	(−2.672)	(−3.231)
Big4	0.009	−0.000	0.334***
	(0.233)	(−1.126)	(19.336)
常数项	−0.042	0.047***	5.201***
	(−0.110)	(9.424)	(26.998)
行业	YES	YES	YES
时间	YES	YES	YES
样本量	18 369	13 682	16 368
With_R^2	0.0486	0.2489	0.6570

数据来源：作者整理。

注：括号内为 t 统计检验值；*表示 $p<0.1$；**表示 $p<0.05$；***表示 $p<0.01$。

4.4.3 替换因变量

为了增加研究结论可靠性，本研究改变前文定义企业因变量的测度方式，并重新分别对模型（4-6）到模型（4-8）进行回归检验。

（1）企业策略性信息披露与股价崩盘风险

对模型（4-6）中股价崩盘风险由原来的上下波动比率（$DUVOL$）替换为负收益偏态系数（$NCSKEW$），负收益偏态系数的具体计算方法见模型（4-4），该值越大表示企业的股价崩盘风险越高。重新回归后结果见表4-21，第（1）列为没有控制变量和不控制行业时间效应的回归结果，企业策略性信息披露（S_Info）与股价崩盘风险（$Crash$）的系数为0.017，不显著；第（2）列为有控制变量但不控制行业时间效应的回归结果，企业策略性信息披露（S_Info）与股价崩盘风险（$Crash$）的系数为0.024，不显著；第（3）列为有控制变量和控制行业时间效应的回归结果，企业策略性信息披露（S_Info）与股价崩盘风险（$Crash$）的系数为0.030，在10%水平上显著为正。以上结果表明，在改变股价崩盘风险的测度指标和控制可能的影响因素后，企业策略性信息披露依然会使企业的股价崩盘风险显著增加，前文结论具有稳健性。

表 4-21 替换股价崩盘风险的稳健性检验

	（1）	（2）	（3）
S_Info	0.017	0.024	0.030*
	(0.954)	(1.323)	(1.653)
$Size$		−0.048***	0.008
		(−2.895)	(0.401)
Lev		−0.113*	−0.254***
		(−1.680)	(−3.655)
Age		−0.013	0.153***
		(−0.562)	(5.360)
Roa		0.153	0.057
		(0.987)	(0.371)
$Dual$		−0.002	−0.002

续表

	（1）	（2）	（3）
		（−0.079）	（−0.105）
BM		0.049***	0.057***
		（4.884）	（5.198）
Growth		0.022	−0.007
		（1.500）	（−0.445）
Cflow		−0.199*	0.028
		（−1.881）	（0.267）
M_Share		0.178**	0.255***
		（1.994）	（2.892）
J_Share		0.367***	0.372***
		（6.001）	（6.083）
Soe		−0.118**	−0.107**
		（−2.427）	（−2.229）
Loss		0.057**	0.056**
		（2.008）	（1.985）
Auditopion		−0.072	−0.124
		（−0.837）	（−1.457）
Big4		−0.003	0.003
		（−0.048）	（0.057）
常数项	−0.296***	0.932*	−0.492
	（−50.422）	（1.952）	（−0.863）
行业	NO	NO	YES
时间	NO	NO	YES
样本量	18 369	18 369	18 369
With_R^2	0.0001	0.0140	0.0406

数据来源：作者整理。

注：括号内为 t 统计检验值；*表示 $p<0.1$；**表示 $p<0.05$；***表示 $p<0.01$。

（2）企业策略性信息披露与政府补助

对模型（4-7）中由原来消除规模效应的政府补助指标（政府补助金额与资产合计的比值）替换政府补助金额与主营业务收入来消除规模效应，重新回归后结果见表4-22，第（1）列为没有控制变量和不控制行业时间效应的回归结果，企业策略性信息披露（S_Info）与政府补助（$Subsidy$）的系数为0.000，不显著；第（2）列为有控制变量但不控制行业时间效应的回归结果，企业策略性信息披露（S_Info）与政府补助（$Subsidy$）的系数为0.001，在5%水平上显著为正；第（3）列为有控制变量和控制行业时间效应的回归结果，企业策略性信息披露（S_Info）与政府补助（$Subsidy$）的系数为0.001，在5%水平上显著为正。以上结果表明，在改变政府补助的测度指标和控制可能的影响因素后，企业策略性信息披露依然会增加企业所获得的政府补助，前文结论具有稳健性。

表4-22 替换政府补助的稳健性检验

	（1）	（2）	（3）
S_Info	−0.000	0.001**	0.001**
	（−0.610）	（2.227）	（2.342）
$Size$		−0.001***	−0.002***
		（−3.953）	（−3.804）
Lev		0.002	0.002
		（1.112）	（0.874）
Age		−0.008***	−0.008***
		（−15.545）	（−13.936）
Roa		0.001	−0.003
		（0.168）	（−0.624）
$Dual$		−0.000	0.000
		（−0.202）	（0.079）
BM		−0.001***	−0.001***
		（−4.740）	（−4.771）

续表

	（1）	（2）	（3）
Growth		−0.003***	−0.003***
		（−9.290）	（−8.413）
Cflow		−0.001	−0.001
		（−0.376）	（−0.565）
M_Share		−0.001	−0.001
		（−0.659）	（−0.454）
J_Share		0.002*	0.003*
		（1.778）	（1.706）
Soe		−0.003***	−0.004***
		（−2.596）	（−3.126）
Loss		−0.002**	−0.002***
		（−2.466）	（−2.733）
Auditopion		−0.000	−0.001
		（−0.181）	（−0.215）
Big4		−0.000	−0.000
		（−0.318）	（−0.148）
常数项	0.009***	0.061***	0.070***
	（72.510）	（4.761）	（3.793）
行业	NO	NO	YES
时间	NO	NO	YES
样本量	12 711	12 711	10 289
With_R^2	0.0109	0.0880	0.0945

数据来源：作者整理。

注：括号内为 t 统计检验值；*表示 $p<0.1$；**表示 $p<0.05$；***表示 $p<0.01$。

（3）企业策略性信息披露与审计费用

对模型（4-8）中由原来审计费用的自然对数替换消除规模效应的审计费用（审计费用金额与资产合计的比值），重新回归后结果见表4-23，第（1）

列为没有控制变量和不控制行业时间效应的回归结果，企业策略性信息披露（*S_Info*）与审计费用（*Fee*）的系数为 0.000，在 5% 水平上显著为正；第（2）列为有控制变量但不控制行业时间效应的回归结果，企业策略性信息披露（*S_Info*）与审计费用（*Fee*）的系数为 0.000，在 1% 水平上显著为正；第（3）列为有控制变量和控制行业时间效应的回归结果，企业策略性信息披露（*S_Info*）与政府补助（*Subsidy*）的系数为 0.000，在 10% 水平上显著为正。以上结果表明，在改变政府补助的测度指标和控制可能的影响因素后，企业策略性信息披露依然会提高企业的审计费用，前文结论具有稳健性。

表 4-23　替换审计费用的稳健性检验

	（1）	（2）	（3）
S_Info	0.000**	0.000***	0.000*
	(2.243)	(4.049)	(1.865)
Size		0.000***	0.000***
		(67.500)	(74.361)
Lev		−0.000***	0.000
		(−6.737)	(1.568)
Age		0.000***	−0.000***
		(7.619)	(−13.568)
Roa		−0.000***	−0.000***
		(−9.742)	(−8.305)
Dual		0.000	0.000
		(0.675)	(0.438)
BM		0.000***	0.000***
		(7.416)	(5.838)
Growth		−0.000***	−0.000
		(−3.637)	(−1.277)
Cflow		0.000***	0.000***
		(7.933)	(6.133)

续表

	（1）	（2）	（3）
M_Share		0.000**	0.000
		（2.127）	（0.239）
J_Share		−0.000	0.000***
		（−0.821）	（2.832）
Soe		0.000	0.000**
		（1.041）	（2.089）
Loss		0.000	0.000
		（1.480）	（1.178）
Auditopion		−0.000***	−0.000***
		（−3.450）	（−3.141）
Big4		0.000***	0.000***
		（11.139）	（11.720）
常数项	0.000***	0.003***	0.004***
	（311.083）	（54.231）	（57.136）
行业	NO	NO	YES
时间	NO	NO	YES
样本量	16 368	16 368	16 368
With_R^2	0.0004	0.4005	0.4459

数据来源：作者整理。

注：括号内为 t 统计检验值；*表示 $p<0.1$；**表示 $p<0.05$；***表示 $p<0.01$。

4.4.4 改变研究区间

自新冠疫情在全球暴发之后，全球许多国家采取了对应的防控措施，如封锁城市、限制人员流动、关闭学校和企事业单位等方法以遏制疫情的蔓延，但与此同时，全球企业的经济发展也受到了一定的冲击。为了排除疫情对我国企业管理层决策行为的影响，本研究对于2020年以后的样本企业予以剔除，并重新对模型（4-6）到模型（4-8）进行回归，结果见表4-24。从第（1）

列可知,企业策略性信息披露(S_Info)与股价崩盘风险(Crash)的系数为 0.023,在10%水平上显著为正,表明企业策略性信息披露会显著增加企业的股价崩盘风险,假说4-2依然稳健;从第(2)列可知,企业策略性信息披露(S_Info)与政府补助(Subsidy)的系数为0.000,在5%水平上显著为正,表明企业策略性信息披露会显著增加企业所获得政府补助,假说4-3依然稳健;从第(3)列可知,企业策略性信息披露(S_Info)与审计费用(Fee)的系数为0.011,在10%水平上显著为正,表明企业策略性信息披露会显著提高企业的审计费用,假说4-4依然稳健。

表4-24 改变研究区间的稳健性检验

	(1) Crash	(2) Subsidy	(3) Fee
S_Info	0.023*	0.000**	0.011*
	(1.737)	(2.175)	(1.716)
Size	−0.028**	−0.001***	0.400***
	(−1.988)	(−9.138)	(59.774)
Lev	−0.168***	0.001	0.040
	(−3.310)	(1.254)	(1.643)
Age	0.088***	−0.001***	−0.033***
	(4.138)	(−3.225)	(−3.192)
Roa	−0.010	0.006***	−0.385***
	(−0.091)	(4.466)	(−7.040)
Dual	−0.004	0.000	0.005
	(−0.302)	(0.869)	(0.685)
BM	0.065***	0.001***	−0.022***
	(7.429)	(5.060)	(−5.243)
Growth	−0.012	−0.000***	−0.000
	(−1.105)	(−2.587)	(−0.001)
Cflow	−0.002	0.001	0.208***

续表

	(1) Crash	(2) Subsidy	(3) Fee
	(−0.023)	(1.352)	(5.687)
M_Share	0.139**	0.000	−0.116***
	(2.172)	(0.448)	(−3.744)
J_Share	0.251***	0.002***	−0.002
	(5.662)	(2.943)	(−0.109)
Soe	−0.092**	−0.001	0.074***
	(−2.429)	(−1.387)	(4.001)
Loss	0.031	−0.001**	0.013
	(1.535)	(−2.120)	(1.365)
Auditopion	−0.009	−0.003***	−0.111***
	(−0.133)	(−3.065)	(−3.293)
Big4	0.006	−0.001	0.271***
	(0.133)	(−1.405)	(13.728)
常数项	0.025	0.050***	5.066***
	(0.059)	(9.184)	(24.570)
行业	YES	YES	YES
时间	YES	YES	YES
样本量	16 357	12 555	14 064
With_R^2	0.0440	0.2314	0.6423

数据来源：作者整理。

注：括号内为 t 统计检验值；*表示 $p<0.1$；**表示 $p<0.05$；***表示 $p<0.01$。

4.5 本章结论

本章以 2011—2022 年中国 A 股上市公司对外披露的创新文本信息（非财务信息）和创新投入等财务信息为研究对象，对企业策略性信息披露行为（创新文本信息大于创新投入）的经济后果进行了探究。在公司基本财务信息、

第4章 企业策略性信息披露的经济后果

内部治理信息和外部监管信息的基础上，本章重点研究了策略性信息披露对企业内部高管主动离职和企业股价崩盘风险的影响，以及企业策略性信息披露对政府补助发放和审计师收费的影响。研究发现：对企业内部而言，策略性信息披露行为并没有降低高管的工作满意度及对管理层团队的信任，进而导致其主动提出离职；但是策略性信息披露行为导致了外部投资者风险感知的增加，进而增大了股价崩盘风险；对企业外部利益相关者而言，企业对创新活动的策略性信息披露导致了政府对企业补助发放的提高；策略性信息披露行为也增加了外部审计师风险感知，进而提高了审计收费。本章的研究贡献主要体现在如下两方面。

第一，从理论层面，本章的研究进一步拓展了企业策略性信息披露的经济后果。现有关于策略性信息披露经济后果的研究大多从资本市场角度进行探析，认为企业策略性信息披露会影响投资者情绪及企业股价，本研究通过对企业策略性信息披露的内部经济后果和外部经济后果的探究，更为全面地分析了企业策略性信息披露的经济后果。本章不仅从企业内部高管主动离职视角研究了企业策略性信息披露对内部高管主动离职的影响，也从企业外部政府视角证实了企业策略性信息披露能帮助企业提高政府补助的事实。进一步分析时发现，产权性质、企业生命周期和法律制度环境都会对企业策略性信息披露的经济后果产生异质性影响，比如，相较于国有企业，非国有企业策略性信息披露所产生的股价崩盘风险和审计师收费更高；相对于成长期企业，成熟期企业策略性信息披露所导致的股价崩盘风险和审计费用更高；相较于法律制度环境较好地区的企业，法律制度环境较差地区企业的策略性信息披露会产生更高的股价崩盘风险和审计费用。

第二，从实践层面，本章的研究对投资者、监管机构和企业决策制定者都具有重要的实践意义。首先，对投资者而言，对企业策略性信息披露经济后果的研究可以向投资者提供决策依据和参考，帮助投资者了解企业信息披露的效果和市场反应，以便更好地评估企业价值和风险，并作出相应的投资决策，进而提高市场有效性和投资决策质量。其次，对监管机构而言，对企业策略性信息披露经济后果的研究可以为监管机构和政策制定者提供重要价值参考，帮助监管机构制定更合理的信息披露规则和要求，以便保护投资者利益、提高市场透明度,并促进市场的健康发展。最后,对企业决策者而言,了解信息披露对企业价值、股价、投资者行为等方面的影响,还可以帮助企业决策者更好地理解市场的反应并相应调整信息披露策略以实现企业目标。总之,对企业策略性信息披露经济后果的研究对投资者、监管机构和企业都具有重要的意义,它可以指导企业战略,促进投资者决策,优化信息披露规则,进而推动学术研究和理论发展。

第5章

企业策略性信息披露的治理路径

根据前文分析，企业策略性信息披露不仅会误导政府补助、增加审计费用，也会导致更高的股价崩盘风险，那么如何有效治理企业策略性信息披露行为成了亟须解决的问题。本章对企业策略性信息披露的有效监管进行了研究，具体而言，本章将重点研究以下几个问题：①从外部治理的角度出发，"刚性治理"和"柔性治理"能否发挥治理作用，进而有效抑制企业的策略性信息披露行为，具体而言，本研究探究了知识产权保护法规制度和分析师监督能否在抑制企业策略性信息披露行为中发挥治理作用。②从内部治理的角度出发，"大棒"和"胡萝卜"的治理方式能否发挥治理作用，进而有效抑制企业的策略性信息披露行为，具体而言，本研究探究了股权制衡度和管理者薪酬激励能否在抑制企业策略性信息披露行为中发挥治理作用。

企业策略性信息披露行为可能误导投资者，使其做出错误的投资决策，通过对企业策略性信息披露的治理研究，可以确保投资者能够获得准确、全面的信息，从而更好地评估企业价值和风险。企业策略性信息披露还可能导致信息不对称，使得市场缺乏透明度和公平性，对企业策略性信息披露的治理研究，还有助于促进市场的公正竞争、提高市场的透明度、减少市场波动性、维护市场稳定性，有利于市场的健康发展和长期稳定。此外，对企业策略性信息披露的治理研究有助于促进企业的良好治理实践、增加企业透明度、加强内部控制和监督机制、提高企业的治理质量和效率。因此，抑制企业策略性信息披露行为对于保护投资者利益、提升市场透明度、维护市场稳定和促进企业治理都具有重要意义。

5.1 企业策略性信息披露治理路径的理论分析与研究假说

5.1.1 企业策略性信息披露的外部治理

（1）知识产权保护法规制度与企业策略性信息披露

知识产权保护制度是一套法律和政策措施，旨在保护创新者和知识产权所有者的权益，鼓励创新和知识产权的创造、使用和交易，它包括各种知识产权形式，如专利、商标、版权和商业秘密等。我国创业板企业的知识产权自愿性信息披露能在资本市场获得投资者认同，企业越多的知识产权自愿性信息披露越能显著增强投资者信心，在降低企业债务融资成本的同时助力于企业的高质量发展（鲍新中 等，2023）；此外，知识产权自愿性信息披露还能通过降低分析师预测分歧度进而降低上市公司的股价崩盘风险（鲍新中 等，2023）。

对于知识产权保护制度的经济后果研究，较多文献从不同视角展开了研究，有学者认为知识产权保护制度可以有效降低城市空气污染水平（Pan et al.，2023）、会吸引更多的外商直接投资（Lee et al.，2018）、增强了创新企业筹集债务资本的能力，并显著降低了借贷成本（Alimov，2019）。在知识产权保护制度对企业创新的影响方面，部分学者认为，知识产权保护制度为企业提供了一种激励机制，通过专利或其他知识产权的保护，企业可以在一定时间内独占其创新成果为企业带来市场竞争优势，知识产权保护制度通过阻止竞争对手复制或使用企业的创新成果，保护企业的市场份额和盈利能力，进而使企业获得创新投入回报和竞争优势，促使企业投入更多资源进行研发和创新。张治锋（2023）指出，提高知识产权保护水平有助于提高企业的研发投入、加强企业之间的研发合作，以及缓解企业的融资约束，从而提高企业的绿色创新效率；赵喜仓和蒋美（2023）研究表明，加强知识产权保护来增大企业研发投入、提高企业创新能力，有助于提升企业的绿色技术创新水平；Chen 等（2023）发现，知识产权保护制度的实施显著提高了企业的研发投资水平、创新数量和创新质量，公司的专利数量和专利引用次数显著得到提高，相较于实用专利，公司更多倾向于提升发明专利；还有部分学者认为，知识产权保护能够有效纾解企业创新信息困境（周泽将 等，2022），知识产权保护制度通过帮助企业保护其创新成果，确保其他人不会未经授权使用或复制这些成果，使得企业可以更自信地披露和展示其创新信息，而不必担心知识被盗用或滥用。较少学者将知识产权保护制度作为企业外部的"刚性治理"进行研究，更鲜有学者探究知识产权保护制度是否对企业策略性信息披露行为存在治理作用。

事实上，加强知识产权保护制度一方面有利于强化管理者创新意识以增强企业实际的创新投入金额（许为宾 等，2023；Roh et al.，2021），另一方面可以缓解企业融资约束（张治锋，2023），降低企业策略性信息披露的动机，进而对企业"少说多做"的策略性信息披露行为产生抑制作用。

首先，知识产权保护制度可以提高企业实际的创新投入金额。原因在于：第一，知识产权保护制度有助于提高企业的经济回报。知识产权保护为企业提供了创新成果的独占权利和经济回报，当创新成果，如专利、版权或商标等知识产权受到法律保护时，企业在市场上可以获得更大的竞争优势和更多经济回报（Thakur et al.，2022），从而企业更有动力进行创新投入。此外，知识产权保护制度为企业提供了更多的合作与授权机会，当企业拥有独特的知识产权时，它们可以与其他企业进行合作或授权，共同开发新产品、技术或市场，这种合作与授权可以带来更多的资源和专业知识，促进创新投入和业务增长。第二，知识产权保护制度有助于降低企业知识溢出风险。创新投入通常伴随着一定的风险，包括技术泄露、侵权和市场竞争等，地区知识产权保护水平的提高会对研发创新成果的侵权行为形成威慑效应，相应提高知识产权的侵权成本，从而保护市场主体的创新利益（Candelin et al.，2012）。企业通过获得专利、商标或版权等知识产权，可以防止他人未经授权使用其创新成果，进而降低技术泄露和侵权的风险（Roh et al.，2021）。此外，知识产权保护还可以为企业创造一个法律上的壁垒，减少竞争对手的进入，提高企业在市场上的地位和竞争力。因此，知识产权保护制度下企业经济回报的增加和创新知识溢出风险的降低，增加了企业的创新投资。

其次，知识产权保护制度降低企业策略性信息披露的动机。原因在于：第一，知识产权保护制度有助于企业获得更多融资支持。知识产权在一定程度上可以作为企业融资的资产和担保物，拥有有效的知识产权可以增加企业的资产价值，使其更有吸引力，从而吸引投资者和金融机构的关注（张治锋，2023）。从企业策略性信息披露动机来看，投资者关注及其资金支持是企业大量披露创新文本信息的主要原因，知识产权保护通过吸引投资者及金融机构所获得的融资支持有效缓解了企业的融资约束（周泽将等，2022），进而降低了管理者对企业创新活动进行策略性信息披露的动机。第二，知识产权保护制度会增加高管的声誉风险。知识产权保护制度要求企业遵守相关的法律和规定，以保护自身的知识产权和避免侵权行为，企业在信息披露中需要谨慎处理知识产权相关的内容，以确保合规性。企业的策略性信息披露不仅会对高管的职业声誉产生不良影响，还会增加企业违规信息披露被投诉的风险和法律纠纷。因此，知识产权保护制度下获得融资支持和增加的声誉风险，降低了企业管理层大量披露创新文本信息的动机。

综上所述，知识产权保护制度下企业的创新投入会增加，创新文本信息披露动机会降低，因此，本研究预期，知识产权保护制度会有效抑制企业"寡行多言"的策略性信息披露行为。据此，本研究提出以下假说。

假说 5-1：知识产权保护制度能够有效抑制企业出现策略性信息披露的概率。

（2）分析师监督与企业策略性信息披露

不同于法规制度等"刚性治理"，分析师作为具备丰富市场经验和专业知识的重要信息中介，在企业信息披露中的"柔性治理"作用值得探讨。一方面，分析师是企业信息的收集者也是投资者所需信息的传递者，是连接上市公司与投资者的信息桥梁。分析师不仅凭借其专业知识对公司公开信息进行专业解读（Huang et al., 2018），还能通过实地考察、访谈、咨询等内部渠道获取公司私有消息（Cheng et al., 2016），分析师的价值发现功能有助于降低公司与外部信息使用者间的信息不对称（吴武清 等，2017），在促进公司信息传递交流方面发挥着积极作用（Cheng et al., 2008）。此外，分析师的跟踪行为还有助于增加管理层实施机会主义行为的成本（Jensen et al., 1976；Yu, 2008）、抑制管理层盈余管理行为的动机（Hong et al., 2014），在公司治理中起着重要作用（Moyer et al., 1989）。

根据信息效应假说，分析师有助于弥补因创新信息公开披露不足而减少的资本市场投资者认同。分析师不仅是企业信息的收集者，更是投资者所需信息的传递者，分析师利用其专业能力对公司信息披露进行专业解读和市场监督，在资本市场中充当重要的中介角色。当公司公开披露创新信息会造成较高专有成本的情况下，管理者可以私下向分析师披露创新信息以避免公开披露所产生的专有成本（King et al.，1990），分析师则可以在不损害公司竞争优势的情况下传播私人研发信息，帮助机构投资者等利益相关者准确识别企业的研发投资活动，为整个资本市场及时识别公司研发投资提供帮助（Canace et al.，2023），进而为研发投资者公司提供资金支持。已有研究表明，研发创新程度越高的公司越是愿意与分析师互动以减少对未来收益的不确定性，也更有意愿主办经纪人会议以吸引分析师关注（Kirk，2011；Green et al.，2014）。因此，分析师跟踪行为不仅不会增加创新信息公开披露而导致的专有成本，还可以有效弥补因创新信息公开披露不足而减少的资本市场投资者认同。

根据监督效应假说，分析师有助于降低管理层过多披露创新文本信息的机会主义行为。有研究表明，为了获得投资者对企业创新的包容及认可（程新生 等，2022），或为了左右投资者而趁机减持获取私利（周铭山 等，2017），企业管理层会对创新文本信息进行操纵，而分析师在公司治理中起着重要作用（Moyer et al.，1989），能够监督管理层机会主义行为（Jensen et al.，1976）。首先，分析师通过实地考察等方式对公司机会主义信息披露行为进行直接监督。公司大量披露创新信息不仅会增加投资者关注，也会更容易吸引更多分析师对公司进行跟踪。不同于普通投资者，分析师往往具有丰富的行业背景和专业知识，在私人信息动机的驱动下，他们可以对目标公司进行实地调研、访谈和咨询，进而能够较容易获取公司真实的内部信息（Cheng et al.，2016）。已有研究表明，面对公司欺诈最有效的外部举报人是分析师，而证券交易委员会和审计师在发现欺诈方面只发挥了很小的作用。分析师的参与直接导致了许多公司欺诈的发现，如康柏电脑、捷威、环球电讯、摩托罗拉、PeopleSoft 等公司（Dyck et al.，2010）。其次，分析师对创新不一致企业的跟踪有助于引起其他利益相关主体的关注，进而对公司机会主义信息披露行为起到间接监督作用。由于较多分析师跟踪增加了上市公司的曝光度和市场关注度，投资者及其他利益相关方可以对管理层或控股股东的经营行为进行监督和质疑，进而降低了公司管理层实施机会主义行为的动机（谭雪，2016）。最后，分析师的声誉机制加大了分析师对公司的监督动机。分析师对公司创新信息的深入分析和解读，可以向投资者展示分析师勤勉尽责的专业胜任能力，而对管理层机会主义行为的揭露，可以向投资者传递分析师良好声誉的积极信号。因此，分析师的声誉动机促使分析师有足够动机通过私人渠道去搜集、挖掘并披露公司的真实创新信息，以实现对公司的监督效应。

然而另一方面，随着分析师在资本市场上影响力与日俱增，分析师不仅没有提高公司信息透明度，反而会增加公司管理层策略性披露信息的不良动机。因为公司业绩一旦没有达到分析师预期水平，将会向外界传递出公司业绩不佳的消极信号，进而对公司股价及管理层薪酬福利造成不良影响。为了应对市场及董事会压力，管理者继而产生了一系列，如平滑收益（Jenson，2005）、削减创新投资（He et al.，2013）、放弃NPV为正的投资项目（Michenaud，2008）的机会主义行为。

根据业绩压力假说，为了迎合分析师发布的偏乐观盈余预测，管理者往往会牺牲公司长远利益来提升短期经营业绩。随着分析师在资本市场的地位逐渐提升，达到或超过分析师盈余预测成了经理人被董事会考核的内容之一，因此，为了获得丰厚的薪酬契约和更高的股票市场溢价，企业管理层有动机削减创新投入以提升短期经营业绩（He et al.，2013）。另一方面，由投资者有限关注理论可知，投资者关注是企业股票市场反应的前提，只有被投资者关注到的信息才能通过交易反映到股票价格当中（权小锋 等，2010；俞庆进 等，2012），为了获得更多资本市场投资者对企业创新的包容及认可（程新生 等，2022），企业管理层有动机使用大量不实的创新文本信息披露来左右市场投资者。因此，分析师给企业管理者带来的业绩压力，导致企业降低创新投入、增加创新文本信息披露，进而使公司创新不一致程度得到提高。

根据经济利益假说，分析师所属的券商机构与上市公司间存在着经济利益关系时，为了提高券商承销公司的股票交易量，券商机构的分析师倾向于发布偏乐观的盈余预测。券商机构与上市公司的经济利益关系影响了分析师对目标公司的信息搜集处理能力,也降低了分析师的监督治理作用。

鉴于分析师对公司机会主义行为的两面性,分析师监督能否起到对企业策略性信息披露的治理作用存在不确定性。据此,本研究提出以下竞争性假说。

假说 5-2a:分析师监督能够有效抑制企业出现策略性信息披露的概率。

假说 5-2b:分析师监督不能降低企业出现策略性信息披露的概率。

5.1.2 企业策略性信息披露的内部治理

(1)股权制衡度与企业策略性信息披露

股权制衡度(Equity Balance Degree)是指在一家企业中,通过股东、董事会、管理层和其他利益相关方之间的权力分配和监督机制来实现合理和有效的公司治理,它旨在确保企业管理层及董事会等决策机构在行使权力时能够遵循法律、道德和道义准则,以维护股东权益、保护利益相关方的利益,并促进企业的长期稳定发展。股权制衡度是现代公司治理中对上市公司约束机制的一种安排和补充,体现了企业股权结构中除控股股东之外的大股东相较于控股股东的股权持有状况,股权制衡度的核心是通过平衡不同利益相关方的权力,以避免权力滥用和信息不对称,确保企业决策的公正性、透明度和责任性。

较多文献证实了股权制衡度在公司中的积极治理作用,有学者研究表明,在公司治理约束机制不完善的情况下,股权制衡度有助于降低公司的代理成本,使大股东无法凭借其控股地位来损害中小股东利益以满足自身私利。股权制衡度可以在一定程度上限制大股东的不当行为,减少对信息披露的控制和操纵行为,进而对会计信息质量的提高产生促进作用(修宗峰,2008),股权制衡度还有助于提升公司治理质量、提升公司的绩效水平(赵景文,2006)。此外,股权制衡度还有助于提高其他股东对公司治理的主动性,使企业的战略决策更加科学合理,减少了公司决策权过于集中带来的负面效应和管理层短视行为(Sprecher et al.,1994),尤其当公司股权结构处于良好的股权制衡状态时,股权制衡度还能有效改善公司的监管能力和水平(Ryen,2002)。然而,现有较少研究对股权制衡度与企业策略性信息披露的相关性进行探究。

事实上,股权制衡度下企业通常设立了董事会和监事会等机构,董事会成员通常由不同股东代表组成,他们有义务代表股东利益行使监督权。管理层的决策和行为必须公开并向股东披露,使股东能够了解企业的经营情况和管理层的言行,如果管理层的言行与企业利益不一致,股东代表可以质疑、投票否决或要求解释,还可以通过监督机制追究责任,维护企业的利益。由公司治理监督效应可知,股权制衡度会对企业策略性信息披露产生抑制作用,原因在于:首先,股权制衡度提高了信息披露的透明度。股权制衡度下,管理层在制定和执行策略时需要更加谨慎地考虑信息披露的内容和时机,管理者要权衡披露信息对企业的影响,并确保披露的信息准确、全面、及时,以满足股东和市场的期望,信息透明度的要求促使了管理层更加慎重地进行策略性信息披露。其次,股权制衡度增强了股东监督与制约。股权制衡度下,股东通过董事会和监事会等机构对企业进行监督和制约。管理层在进行策略性信息披露时,需要考虑股东的关注点和期望,以及董事会和监事会的监督和审查,管理层需要确保策略性信息披露与企业整体利益一致,避免言行不一致或信息不准确的情况,因此,股东的监督与制约对管理层进行策略性信息披露起到了重要的影响和约束作用。

鉴于股权制衡度提高了信息披露透明度并增强了股东的监督与制约,本研究预期股权制衡度可以在一定程度上对企业策略性信息披露产生抑制作用。据此,本研究提出以下假说。

假说5-3:股权制衡度能够有效抑制企业策略性信息披露出现的概率。

(2)管理者薪酬激励与企业策略性信息披露

高管是企业重要的人力资本,对企业的发展方向与战略制定都起着至关重要的作用,薪酬差距激励机制能否对企业高管产生激励作用,一直是学术界的重要研究话题。当前理论界对高管薪酬差距的研究大多聚集在企业内部高管与员工之间的薪酬差距方面,本研究侧重于对高管外部薪酬差距经济后果的研究,高管外部薪酬差距是指公司高管与其他行业或竞争对手的高管相比的薪酬差异。现有研究主要存在以下不同观点。

第一种,以锦标赛理论为主,表明外部薪酬差距激励的有效性。一方面，高管外部薪酬差距会对高管行为产生影响，企业高管风险承担水平提高（董维维 等，2020），非效率投资行为得到缓解，进而增加企业业绩（Coles et al.，2018）和创新投入（翟淑萍 等，2017；Nguyen et al.，2021）。在外部薪酬激励的作用下，企业高管为了提高行业晋升概率增加了企业的创新产出（梅春 等，2019）。另一方面，企业高管外部薪酬差距对企业成长性的提高具有显著的促进作用（郭新华 等，2018），当高管外部薪酬水平高于行业平均水平时，企业更偏向于在科技发达国家进行 R&D 国际化（刘雯赫 等，2020）。此外，高管薪酬差距对高管的正向激励作用，能够抑制高管利用公司内部信息损害股东利益的交易行为（郭雪萌 等，2016）和高管的在职消费行为（张丽平 等，2013）。

第二种，以社会公平理论为主，表明外部薪酬差距激励的非有效性。一方面，外部薪酬差距会对企业高管造成外部压力，对常规产品的开发创新产生不利影响（Kong et al.，2022），并减少了企业的探索型创新（卢允之 等，2022）。当高管薪酬低于行业平均水平时，高管产生的不公平感，会抑制企业的创新投入和创新质量（栾甫贵 等，2020）。此外，有研究表明外部薪酬差距对企业创新效率的激励作用仅体现在普通员工方面，对高管团队的激励效果并不显著（彭镇 等，2020）。另一方面，外部薪酬差距越大，要么使企业高管主动离职的概率提高（李小军 等，2021），要么使高管产生过度的在职消费（马智颖 等，2021），当高管外部薪酬由高管权力所致时，奢华的在职消费会进一步加重（刘宝华 等，2016）。此外，外部薪酬差距的激励不利于企业绩效的提高（黄辉，2012）并加剧了企业的股价崩盘风险（邓鸣茂 等，2020；黄小宝 等，2020）。

第三种，两种理论兼顾，即在一定范围内锦标赛理论占主导地位，但是超出一定范围后，社会公平理论占主导地位。高管外部薪酬差距只在一定界限内对企业业绩预告行为具有激励效应（王浩 等，2015）；并且只有在一定界限内才会促进企业绩效的提高，当超出界限时，则会阻碍企业绩效的提高（石永拴 等，2013；赵健梅 等，2017）。

对于高管外部薪酬差距的经济后果研究，已有文献从不同视角展开了研究，有学者认为高管外部薪酬差距可以有效促进创新（卢允之 等，2022）、增强企业进行数字化转型的动力(李丹 等,2023)。但较少对高管外部薪酬差距与企业策略性信息披露的相关性进行探究。

事实上,高管作为企业策略性信息的披露者,势必会受其薪酬激励因素的影响。由锦标赛理论可知,当高管薪酬与其他企业高管薪酬相比差距较大时,可能会对企业的策略性信息披露产生抑制作用。原因在于:首先,高管的薪酬压力。高管通常会与其他公司的高管进行薪酬比较,一旦发现自己的薪酬明显低于行业或竞争对手的平均水平,他们会感受到薪酬压力进而试图通过创新活动以获取未来更高的职务和薪酬福利。企业披露的创新文本信息越多,越容易引起对手或潜在竞争者的关注和模仿,进而削弱公司竞争优势,给公司造成较大挑战。为了降低过多创新文本信息披露带来的专有成本,企业高管倾向于降低创新文本信息披露以隐瞒创新活动所致的专有成本,试图通过最大化创新活动的经济效益来提升自己薪酬。其次,高管风险规避。高管在与其他公司的高管进行薪酬比较时,一旦发现自己的薪酬明显高于行业或竞争对手的平均水平,可能会导致高管对公司未来的不确定性感到担忧。他们可能担心过多的创新文本信息披露会增加公司的风险暴露,并可能对自己的薪酬和职位产生负面影响,为了规避风险,他们会选择保持保守态度以限制创新文本信息的披露。此外,高管薪酬大多和企业财务绩效紧密相关,尤其是企业在年报中披露的短期绩效,而过多的创新文本信息披露意味着企业对创新活动的大量投入,因而可能会对公司的短期业绩产生负面影响。为了维持现有薪酬,高管可能会选择抑制创新文本信息的披露以维护短期利益。

介于高管外部薪酬差距导致高管产生的薪酬压力和风险规避动机,本研究预期高管外部薪酬差距可以在一定程度上对企业策略性信息披露产生抑制作用。据此,本研究提出以下假说。

假说5-4:高管外部薪酬差距能够有效抑制企业出现策略性信息披露的概率。

5.2 企业策略性信息披露治理路径的研究设计

5.2.1 数据来源与样本选取

考虑到企业信息披露制度的完善主要从 2011 年开始，本研究将样本参考研究区间选定为 2011—2022 年。其中，高管主动离职、股价崩盘风险、政府补助、审计费用等财务数据来自国泰安数据库（CSMAR）和中国研究数据服务平台（CNRDS）；创新文本信息披露等非财务数据来自巨潮资讯网所披露的上市公司年度报告，并对数据进行了以下处理：①剔除 ST、*ST、PT 及被退市的企业；②剔除金融行业企业；③剔除资不抵债的企业；④对所有连续变量进行缩尾处理。

5.2.2 主要变量说明

（1）因变量

该变量为 0—1 虚拟变量，企业策略性信息披露（S_Info）为本研究的核心变量，当企业实际的研发投入、研发产出等财务数据与创新文本信息披露等非财务数据呈现出不一致时，则表明企业存在策略性信息披露现象。由于我国财务数据有着严格的审核监管政策，但对创新文本信息等非财务信息的监管相对较为宽松，因而企业往往对具有较大自由裁量权的文本信息披露进行策略性管理（鲁惠中 等，2022）。因此，本研究定义企业策略性信息披露为企业实际的创新研发投入金额较少，但是在文本信息披露中却大量突显出与创新有关的信息的"多言寡行"策略性信息披露行为。具体企业策略性信息披露指标的计算方法参考第三章中模型（3-1）和模型（3-2）。

（2）自变量

1）知识产权保护指数

知识产权保护指数（Intellectual Property Protection Index）是一个衡量国家或地区知识产权保护水平的指标，它通常由国际组织、研究机构或咨询公司发布，知识产权保护指数的发布旨在为政府、企业和投资者提供有关国家或地区知识产权保护水平的参考。较高的指数值通常表示该国家或地区在知识产权保护方面的法律、制度较完善和执行情况较好,有利于创新和知识产权的保护,而较低的指数值则可能表示该国家或地区在知识产权保护方面存在挑战和改进的空间。本研究对知识产权保护指数的定义参考了周泽将等(2022)的做法,采用国家知识产权局在每年公开发布的全国知识产权发展状况报告中披露的知识产权保护指数(IPP)来衡量地区知识产权保护水平,该指数越大代表地区知识产权保护水平越高。在稳健性检验中,使用了樊纲市场化指数作为知识产权保护指数的替代指标进行检验。

2)分析师跟踪

分析师跟踪指标(Analyst Coverage)是衡量一家上市公司或证券被研究分析师进行研究和评估的程度和覆盖范围的指标。来自投资银行、研究机构或证券公司的专业人士对公司业绩、财务指标、竞争环境和市场前景等方面的深入分析和评估,有助于投资者了解公司的价值和投资潜力。较高的分析师覆盖范围通常意味着该公司或证券受到更多关注和评估,投资者可以获得更多的研究报告和投资建议。本研究对分析师跟踪指标的定义(AC)与以往文献保持一致,为企业被分析师跟踪的数量加1后的对数值。在稳健性检验中,使用了机构投资者持股比例作为分析师跟踪的替代指标进行检验。

3)股权制衡度

股权制衡度(Equity Balance Degree)是衡量公司治理质量和效果的指标,它用于评估公司内部的权力平衡和利益相关方的权益保护程度,以确保公司的决策和运营符合最佳的治理实践。股权制衡度的目标是确保公司以公正、透明和负责任的方式运营,平衡不同利益相关方的权益,防止权力滥用和利益冲突。较高的股权制衡度通常意味着公司具有更好的治理实践和更高的透明度,有利于提高公司的价值和吸引投资者的信任。投资者和利益相关方亦可以使用股权制衡度来评估公司的治理质量,并作为投资决策和合作伙伴选择的参考依据。本研究对股权制衡度指标的定义(CGI)与以往文献保持一致,其为第二到第五大股东持股比例与第一大股东持股比例的比值。在稳健性检验中,使用了公司透明度作为股权制衡度的替代指标进行检验。

4)高管外部薪酬差距

高管外部薪酬差距(Executive Pay Gap)是指公司高级管理人员(如

CEO、CFO 等）的薪酬与其他公司高管薪酬之间的差异。常见高管外部薪酬差距衡量指标主要有高管前三外部薪酬差距和高管团队外部薪酬差距（李丹等，2023）。考虑到企业信息披露主要为管理层集体行为，因此，本章主要依据高管团队薪酬来构建高管外部薪酬差距指标（$EPA1$），具体将其定义为企业高级管理人员平均薪酬与行业高级管理人员平均薪酬的比值，并用企业高级管理人员平均薪酬与行业高级管理人员平均薪酬的差值（$EPA2$）进行稳健性检验。

（3）控制变量

参考已有文献，本研究对企业基本财务指标、内部治理指标和外部治理指标进行了控制，主要有企业规模（$Size$）、资产负债率（Lev）、上市年龄（Age）、企业盈利能力（Roa）、两职合一（$Dual$）、账面市值比（BM）、企业成长性（$Growth$）、现金流（$Cflow$）、管理层持股比例（M_Share）、机构投资者持股比例（J_Share）、产权性质（Soe）、企业亏损状态（$Loss$）、审计意见（$Auditopion$）、四大审计（$Big4$），此外，还控制了年度（$Year$）和行业（Ind）固定效应。具体变量定义见表5-1。

表 5-1 主要变量说明

变量符号	变量名称	定义
S_Info	策略性信息披露	企业存在"多言寡行"的策略性信息披露行为时取1；否则取0。具体定义见第三章主要变量说明
IPP	知识产权保护指数	全国知识产权发展状况报告中披露的知识产权保护指数
AC	分析师跟踪	ln（企业被分析师跟踪数量+1）
CGI	股权制衡度	第二到第五大股东持股比例/第一大股东持股比例
$EPA1$	高管外部薪酬差距	企业高级管理人员平均薪酬/行业高级管理人员平均薪酬
$Size$	企业规模	资产总计的自然对数
Lev	资产负债率	负债合计/资产总计

续表

变量符号	变量名称	定义
Age	上市年龄	ln（当年年限－上市年限+1）
Roa	企业盈利能力	净利润/资产总计
Dual	两职合一	当董事长兼任总经理时取1；否则取0
BM	账面市值比	股东权益/公司市值
Growth	企业成长性	（营业收入－上期营业收入）/上期营业收入
Cflow	现金流	经营活动产生的现金流量净额/资产总计
M_Share	管理层持股比例	管理层持股数占企业总股数的比例
J_Share	机构投资者持股比例	机构投资者持股数占企业总股数的比例
Soe	产权性质	当企业为国企时取1；否则取0
Loss	企业亏损状态	亏损企业取1；否则取0
Auditopion	审计意见	年报审计意见为无保留意见时取4；保留意见时取3；否定意见取2；无法表示意见时取1
Big4	四大审计	境内审计事务所为四大事务所时取1；否则取0

数据来源：作者整理。

5.2.3 模型构建

为了验证外部"刚性治理"和"柔性治理"能够对企业策略性信息披露产生有效抑制作用，本研究构建模型（5-1）和模型（5-2）进行检验；为了验证内部"大棒"和"胡萝卜"能够对企业策略性信息披露产生有效抑制作用，本研究构建模型（5-3）和模型（5-4）进行检验。由于本章模型（5-1）到模型（5-4）中因变量均为0—1虚拟变量，故采用logit模型进行回归检验。如果外部"刚性治理"的知识产权保护制度能够对企业策略性信息披露产生有效抑制作用，则预期模型（5-1）中 α_1 应显著为负。如果外部"柔性治理"的分析师跟踪能够对企业策略性信息披露产生有效抑制作用，则预期模型（5-2）中 β_1 应显著为负；如果外部"柔性治理"的分析师跟踪并不能对企业策略性信息披露产生有效抑制作用，则预期模型（5-2）中 β_1 则不显著；如果内部"大棒"的股权制衡度能够对企业策略性信息披露产生有效抑制作用，则预期模型（5-3）中 δ_1 应显著为负；如果内部"胡萝卜"的高管薪酬激励制度能够对企业策略性信息披露产生有效抑制作用，则预期模型（5-4）中 γ_1 应显著为负。具体模型如下所示，其中，$S\_Info_{i,t}$ 表示企业 i 在 t 年的策略性信息披露行为，ind 表示行业固定效应，$year$ 表示时间固定效应。

$$S\_Info_{i,t} = \alpha_0 + \alpha_1 IPP_{i,t} + \alpha_2 Size_{i,t} + \alpha_3 Lev_{i,t} + \alpha_4 Age_{i,t} + \alpha_5 Roa_{i,t} + \alpha_6 Dual_{i,t} + \alpha_7 BM_{i,t} + \alpha_8 Growth_{i,t} + \alpha_9 Cflow_{i,t} + \alpha_{10} M\_Share_{i,t} + \alpha_{11} J\_Share_{i,t} + \alpha_{12} Soe_{i,t} + \alpha_{13} Loss_{i,t} + \alpha_{14} Auditopion_{i,t} + \alpha_{15} Big4_{i,t} + ind + year + \varepsilon_{i,t}$$

模型（5-1）

$$S\_Info_{i,t} = \beta_0 + \beta_1 AC_{i,t} + \beta_2 Size_{i,t} + \beta_3 Lev_{i,t} + \beta_4 Age_{i,t} + \beta_5 Roa_{i,t} + \beta_6 Dual_{i,t} + \beta_7 BM_{i,t} + \beta_8 Growth_{i,t} + \beta_9 Cflow_{i,t} + \beta_{10} M\_Share_{i,t} + \beta_{11} J\_Share_{i,t} + \beta_{12} Soe_{i,t} + \beta_{13} Loss_{i,t} + \beta_{14} Auditopion_{i,t} + \beta_{15} Big4_{i,t} + ind + year + \varepsilon_{i,t}$$

模型（5-2）

$$S\_Info_{i,t} = \delta_0 + \delta_1 CGI_{i,t} + \delta_2 Size_{i,t} + \delta_3 Lev_{i,t} + \delta_4 Age_{i,t} + \delta_5 Roa_{i,t} + \delta_6 Dual_{i,t} + \delta_7 BM_{i,t} + \delta_8 Growth_{i,t} + \delta_9 Cflow_{i,t} + \delta_{10} M\_Share_{i,t} + \delta_{11} J\_Share_{i,t} + \delta_{12} Soe_{i,t} + \delta_{13} Loss_{i,t} + \delta_{14} Auditopion_{i,t} + \delta_{15} Big4_{i,t} + ind + year + \varepsilon_{i,t}$$

模型（5-3）

$$S\_Info_{i,t} = \gamma_0 + \gamma_1 EPA_{i,t} + \gamma_2 Size_{i,t} + \gamma_3 Lev_{i,t} + \gamma_4 Age_{i,t} + \gamma_5 Roa_{i,t} + \gamma_6 Dual_{i,t} + \gamma_7 BM_{i,t} + \gamma_8 Growth_{i,t} + \gamma_9 Cflow_{i,t} + \gamma_{10} M\_Share_{i,t} + \gamma_{11} J\_Share_{i,t} + \gamma_{12} Soe_{i,t} + \gamma_{13} Loss_{i,t} + \gamma_{14} Auditopion_{i,t} + \gamma_{15} Big4_{i,t} + ind + year + \varepsilon_{i,t}$$

模型（5-4）

5.3 企业策略性信息披露治理路径的实证检验分析

5.3.1 描述性统计分析

本章主要变量的描述性统计分析见表 5-2，知识产权保护指数（IPP）的平均值为 76.12，说明样本企业的知识产权保护水平普遍较高；标准差为 11.54，最小值为 41.04，最大值为 93.74，最小值和最大值间差距较大，表明不同企业间知识产权保护水平存在一定程度的差异。分析师跟踪（AC）的平均值为 2.048，说明上市企业被分析师跟踪的平均人数约为 6 人（$=e^{2.048}-1$）；

标准差为 0.896，上市公司被分析师跟踪人数最少的为 1 人（=$e^{0.693}$-1），被分析师跟踪人数最多的为 74 人（=$e^{4.331}$-1），最小值和最大值之间较大的差距表明不同企业的分析师跟踪水平存在较大差异。股权制衡度（CGI）的平均值为 0.740，说明上市公司第二到第五大股东持股水平占第一大股东持股水平的平均数为 74%；标准差为 0.605，最小值为 0.004，最大值为 4，表明不同上市公司股权制衡度存在较大差异。高管外部薪酬差距（$EPA1$）的平均值 1.023，说明样本上市公司高管薪酬与其他公司高管薪酬的平均值基本持平，证实了数据的可信度；标准差为 0.714，最小值为 0.166，最大值为 4.337，表明不同上市公司高管薪酬存在较大差异。企业策略性信息披露（S_Info）的变量描述与前面章节保持一致，其他变量与已有文献基本一致。

表 5-2 样本主要变量的描述性统计分析

变量名称	样本数	平均值	标准差	最小值	中位值	最大值
S_Info	16 000	0.184	0.387	0	0	1
IPP	16 000	76.12	11.54	41.04	78.08	93.74
AC	16 000	2.048	0.896	0.693	2.079	4.331
CGI	16 000	0.740	0.605	0.004	0.577	4
EPA1	16 000	1.023	0.714	0.166	0.829	4.337
Size	16 000	22.49	1.292	19.92	22.30	26.61
Lev	16 000	0.417	0.196	0.034	0.410	0.910
Age	16 000	2.103	0.794	0	2.197	3.367
Roa	16 000	0.049	0.056	−0.473	0.045	0.239
Dual	16 000	0.287	0.452	0	0	1
BM	16 000	0.997	1.138	0.059	0.626	9.319
Growth	16 000	0.203	0.393	−0.636	0.132	4.132
Cflow	16 000	0.056	0.066	−0.199	0.054	0.269
M_Share	16 000	0.149	0.199	0	0.020	0.704
J_Share	16 000	0.468	0.253	0.002	0.494	0.956
Soe	16 000	0.336	0.472	0	0	1
Loss	16 000	0.063	0.243	0	0	1
Auditopion	16 000	3.998	0.045	3	4	4
Big4	16 000	0.073	0.260	0	0	1

数据来源：作者整理。

5.3.2 相关性分析

为了考察主要变量之间是否存在多重共线性，文章对主要变量进行了 Pearson 相关性检验，从表 5-3 可知，除了机构投资者持股比例（J_Share）与管理者持股比例（M_Share）的相关系数绝对值为 0.699，账面市值比（BM）和企业规模（Size）相关系数为 0.633，其他变量之间的相关系数的绝对值均小于 0.6，表明模型不存在严重多重共线性问题。

表 5-3　主要变量的相关性分析

	S_Info	IPP	AC	CGI	EPA1	Size	Lev
S_Info	1						
IPP	−0.035***	1					
AC	−0.004 00	0.046***	1				
CGI	−0.028***	0.076***	0.037***	1			
EPA1	0.008 00	0.101***	0.314***	0.033***	1		
Size	0.088***	−0.121***	0.278***	−0.129***	0.341***	1	
Lev	0.077***	−0.097***	−0.007 00	−0.136***	0.113***	0.582***	1
Age	0.001 00	−0.208***	−0.0110	−0.174***	0.137***	0.548***	0.390***
Roa	−0.007 00	0.075***	0.341***	0.019**	0.157***	−0.100***	−0.381***
Dual	−0.024***	0.117***	0.025***	0.054***	−0.035***	−0.194***	−0.133***
BM	0.048***	−0.112***	−0.082***	−0.128***	0.065***	0.633***	0.593***
Growth	0.043***	0.027***	0.101***	0.079***	0.019**	−0.001 00	0.031***
Cflow	−0.043***	0.007 00	0.207***	−0.008 00	0.156***	0.030***	−0.191***
M_Share	−0.026***	0.182***	0.014*	0.251***	−0.142***	−0.429***	−0.327***
J_Share	0.030***	−0.095***	0.200***	−0.247***	0.200***	0.446***	0.241***
Soe	0.024***	−0.204***	−0.040***	−0.248***	0.059***	0.416***	0.307***
Loss	−0.038***	−0.035***	−0.157***	−0.002 00	−0.067***	0.007 00	0.149***
Auditopion	0.0110	0.0120	0.023***	−0.019**	0.004 00	−0.003 00	−0.021***
Big4	−0.009 00	0.027***	0.136***	−0.031***	0.267***	0.345***	0.129***

续表

	Age	Roa	Dual	BM	Growth	Cflow	M_Share
Age	1						
Roa	−0.175***	1					
Dual	−0.247***	0.046***	1				
BM	0.375***	−0.280***	−0.160***	1			
Growth	−0.080***	0.187***	0.044***	−0.071***	1		
Cflow	0.016**	0.447***	−0.0110	−0.128***	−0.002 00	1	
M_Share	−0.556***	0.141***	0.249***	−0.288***	0.081***	−0.015*	1
J_Share	0.276***	0.066***	−0.199***	0.212***	−0.004 00	0.127***	−0.699***
Soe	0.491***	−0.126***	−0.302***	0.356***	−0.103***	−0.0120	−0.503***
Loss	0.072***	−0.574***	−0.0120	0.080***	−0.148***	−0.158***	−0.045***
Auditopion	−0.0110	0.142***	0.0110	−0.009 00	0.035***	0.016**	−0.007 00
Big4	0.134***	0.014*	−0.065***	0.154***	−0.027***	0.079***	−0.151***

	J_Share	Soe	Loss	Auditopion	Big4
J_Share	1				
Soe	0.433***	1			
Loss	−0.049***	0.032***	1		
Auditopion	0.022***	0.021***	−0.104***	1	
Big4	0.249***	0.143***	−0.015*	−0.008 00	1

数据来源:作者整理。

注:*表示 $p<0.1$；**表示 $p<0.05$；***表示 $p<0.01$。

5.3.3 实证分析

(1)企业策略性信息披露的外部治理效应

1)知识产权保护指数与企业策略性信息披露

为了检验外部"刚性治理"对企业策略性信息披露的治理作用,本书对模型(5-1)的知识产权保护指数与企业策略性信息披露的关系进行 logit 回归检验,结果见表 5-4。第(1)列为没有控制变量和不控制行业及时间效应下,知识产权保护指数(IPP)与企业策略性信息披露(S_Info)的回归结果，二者系数为 0.008，在 1% 水平下显著为负；第（2）列为有控制变量但不控制行业及时间效应下，知识产权保护指数（IPP）与企业策略性信息披露（S_Info）的回归结果，二者系数为 0.007，在 1% 水平下显著为负；第（3）列为有控制变量且控制行业效应及时间效应的情况下，知识产权保护指数（IPP）与企业策略性信息披露（S_Info）的回归结果，二者系数为 0.005，在 5% 水平下显著为负。以上结果说明，无论是否有控制行业时间效应，知识产权保护制度都能显著抑制企业的策略性信息披露，结论表明知识产权保护制度等外部"刚性治理"可以有效发挥外部治理作用，显著抑制企业的策略性信息披露行为，假说 5-1 得到验证。

表 5-4　知识产权保护指数与企业策略性信息披露

	（1）	（2）	（3）
IPP	−0.008***	−0.007***	−0.005**
	(−4.471)	(−3.894)	(−2.534)
Size		0.282***	0.315***
		(10.944)	(11.414)
Lev		0.582***	0.827***
		(4.112)	(5.523)
Age		−0.290***	−0.277***
		(−8.051)	(−7.386)
Roa		−0.427	−0.037
		(−0.734)	(−0.062)
Dual		−0.100**	−0.104**
		(−2.079)	(−2.132)
BM		−0.092***	−0.010
		(−3.814)	(−0.353)
Growth		0.176***	0.191***
		(3.714)	(3.920)
Cflow		−1.615***	−1.941***

续表

	（1）	（2）	（3）
		（−4.658）	（−5.219）
M_Share		−0.345*	−0.269
		（−1.934）	（−1.496）
J_Share		−0.246*	−0.136
		（−1.916）	（−1.038）
Soe		0.018	0.011
		（0.340）	（0.200）
Loss		−0.568***	−0.614***
		（−4.895）	（−5.252）
Auditopion		0.631	0.705
		（1.030）	（1.158）
Big4		−0.423***	−0.454***
		（−4.866）	（−5.043）
常数项	−0.908***	−9.060***	−10.315***
	（−6.921）	（−3.613）	（−4.129）
行业	NO	NO	YES
时间	NO	NO	YES
样本量	16 435	16 435	16 435
With_R^2	0.0013	0.0218	0.0351

数据来源：作者整理。

注：括号内为 t 统计检验值；*表示 $p<0.1$；**表示 $p<0.05$；***表示 $p<0.01$。

2）分析师跟踪与企业策略性信息披露

为了检验外部"柔性治理"对企业策略性信息披露的治理作用，本书对模型（5-2）的分析师跟踪与企业策略性信息披露的关系进行 logit 回归检验，结果见表5-5。第（1）列为没有控制变量和不控制行业及时间效应下，分析师跟踪（AC）与企业策略性信息披露（S_Info）的回归结果，二者系数为0.010，不显著；第（2）列为有控制变量但不控制行业及时间效应下，分析师跟踪（AC）与企业策略性信息披露（S_Info）的回归结果，二者系数为 0.144，在 1% 水平下显著为负；第（3）列为有控制变量且控制行业效应及时间效应的情况下，分析师跟踪（AC）与企业策略性信息披露（S_Info）的回归结果，二者系数为 0.202，在 1% 水平下显著为负。以上结果说明，在控制其他影响因素或是控制行业、时间效应情况下，分析师跟踪能显著抑制企业的策略性信息披露，结论表明分析师跟踪等外部"柔性治理"可以有效发挥外部治理作用，显著抑制企业的策略性信息披露行为，假说 5-2a 得到验证。

表 5-5 分析师跟踪与企业策略性信息披露

	（1）	（2）	（3）
AC	−0.010	−0.144***	−0.202***
	(−0.460)	(−5.328)	(−7.146)
$Size$		0.338***	0.402***
		(12.059)	(13.206)
Lev		0.589***	0.857***
		(4.158)	(5.712)
Age		−0.291***	−0.282***
		(−8.118)	(−7.559)
Roa		0.212	1.002
		(0.347)	(1.550)
$Dual$		−0.101**	−0.096**
		(−2.095)	(−1.971)
BM		−0.123***	−0.053*
		(−4.815)	(−1.844)
$Growth$		0.179***	0.193***
		(3.789)	(4.009)
$Cflow$		−1.573***	−1.931***
		(−4.525)	(−5.161)

续表

	（1）	（2）	（3）
M_Share		−0.273	−0.138
		（−1.529）	（−0.770）
J_Share		−0.177	−0.035
		（−1.380）	（−0.264）
Soe		0.016	−0.005
		（0.290）	（−0.093）
Loss		−0.542***	−0.572***
		（−4.706）	（−4.946）
Auditopion		0.568	0.646
		（0.923）	（1.049）
Big4		−0.450***	−0.480***
		（−5.178）	（−5.316）
常数项	−1.468***	−10.356***	−12.015***
	（−29.287）	（−4.097）	（−4.729）
行业	NO	NO	YES
时间	NO	NO	YES
样本量	16 435	16 435	16 435
With_R^2	0.0001	0.0226	0.0379

数据来源：作者整理。

注：括号内为 t 统计检验值；*表示 $p<0.1$；**表示 $p<0.05$；***表示 $p<0.01$。

（2）企业策略性信息披露的内部治理效应

1）股权制衡度与企业策略性信息披露

为了检验内部"大棒"治理模式对企业策略性信息披露的治理作用，本书对模型（5-3）的股权制衡度与企业策略性信息披露的关系进行 logit 回归检验，结果见表 5-6。第（1）列为没有控制变量和不控制行业及时间效应下，股权制衡度（CGI）与企业策略性信息披露（S_Info）的回归结果，二者系数为 0.124，在 1% 水平下显著为负；第（2）列为有控制变量但不控制行业及时间效应下，股权制衡度（CGI）与企业策略性信息披露（S_Info）的回归结果，二者系数为 0.117，在 1% 水平下显著为负；第（3）列为有控制变量且控制行业效应及时间效应的情况下，股权制衡度（CGI）与企业策略性信息披露（S_Info）的回归结果，二者系数为 0.113，在 1% 水平下显著为负。以上结果说明，无论是否控制其他影响因素或是控制行业时间效应，股权制衡度都能显著抑制企业的策略性信息披露，结论表明股权制衡度等内部"大棒"治理模式可以有效发挥内部治理作用，显著抑制企业的策略性信息披露行为，假说 5-3 得到验证。

表 5-6 股权制衡度与企业策略性信息披露

	（1）	（2）	（3）
CGI	−0.124***	−0.117***	−0.113***
	(−3.568)	(−3.181)	(−3.023)
Size		0.288***	0.318***
		(11.152)	(11.489)
Lev		0.542***	0.808***
		(3.822)	(5.385)
Age		−0.284***	−0.276***
		(−7.874)	(−7.354)
Roa		−0.573	−0.092
		(−0.982)	(−0.152)
Dual		−0.114**	−0.117**
		(−2.380)	(−2.399)
BM		−0.094***	−0.008
		(−3.894)	(−0.308)
Growth		0.190***	0.204***
		(3.987)	(4.166)
Cflow		−1.576***	−1.983***

续表

	（1）	（2）	（3）
		（-4.543）	（-5.323）
M_Share		-0.356**	-0.268
		（-2.006）	（-1.498）
J_Share		-0.303**	-0.179
		（-2.344）	（-1.352）
Soe		0.018	0.011
		（0.340）	（0.196）
Loss		-0.571***	-0.610***
		（-4.896）	（-5.207）
Auditopion		0.609	0.703
		（0.995）	（1.155）
Big4		-0.436***	-0.457***
		（-5.030）	（-5.093）
常数项	-1.399***	-9.528***	-10.649***
	（-43.801）	（-3.805）	（-4.263）
行业	NO	NO	YES
时间	NO	NO	YES
样本量	16 435	16 435	16 435
With_R²	0.0008	0.0215	0.0353

数据来源：作者整理。

注：括号内为 t 统计检验值；*表示 $p<0.1$；**表示 $p<0.05$；***表示 $p<0.01$。

2）高管外部薪酬差距与企业策略性信息披露

为了检验管理薪酬激励机制的"胡萝卜"治理模式对企业策略性信息披露的治理作用，本书对模型（5-4）的高管外部薪酬差距与企业策略性信息披露的关系进行 logit 回归检验，结果见表 5-7。第（1）列为没有控制变量和不控制行业及时间效应下，高管外部薪酬差距（$EPA1$）与企业策略性信息披露（S_Info）

的回归结果,二者系数为 0.029,不显著;第(2)列为有控制变量但不控制行业及时间效应下,高管外部薪酬差距($EPA1$)与企业策略性信息披露(S_Info)的回归结果,二者系数为 0.072,在 5% 水平下显著为负;第(3)列为有控制变量且控制行业效应及时间效应的情况下,高管外部薪酬差距($EPA1$)与企业策略性信息披露(S_Info)的回归结果,二者系数为 0.119,在 1% 水平下显著为负。以上结果说明,在控制其他影响因素或是控制行业时间效应的情况下,高管外部薪酬差距可以显著抑制企业的策略性信息披露,表明高管外部薪酬差距等内部"胡萝卜"治理模式可以有效发挥内部激励作用,显著抑制企业的策略性信息披露行为,假说 5-4 得到验证。

表 5-7 高管外部薪酬差距与企业策略性信息披露

	(1)	(2)	(3)
$EPA1$	0.029	−0.072**	−0.119***
	(1.031)	(−2.213)	(−3.472)
$Size$		0.299***	0.345***
		(11.128)	(11.853)
Lev		0.595***	0.861***
		(4.202)	(5.741)
Age		−0.284***	−0.275***
		(−7.867)	(−7.304)
Roa		−0.273	0.320
		(−0.460)	(0.515)
$Dual$		−0.107**	−0.106**
		(−2.237)	(−2.186)
BM		−0.099***	−0.020
		(−4.035)	(−0.736)
$Growth$		0.167***	0.178***
		(3.505)	(3.661)
$Cflow$		−1.558***	−1.905***

续表

	（1）	（2）	（3）
		（-4.484）	（-5.096）
M_Share		-0.413**	-0.335*
		（-2.314）	（-1.863）
J_Share		-0.271**	-0.156
		（-2.113）	（-1.190）
Soe		0.025	0.008
		（0.464）	（0.146）
Loss		-0.553***	-0.586***
		（-4.762）	（-5.019）
Auditopion		0.601	0.687
		（0.984）	（1.130）
Big4		-0.434***	-0.436***
		（-4.912）	（-4.753）
常数项	-1.521***	-9.784***	-11.162***
	（-42.968）	（-3.917）	（-4.473）
行业	NO	NO	YES
时间	NO	NO	YES
样本量	16 402	16 402	16 402
With_R²	0.0001	0.0211	0.0353

数据来源：作者整理。

注：括号内为 t 统计检验值；* 表示 $p<0.1$；** 表示 $p<0.05$；*** 表示 $p<0.01$。

5.3.4 进一步分析

（1）产权性质

1）知识产权保护制度与企业策略性信息披露

前文已经证实知识产权保护制度会显著抑制企业策略性信息披露，但是对于知识产权保护制度对不同产权性质下企业策略性信息披露有何影响尚不清楚,因此,本章进一步对知识产权保护制度与不同产权性质下企业策略性信息披露的异质性影响进行探究。

事实上,根据产权性质的不同,上市公司主要分为国有企业和非国有企业,产权性质决定了企业所有者的权益和控制程度,也使得知识产权保护制度对不同企业策略性信息披露产生不同影响。具体而言,国有企业通常是国家的重要经济组织,往往拥有重要的核心技术和商业机密,这些技术和机密对企业的竞争力和发展至关重要,其经营活动也往往涉及国家利益和国家安全,为了保护国家利益,国有企业可能会实施严格的知识产权保护制度,以限制企业对关键技术和商业信息的披露,防止敏感信息被泄露给竞争对手或外部势力进而损害国家利益。此外,国有企业在运营过程中受到法律和监管机构的严格约束,为了遵守法律法规和监管要求,企业可能需要限制对一些敏感信息的披露,以确保合规性和避免法律风险。因此,本研究预期,相较于非国有企业,国有企业下知识产权保护制度对企业策略性信息披露的抑制作用更显著。

根据企业产权性质的不同,将样本企业分为国有企业组和非国有企业组,回归结果见表5-8,从第(1)列国有企业样本组可知,知识产权保护指数(IPP)与企业策略性信息披露(S_Info)的系数为0.007,在5%水平下显著为负,表明国有企业下知识产权保护制度会对企业策略性信息披露产生显著的抑制作用;从第(2)列非国有企业样本组可知,知识产权保护指数(IPP)与企业策略性信息披露(S_Info)的系数为0.004,但不显著,表明非国有企业下知识产权保护制度并没有显著抑制企业的策略性信息披露。以上结论表明,相较于非国有企业,国有企业下知识产权保护制度会对企业策略性信息披露产生更显著的抑制作用。

表5-8 产权性质下知识产权保护指数与企业策略性信息披露的分组检验

	(1) 国有企业	(2) 非国有企业
IPP	−0.007**	−0.004
	(−2.234)	(−1.451)

续表

	（1）国有企业	（2）非国有企业
Size	0.348***	0.317***
	（7.924）	（8.335）
Lev	0.023	1.227***
	（0.083）	（6.517）
Age	−0.262***	−0.329***
	（−3.615）	（−7.062）
Roa	−1.170	0.657
	（−0.985）	（0.875）
Dual	−0.492***	−0.045
	（−3.615）	（−0.841）
BM	−0.066*	0.097**
	（−1.709）	（2.057）
Growth	0.183**	0.196***
	（2.015）	（3.263）
Cflow	−2.259***	−1.647***
	（−3.445）	（−3.557）
M_Share	−5.443***	−0.201
	（−2.856）	（−1.009）
J_Share	−0.544**	−0.088
	（−2.062）	（−0.564）
Loss	−0.606***	−0.609***
	（−3.478）	（−3.805）
Auditopion	0.000	0.457
	（0.000）	（0.726）
Big4	−0.363***	−0.573***
	（−3.053）	（−4.015）

续表

	（1） 国有企业	（2） 非国有企业
常数项	−6.844***	−10.012***
	（−7.345）	（−3.797）
行业	YES	YES
时间	YES	YES
样本量	5516	10 907
With_R^2	0.0466	0.0417

数据来源：作者整理。

注：括号内为 t 统计检验值；*表示 $p<0.1$；**表示 $p<0.05$；***表示 $p<0.01$。

2）分析师跟踪与企业策略性信息披露

前文已经证实分析师跟踪会显著抑制企业策略性信息披露，但是对于分析师跟踪对不同产权性质下企业策略性信息披露有何影响尚不清楚，因此，本章进一步对分析师跟踪与不同产权性质下企业策略性信息披露的异质性影响进行探究。

事实上，国有企业通常受到政府的直接或间接控制和干预，在信息披露方面可能存在较高的不透明度和信息不对称，此外，国有企业可能有较为保守的组织文化，对内部信息的保密要求较高，这种组织文化和保密要求可能使得国有企业对创新信息的共享和披露更加谨慎，进而加深企业内部与外部间的信息不对称程度。而非国有企业虽更多地受市场机制的约束，通常面临更高的信息披露要求，需要向投资者和监管机构披露更多的信息，但是，非国有企业存在策略性信息披露的动机和条件，同样使得企业内部和外部间出现信息不对称。因此，本研究预期，无论是国有企业还是非国有企业，分析师跟踪都能发挥外部治理作用，有效抑制企业的策略性信息披露行为。

根据企业产权性质的不同，将样本企业分为国有企业组和非国有企业组，回归结果见表5-9，从第（1）列国有企业样本组可知，分析师跟踪（AC）与企业策略性信息披露（S_Info）的系数为0.211，在1%水平下显著为负，表明国有企业下分析师跟踪会对企业策略性信息披露产生显著的抑制作用;而从第(2)列非国有企业样本组可知,分析师跟踪(AC)与企业策略性信息披露(S_Info)的系数为0.191,在1%水平下显著为负,表明非国有企业下分析师跟踪会对企业策略性信息披露产生显著的抑制作用。以上结论表明,无论是非国有企业还是国有企业,分析师跟踪都会对企业策略性信息披露产生显著的抑制作用。但从系数对比发现,国有企业下,分析师跟踪对企业策略性信息披露的抑制作用要略大于非国有企业,可能的原因在于,国有企业中分析师跟踪人数的增加,更有利于降低信息不对称程度,也会给国有企业带来较大的外部声誉压力,故而对企业策略性信息披露的抑制作用更大。

表 5-9 产权性质下分析师跟踪与企业策略性信息披露的分组检验

	(1) 国有企业	(2) 非国有企业
AC	−0.211***	−0.191***
	(−4.273)	(−5.364)
Size	0.426***	0.411***
	(8.765)	(9.761)
Lev	0.084	1.244***
	(0.309)	(6.600)
Age	−0.278***	−0.337***
	(−3.867)	(−7.257)
Roa	0.300	1.511*
	(0.231)	(1.907)
Dual	−0.492***	−0.037
	(−3.628)	(−0.682)
BM	−0.095**	0.033
	(−2.337)	(0.659)
Growth	0.176*	0.196***
	(1.958)	(3.293)

续表

	（1） 国有企业	（2） 非国有企业
Cflow	−2.276***	−1.632***
	（−3.444）	（−3.515）
M_Share	−5.421***	−0.060
	（−2.961）	（−0.301）
J_Share	−0.483*	0.016
	（−1.836）	（0.104）
Loss	−0.557***	−0.571***
	（−3.192）	（−3.618）
Auditopion	0.000	0.425
	（0.000）	（0.668）
Big4	−0.397***	−0.593***
	（−3.337）	（−4.149）
常数项	−8.692***	−11.872***
	（−8.803）	（−4.414）
行业	YES	YES
时间	YES	YES
样本量	5516	10 907
With_R^2	0.0491	0.0442

数据来源：作者整理。

注：括号内为 t 统计检验值；*表示 $p<0.1$；**表示 $p<0.05$；***表示 $p<0.01$。

3）股权制衡度与企业策略性信息披露

前文已经证实股权制衡度会显著抑制企业策略性信息披露，但是对于股权制衡度对不同产权性质下企业策略性信息披露有何影响尚不清楚，因此，本章进一步对股权制衡度与不同产权性质下企业策略性信息披露的异质性影响进行探究。

事实上，尽管非国有企业的股权通常分散在多个股东之间，没有单一股东能够单方面决定企业的决策，股权制衡度相对较高，但是，在实际情况中，仍然可能存在高管操纵信息、追求短期利益等问题，企业管理层为了个人私利，有较大动机和条件进行策略性信息披露行为以谋取私利。而政府作为股东有义务保护国有企业的利益，对企业言行不一致的行为进行监督和制约。政府作为主要股东和监管机构，有权力和资源来监督和管理国有企业的运营和决策，政府对国有企业的控制和监管可以起到一定程度的制衡作用，避免企业策略性信息披露行为的产生。此外，政府通过监管机构和法律规定，可以强制国有企业遵守规范和合规要求，对国有企业的行为进行监督和规范，进而降低企业策略性信息披露的可能性。因此，本研究预期，相较于非国有企业，国有企业中股权制衡度更能有效发挥内部治理作用，显著抑制企业的策略性信息披露行为。

根据企业产权性质的不同，将样本企业分为国有企业组和非国有企业组，回归结果见表5-10，从第（1）列国有企业样本组可知，股权制衡度（CGI）与企业策略性信息披露（S_Info）的系数为0.176，在5%水平下显著为负，表明国有企业下股权制衡度对企业策略性信息披露产生了显著的抑制作用；而从第（2）列非国有企业样本组可知，股权制衡度（CGI）与企业策略性信息披露（S_Info）的系数为0.060，不显著，表明非国有企业下股权制衡度并没有显著抑制企业的策略性信息披露。以上结论表明，在国有企业中，股权制衡度会对企业策略性信息披露产生显著的抑制作用。

表 5-10 产权性质下股权制衡度与企业策略性信息披露的分组检验

	（1）国有企业	（2）非国有企业
CGI	−0.176**	−0.060
	(−2.257)	(−1.381)
Size	0.346***	0.320***
	(7.872)	(8.387)
Lev	0.053	1.201***

续表

	（1） 国有企业	（2） 非国有企业
	（0.198）	（6.355）
Age	−0.255***	−0.328***
	（−3.526）	（−7.037）
Roa	−1.315	0.630
	（−1.099）	（0.836）
Dual	−0.494***	−0.055
	（−3.626）	（−1.019）
BM	−0.062	0.097**
	（−1.626）	（2.079）
Growth	0.191**	0.205***
	（2.097）	（3.394）
Cflow	−2.312***	−1.677***
	（−3.520）	（−3.624）
M_Share	−4.948***	−0.210
	（−2.594）	（−1.055）
J_Share	−0.532**	−0.118
	（−2.013）	（−0.749）
Loss	−0.604***	−0.610***
	（−3.436）	（−3.813）
Auditopion	0.000	0.454
	（0.000）	（0.720）
Big4	−0.380***	−0.570***
	（−3.208）	（−4.004）
常数项	−7.195***	−10.315***
	（−7.856）	（−3.916）
行业	YES	YES

	（1）	（2）
	国有企业	非国有企业
时间	YES	YES
样本量	5516	10 907
With_R^2	0.0466	0.0416

数据来源：作者整理。

注：括号内为 t 统计检验值；*表示 $p<0.1$；**表示 $p<0.05$；***表示 $p<0.01$。

4）高管外部薪酬差距与企业策略性信息披露

前文已经证实高管外部薪酬差距会显著抑制企业策略性信息披露，但是对于高管外部薪酬差距对不同产权性质下企业策略性信息披露有何影响尚不清楚，因此，本章进一步对高管外部薪酬差距与不同产权性质下企业策略性信息披露的异质性影响进行探究。

事实上，相较于国有企业，非国有企业的股权通常分散在多个股东之间，没有单一的主要股东，这种股权结构使得股东之间有更大的监督能力，投资者能够通过投票和股东会议等方式对高管进行监督和制衡。企业一旦被投资者识别出言行不一致的策略性信息披露行为时，不仅会导致负面的市场反应和投资者流失，也会对企业高管薪酬产生不利影响。因此，非国有企业采用的市场化激励机制，可以通过高管薪酬及激励制度来激发高管的积极性和责任心。此外，高管的薪酬与企业绩效和股东回报密切相关，他们的言行和决策会直接影响企业的经营状况和股东利益，高管在追求个人利益的同时，将倾向于更加关注企业的整体利益，减少言行不一致的可能性。因此，本研究预期，相较于国有企业，非国有企业中高管薪酬激励制度更能有效发挥内部治理作用，显著抑制企业的策略性信息披露行为。

根据企业产权性质的不同，将样本企业分为国有企业组和非国有企业组，回归结果见表5-11，从第（1）列国有企业样本组可知，高管外部薪酬差距（$EPA1$）与企业策略性信息披露（S_Info）的系数为0.039，不显著，表明国有企业高管外部薪酬差距并没有对企业策略性信息披露产生显著的抑制作用；而从第（2）列非国有企业样本组可知，高管外部薪酬差距（EPA1）与企业策略性信息披露（S_Info）的系数为0.207，在1%水平下显著为负，表明非国有企业下高管外部薪酬差距显著抑制了企业的策略性信息披露。以上结论表明，相较于国有企业，非国有企业中高管外部薪酬差距会对企业策略性信息披露产生显著的抑制作用。

表 5-11 产权性质下高管外部薪酬差距与企业策略性信息披露的分组检验

	（1） 国有企业	（2） 非国有企业
EPA1	0.039	−0.207***
	（0.717）	（−4.404）
Size	0.334***	0.382***
	（7.353）	（9.332）
Lev	0.077	1.238***
	（0.284）	（6.544）
Age	−0.261***	−0.332***
	（−3.613）	（−7.073）
Roa	−1.207	1.118
	（−0.996）	（1.433）
Dual	−0.511***	−0.043
	（−3.712）	（−0.804）
BM	−0.059	0.073
	（−1.524）	（1.523）
Growth	0.166*	0.175***
	（1.797）	（2.904）
Cflow	−2.302***	−1.519***
	（−3.501）	（−3.250）
M_Share	−5.861***	−0.231
	（−3.031）	（−1.157）
J_Share	−0.586**	−0.077

续表

	（1） 国有企业	（2） 非国有企业
	（-2.228）	（-0.490）
Loss	-0.584***	-0.547***
	（-3.334）	（-3.432）
Auditopion	0.000	0.480
	（0.000）	（0.761）
Big4	-0.424***	-0.418***
	（-3.526）	（-2.858）
常数项	-7.021***	-11.602***
	（-7.515）	（-4.380）
行业	YES	YES
时间	YES	YES
样本量	5504	10 886
With_R^2	0.0449	0.0436

数据来源：作者整理。

注：括号内为 t 统计检验值；*表示 $p<0.1$；**表示 $p<0.05$；***表示 $p<0.01$。

（2）企业生命周期

1）知识产权保护制度与企业策略性信息披露

前文已经证实知识产权保护制度会显著抑制企业策略性信息披露，但是对于知识产权保护制度对不同生命周期阶段下企业策略性信息披露有何影响尚不清楚，因此，本章进一步对知识产权保护制度与不同生命周期阶段下企业策略性信息披露的异质性影响进行探究。

事实上，相较于成长期和衰退期，成熟期企业的品牌价值往往已经建立起来，品牌是企业的重要资产之一，可使企业具有较高的知名度和信誉，而知识产权保护可以帮助企业保护品牌的独特性和独占性，防止他人利用类似商标或其他方式侵犯企业的品牌权益。成熟期企业通常已经建立了一定的市场地位和竞争优势，企业可能拥有独特的技术、专利、商标、版权或其他知识产权，而知识产权制度的保护可以有效防止企业受到竞争对手的侵权行为，以维护企业的市场地位和竞争优势，因而企业主动进行策略性信息披露的动机大幅降低。此外，成熟期企业往往面临更严格的法律和监管要求，知识产权保护作为法律保护的一部分，企业必须遵守相关的知识产权法律法规，违反知识产权法律的行为可能会面临法律诉讼和经济损失，因此，为了遵守法律和规定，企业会更加谨慎地管理和披露策略性信息，以避免违法行为和法律风险。基于以上分析，本研究预期，相较于成长期和衰退期，知识产权保护制度更能显著抑制成熟期企业的策略性信息披露行为。

根据企业生命周期的不同，将样本企业分为成长期、成熟期和衰退期组，回归结果见表5-12，从第（1）列成长期企业样本组可知，知识产权保护指数（IPP）与企业策略性信息披露（S_Info）的系数为0.008，不显著，表明知识产权保护制度并没有显著抑制成长期企业的策略性信息披露行为；从第（2）列成熟期企业样本组可知，知识产权保护指数（IPP）与企业策略性信息披露（S_Info）的系数为0.005，在10%水平下显著为负，表明知识产权保护制度显著抑制了成熟期企业的策略性信息披露行为；从第（3）列衰退期企业样本组可知，知识产权保护指数（IPP）与企业策略性信息披露（S_Info）的系数为0.025，不显著，表明知识产权保护制度并没有显著抑制衰退期企业的策略性信息披露行为。以上结论表明，相较于成长期和衰退期，知识产权保护制度对成熟期企业的策略性信息披露行为进行了有效抑制。

表5-12 生命周期下知识产权保护制度与企业策略性信息披露的分组检验

	（1）成长期	（2）成熟期	（3）衰退期
IPP	−0.008	−0.005*	−0.025
	（−1.409）	（−1.644）	（−0.717）
$Size$	0.299***	0.366***	0.128
	（3.487）	（7.880）	（0.450）
Lev	0.091	1.227***	6.815***

续表

	（1）成长期	（2）成熟期	（3）衰退期
	（0.209）	（4.695）	（3.824）
Age	−0.227**	−0.252***	0.203
	（−1.993）	（−3.874）	（0.524）
Roa	−1.613	1.002	10.591
	（−0.882）	（0.990）	（1.240）
Dual	−0.275**	−0.051	−1.062**
	（−1.981）	（−0.616）	（−2.106）
BM	−0.028	−0.070	0.144
	（−0.363）	（−1.574）	（0.463）
Growth	0.229**	0.133	0.452
	（2.005）	（1.101）	（1.101）
Cflow	−0.913	−2.808***	−6.232
	（−0.573）	（−3.358）	（−1.034）
M_Share	−0.186	0.319	−1.646
	（−0.369）	（1.012）	（−1.148）
J_Share	−0.021	0.256	−1.006
	（−0.054）	（1.115）	（−0.865）
Soe	0.027	−0.005	−0.848
	（0.157）	（−0.053）	（−1.132）
Loss	−0.946***	−0.394*	0.000
	（−3.351）	（−1.825）	（0.000）
Auditopion	0.000	0.495	0.000
	（0.000）	（0.457）	（0.000）
Big4	0.017	−0.712***	0.469
	（0.049）	（−5.056）	（0.332）
常数项	−5.366***	−11.784***	−3.736

续表

	（1）成长期	（2）成熟期	（3）衰退期
	（-3.073）	（-2.639）	（-0.577）
行业	YES	YES	YES
时间	YES	YES	YES
样本量	1790	6359	196
With_R^2	0.0563	0.0427	0.2539

数据来源：作者整理。

注：括号内为 t 统计检验值；*表示 $p<0.1$；**表示 $p<0.05$；***表示 $p<0.01$。

2）分析师跟踪与企业策略性信息披露

前文已经证实分析师跟踪会显著抑制企业策略性信息披露，但是对于分析师跟踪对不同生命周期阶段下企业的策略性信息披露有何影响尚不清楚，因此，本章进一步对分析师跟踪与不同生命周期阶段下企业策略性信息披露的异质性影响进行探究。

事实上，相较于衰退期，成长期和成熟期企业往往受到更多的市场监督和关注，分析师作为专业的市场观察者和评估者，会对企业的业绩、财务状况和战略进行持续跟踪和研究，他们会分析企业的公开信息、财务报告和管理层讲话并发布相关的研究报告和评级，通过分析师的跟踪，市场可以更全面地了解企业的表现和前景，从而形成对企业的评价和反馈，因此分析师跟踪带来的市场监督和透明度可以有效地约束企业策略性信息披露行为。特别对成熟期企业而言，它们已经通过成长期的努力建立了可持续的商业模式、一定的知名度和良好的品牌形象，并且能够实现持续的收入和盈利，因而企业的品牌、声誉和投资者关系变得尤为重要，企业如果存在言行不一致的行为，分析师的负面评价和投资者的质疑则会对企业声誉及投资者信任产生严重损害。为了维护市场地位和投资者关系，企业往往会更加谨慎和一致地表达自己的战略和业绩，避免言行不一致引发的负面后果。因此，本研究预期，相较于衰退期，分析师跟踪可以在一定程度上有效抑制成长期和成熟期企业的策略性信息披露。

根据企业生命周期的不同，将样本企业分为成长期、成熟期和衰退期组，回归结果见表5-13，从第（1）列成长期企业样本组可知，分析师跟踪（AC）与企业策略性信息披露（S_Info）的系数为0.155，在10%水平下显著为负，表明分析师跟踪显著抑制成长期企业的策略性信息披露行为；从第（2）列成熟期企业样本组可知，分析师跟踪（AC）与企业策略性信息披露（S_Info）的系数为0.291，在1%水平下显著为负，表明分析师跟踪显著抑制了成熟期企业的策略性信息披露行为；从第（3）列衰退期企业样本组可知，分析师跟踪（AC）与企业策略性信息披露（S_Info）的系数为0.344，不显著，表明分析师跟踪并没有显著抑制衰退期企业的策略性信息披露行为。以上结论表明，相较于衰退期，分析师跟踪对成长期和成熟期企业的策略性信息披露行为进行了有效抑制。从系数对比发现，分析师跟踪对成熟期企业策略性信息披露的抑制作用要略大于成长期企业，可能的原因在于，成熟期企业已经通过成长期的努力建立了知名度和良好的品牌形象，分析师的负面评价会对企业声誉带来更大的损害，故而分析师跟踪对成熟期企业策略性信息披露的抑制作用更明显。

表5-13　生命周期下分析师跟踪与企业策略性信息披露的分组检验

	（1）成长期	（2）成熟期	（3）衰退期
AC	−0.155*	−0.291***	−0.344
	（−1.894）	（−6.086）	（−1.189）
Size	0.357***	0.493***	0.300
	（3.855）	（9.610）	（0.889）
Lev	0.089	1.272***	6.953***
	（0.205）	（4.846）	（3.844）
Age	−0.237**	−0.252***	0.171
	（−2.059）	（−3.938）	（0.436）
Roa	−0.998	2.620**	11.205
	（−0.522）	（2.388）	（1.416）

续表

	（1） 成长期	（2） 成熟期	（3） 衰退期
Dual	−0.289**	−0.035	−0.965*
	（−2.097）	（−0.415）	（−1.875）
BM	−0.054	−0.138***	0.048
	（−0.678）	（−2.879）	（0.153）
Growth	0.230**	0.145	0.458
	（2.014）	（1.221）	（1.067）
Cflow	−0.896	−2.729***	−6.324
	（−0.565）	（−3.226）	（−1.039）
M_Share	−0.097	0.517*	−1.458
	（−0.192）	（1.648）	（−1.039）
J_Share	0.037	0.407*	−1.021
	（0.095）	（1.789）	（−0.888）
Soe	0.048	−0.032	−0.593
	（0.277）	（−0.342）	（−0.865）
Loss	−0.931***	−0.329	0.000
	（−3.309）	（−1.541）	（0.000）
Auditopion	0.000	0.330	0.000
	（0.000）	（0.319）	（0.000）
Big4	−0.038	−0.725***	0.449
	（−0.108）	（−5.139）	（0.350）
常数项	−6.925***	−13.812***	−9.104
	（−3.783）	（−3.239）	（−1.202）
行业	YES	YES	YES
时间	YES	YES	YES
样本量	1790	6359	196
With_R^2	0.0571	0.0485	0.2573

数据来源：作者整理。

注：括号内为 t 统计检验值；*表示 $p<0.1$；**表示 $p<0.05$；***表示 $p<0.01$。

3）股权制衡度与企业策略性信息披露

前文已经证实股权制衡度会显著抑制企业策略性信息披露，但是对于股权制衡度对不同生命周期阶段下企业的策略性信息披露有何影响尚不清楚，因此，本章进一步对股权制衡度与不同生命周期阶段下企业策略性信息披露的异质性影响进行探究。

事实上，相较于成长期和衰退期，成熟期企业股权结构通常更为分散，多个股东的存在可以有效防止个别股东或控股股东滥用权力，因此可以降低管理层机会主义行为的发生概率。独立董事和监管机制可以监督和约束高管的行为，对企业的决策和管理进行审查和监督，独立董事和监管机制的存在增加了高管的问责性，进而降低了管理者策略性信息披露的风险。此外，成熟期企业通常受到更多的外部监督和市场反应，投资者、分析师和媒体等会对企业的表现和行为进行评价和报道，如果企业存在言行不一致的行为，可能会引起投资者的质疑和市场的反应，从而对企业的声誉和股价造成负面影响，外部监督和市场反应迫使企业更加谨慎和一致地表达自己的战略和行为，减少言行不一致的倾向。因此，本研究预期，相较于衰退期，股权制衡度可以在一定程度上有效抑制成熟期企业的策略性信息披露行为。

根据企业生命周期的不同，将样本企业分为成长期、成熟期和衰退期组，回归结果见表5-14，从第（1）列成长期企业样本组可知，股权制衡度（CGI）与企业策略性信息披露（S_Info）的系数为0.127，不显著，表明股权制衡度并没有显著抑制成长期企业的策略性信息披露行为；从第（2）列成熟期企业样本组可知，股权制衡度（CGI）与企业策略性信息披露（S_Info）的系数为0.261，在1%水平下显著为负，表明股权制衡度显著抑制了成熟期企业的策略性信息披露行为；从第（3）列衰退期企业样本组可知，股权制衡度（CGI）与企业策略性信息披露（S_Info）的系数为0.575，不显著，表明股权制衡度并没有显著抑制衰退期企业的策略性信息披露行为。以上结论表明，相较于成长期和衰退期，股权制衡度对成熟期企业的策略性信息披露行为进行了有效抑制。

表 5-14 生命周期下股权制衡度与企业策略性信息披露的分组检验

	（1）成长期	（2）成熟期	（3）衰退期
CGI	0.127	−0.261***	−0.575
	（1.215）	（−3.857）	（−1.012）
Size	0.287***	0.373***	0.172
	（3.354）	（7.968）	（0.591）
Lev	0.145	1.207***	6.709***
	（0.329）	（4.612）	（3.759）
Age	−0.216*	−0.249***	0.295
	（−1.896）	（−3.837）	（0.741）
Roa	−1.574	0.965	9.659
	（−0.856）	（0.940）	（1.247）
Dual	−0.283**	−0.073	−1.147**
	（−2.047）	（−0.870）	（−2.226）
BM	−0.018	−0.071	0.034
	（−0.235）	（−1.591）	（0.104）
Growth	0.218*	0.148	0.541
	（1.911）	（1.222）	（1.282）
Cflow	−0.970	−2.917***	−8.162
	（−0.607）	（−3.476）	（−1.204）
M_Share	−0.216	0.397	−2.139
	（−0.430）	（1.262）	（−1.333）
J_Share	0.014	0.175	−1.233
	（0.036）	（0.754）	（−0.979）
Soe	0.088	−0.031	−0.946
	（0.505）	（−0.328）	（−1.242）
Loss	−0.958***	−0.392*	0.000
	（−3.373）	（−1.805）	（0.000）

续表

	（1）成长期	（2）成熟期	（3）衰退期
Auditopion	0.000	0.479	0.000
	（0.000）	（0.445）	（0.000）
Big4	−0.008	−0.710***	0.463
	（−0.023）	（−5.044）	（0.356）
常数项	−5.826***	−12.049***	−6.026
	（−3.361）	（−2.721）	（−0.902）
行业	YES	YES	YES
时间	YES	YES	YES
样本量	1790	6359	196
With_R^2	0.0561	0.0451	0.2616

数据来源：作者整理。

注：括号内为 t 统计检验值；*表示 $p<0.1$；**表示 $p<0.05$；***表示 $p<0.01$。

4）高管外部薪酬差距与企业策略性信息披露

前文已经证实高管外部薪酬差距会显著抑制企业策略性信息披露，但是对于高管外部薪酬差距对不同生命周期阶段下企业的策略性信息披露有何影响尚不清楚，因此，本章进一步对高管外部薪酬差距与不同生命周期阶段下企业策略性信息披露的异质性影响进行探究。

高管薪酬激励制度通常与企业的长期目标和绩效挂钩，高管激励制度可以使高管的个人利益与企业的利益相一致，促使他们采取符合企业长期利益的行动，减少机会主义倾向。相较于成熟期和衰退期，成长期企业还没有建立稳定的市场地位和客户基础，在行业中也没有形成竞争优势。因此，为了激励高管成长期企业倾向于采取股权激励计划，将一部分股权激励给高管和关键员工，股权激励机制的实施可以有效对高管和员工行为进行约束和激励，使他们更加关注企业的长期利益，减少短期行为的诱惑，考虑到股权激励有助于实现高管和员工利益与股东利益相一致，进而可以降低管理层策略性信息披露的动机,因此,本研究预期,相较于成熟期和衰退期,高管外部薪酬差距更有助于抑制成长期企业的策略性信息披露。

根据企业生命周期的不同,将样本企业分为成长期、成熟期和衰退期组,回归结果见表5-15,从第(1)列成长期企业样本组可知,高管外部薪酬差距(EPA1)与企业策略性信息披露(S_Info)的系数为0.255,在5%水平下显著为负,表明高管外部薪酬差距显著抑制了成长期企业的策略性信息披露行为。从第(2)列成熟期企业样本组可知,高管外部薪酬差距(EPA1)与企业策略性信息披露(S_Info)的系数为0.063,但不显著,表明高管外部薪酬差距并没有抑制成熟期企业的策略性信息披露行为。从第(3)列衰退期企业样本组可知,高管外部薪酬差距(EPA1)与企业策略性信息披露(S_Info)的系数为0.686,不显著,表明高管外部薪酬差距并没有显著抑制衰退期企业的策略性信息披露行为。以上结论表明,相较于成熟期和衰退期,高管外部薪酬差距对成长期企业的策略性信息披露行为进行了有效抑制。

表5-15 生命周期下高管外部薪酬差距与企业策略性信息披露的分组检验

	(1)成长期	(2)成熟期	(3)衰退期
$EPA1$	−0.255**	−0.063	0.686
	(−2.179)	(−1.190)	(1.448)
$Size$	0.359***	0.379***	−0.036
	(3.888)	(7.908)	(−0.115)
Lev	0.073	1.263***	6.658***
	(0.167)	(4.827)	(3.870)
Age	−0.230**	−0.248***	0.269
	(−1.984)	(−3.829)	(0.716)
Roa	−1.354	1.235	5.930
	(−0.724)	(1.193)	(0.731)
$Dual$	−0.264*	−0.054	−1.097**
	(−1.910)	(−0.641)	(−2.206)

续表

	（1）成长期	（2）成熟期	（3）衰退期
BM	−0.036	−0.075*	0.150
	（−0.460）	（−1.661）	（0.525）
Growth	0.225**	0.131	0.542
	（1.965）	（1.084）	（1.313）
Cflow	−1.097	−2.767***	−6.301
	（−0.685）	（−3.303）	（−0.993）
M_Share	−0.225	0.263	−1.975
	（−0.448）	（0.834）	（−1.439）
J_Share	−0.003	0.241	−1.258
	（−0.008）	（1.056）	（−1.092）
Soe	0.074	−0.008	−0.823
	（0.423）	（−0.084）	（−1.191）
Loss	−0.924***	−0.373*	0.000
	（−3.266）	（−1.724）	（0.000）
Auditopion	0.000	0.493	0.000
	（0.000）	（0.457）	（0.000）
Big4	0.002	−0.701***	0.234
	（0.006）	（−4.885）	（0.188）
常数项	−7.002***	−12.407***	−2.812
	（−3.815）	（−2.800）	（−0.412）
行业	YES	YES	YES
时间	YES	YES	YES
样本量	1788	6343	196
With_R^2	0.0579	0.0422	0.2598

数据来源：作者整理。

注：括号内为 t 统计检验值；*表示 $p<0.1$；**表示 $p<0.05$；***表示 $p<0.01$。

(3)法律制度环境

1)知识产权保护制度与企业策略性信息披露

前文已经证实知识产权保护制度会显著抑制企业的策略性信息披露,但是法律环境会对知识产权保护制度对企业策略性信息披露有何影响尚不清楚,因此,本章进一步对不同法律环境下知识产权保护制度与企业策略性信息披露的异质性影响进行探究。

知识产权保护可以帮助企业保护其创新成果、独特技术或商业模式等核心资源,在法律环境较差的情况下,企业可能面临侵权和盗窃知识产权的风险,而知识产权保护制度可以为企业提供法律手段来打击侵权行为并依此维权和追究侵权者的责任。知识产权保护制度还可以强制企业遵守相关法律法规,避免侵权行为和法律风险,因为企业如果违反知识产权法律和规定,可能面临法律诉讼、罚款和声誉损失等后果,这种约束力也能够有效抑制企业管理层的机会主义行为。考虑到知识产权保护制度的存在和执行能够对潜在的侵权者产生威慑作用,形成法律环境的互补机制,因此,本研究预期,对于所处法律环境较差的企业,知识产权保护制度能有效抑制其策略性信息披露行为。

根据企业所处的市场中介组织的发育程度和法律制度环境的行业年度中位值不同,将样本企业分为法律制度较好和法律制度较差的组,回归结果见表5-16,从第(1)列法律环境较好的企业样本组可知,知识产权保护指数(IPP)与企业策略性信息披露(S_Info)的系数为0.005,不显著,表明知识产权保护制度并没有显著抑制法律环境较好企业的策略性信息披露行为;从第(2)列法律环境较差的样本组可知,知识产权保护指数(IPP)与企业策略性信息披露(S_Info)的系数为0.007,在5%水平下显著为负,表明知识产权保护制度显著抑制了法律环境较差企业的策略性信息披露行为。以上结论表明,相较于法律环境较好的企业,知识产权保护制度对法律环境较差企业的策略性信息披露行为的治理作用更明显。

表 5-16　法律环境下知识产权保护制度与企业策略性信息披露的分组检验

	（1）法律环境较好	（2）法律环境较差
IPP	−0.005	−0.007**
	（−0.967）	（−2.047）
Size	0.336***	0.280***
	（8.754）	（6.659）
Lev	0.892***	0.836***
	（4.175）	（3.606）
Age	−0.257***	−0.312***
	（−4.947）	（−5.470）
Roa	0.851	−0.810
	（0.997）	（−0.954）
Dual	−0.119*	−0.064
	（−1.824）	（−0.850）
BM	0.018	−0.017
	（0.424）	（−0.457）
Growth	0.095	0.290***
	（1.288）	（4.027）
Cflow	−1.461***	−2.572***
	（−2.830）	（−4.681）
M_Share	−0.579**	0.092
	（−2.430）	（0.325）
J_Share	−0.413**	0.154
	（−2.265）	（0.764）
Soe	0.014	0.046
	（0.170）	（0.567）
Loss	−0.662***	−0.563***
	（−3.861）	（−3.516）
Auditopion	−0.385	0.000

续表

	（1）法律环境较好	（2）法律环境较差
	（-0.585）	（0.000）
Big4	-0.306***	-0.821***
	（-2.736）	（-5.089）
常数项	-6.401**	-6.712***
	（-2.306）	（-7.304）
行业	YES	YES
时间	YES	YES
样本量	9132	7240
With_R^2	0.0395	0.0427

数据来源：作者整理。

注：括号内为 t 统计检验值；*表示 $p<0.1$；**表示 $p<0.05$；***表示 $p<0.01$。

2）分析师跟踪与企业策略性信息披露

前文已经证实分析师跟踪会显著抑制企业的策略性信息披露，但是法律环境会对分析师跟踪对企业策略性信息披露有何影响尚不清楚，因此，本章进一步对不同法律环境下分析师跟踪与企业策略性信息披露的异质性影响进行探究。

事实上，分析师的研究报告和评级对企业来说具有一定的影响力和公信力，企业可以通过良好的分析师评级和研究报告来提升其在投资者和市场中的声誉和形象，而且分析师的研究报告和评级对投资者的投资决策具有重要影响，投资者在做出投资决策时通常会考虑分析师的观点和建议，如果企业存在言行不一致现象则可能会引起投资者的质疑和担忧，进而导致投资者撤资或避开该企业。因此，为了获得投资者正面评价和关注，以及维护投资者的信任和吸引更多的投资，企业通常会更加谨慎和一致地表达其战略、业绩和前景。此外，分析师研究报告和评级通常会受到媒体的关注和报道，如果企业策略性信息披露行为被分析师发现并报道，媒体很可能会曝光并引发舆论的监督和批评，进而使企业面临负面的媒体曝光和舆论压力，因此，分析师跟踪对企业策略性信息披露行为产生抑制作用。本研究预期，无论是在法律环境较好还是法律环境较差的企业中，分析师跟踪都能有效抑制企业策略性信息披露行为。

根据企业所处的市场中介组织的发育程度和法律制度环境的行业年度中位值不同，将样本企业分为法律制度较好和法律制度较差的组，回归结果见表5-17，从第（1）列法律环境较好的企业样本组可知，分析师跟踪（AC）与企业策略性信息披露（S_Info）的系数为0.266，在1%水平下显著为负，表明分析师跟踪可以显著抑制法律环境较好企业的策略性信息披露行为；从第（2）列法律环境较差的样本组可知，分析师跟踪（AC）与企业策略性信息披露（S_Info）的系数为0.117，在1%水平下显著为负，表明分析师跟踪显著抑制了法律环境较差企业的策略性信息披露行为。以上结论表明，无论是对于法律环境较好还是法律环境较差的企业，分析师跟踪都对企业策略性信息披露起到了有效抑制作用。通过系数对比发现，在法律环境较好企业中，分析师跟踪对企业策略性信息披露的抑制作用更明显，可能的原因在于，法律环境较好的企业有着更为完善的市场监管机制和信息披露规定，分析师通过对企业财务报表、业绩表现和经营策略等的跟踪和分析，可以促使企业更加诚实、透明地披露信息，故在法律环境较好企业中，分析师跟踪对企业策略性信息披露的抑制作用更显著。

表5-17 法律环境下分析师跟踪与企业策略性信息披露的分组检验

	（1） 法律环境较好	（2） 法律环境较差
AC	−0.266***	−0.117***
	（−6.754）	（−2.751）
Size	0.453***	0.333***
	（10.730）	（7.183）
Lev	0.914***	0.850***
	（4.263）	（3.666）

续表

	（1） 法律环境较好	（2） 法律环境较差
Age	−0.272***	−0.310***
	（−5.227）	（−5.454）
Roa	2.242**	−0.263
	（2.515）	（−0.299）
Dual	−0.108*	−0.060
	（−1.646）	（−0.790）
BM	−0.044	−0.046
	（−1.003）	（−1.185）
Growth	0.105	0.290***
	（1.445）	（4.037）
Cflow	−1.444***	−2.559***
	（−2.796）	（−4.654）
M_Share	−0.376	0.153
	（−1.573）	（0.541）
J_Share	−0.269	0.214
	（−1.470）	（1.060）
Soe	−0.033	0.042
	（−0.391）	（0.527）
Loss	−0.612***	−0.536***
	（−3.596）	（−3.357）
Auditopion	−0.506	0.000
	（−0.764）	（0.000）
Big4	−0.321***	−0.837***
	（−2.862）	（−5.183）
常数项	−8.380***	−8.097***
	（−3.024）	（−8.388）

续表

	（1）法律环境较好	（2）法律环境较差
行业	YES	YES
时间	YES	YES
样本量	9132	7240
With_R^2	0.0448	0.0432

数据来源：作者整理。

注：括号内为 t 统计检验值；*表示 $p<0.1$；**表示 $p<0.05$；***表示 $p<0.01$。

3）股权制衡度与企业策略性信息披露

前文已经证实股权制衡度会显著抑制企业的策略性信息披露，但是法律环境会对股权制衡度对企业策略性信息披露有何影响尚不清楚，因此，本章进一步对不同法律环境下股权制衡度与企业策略性信息披露的异质性影响进行探究。

事实上，在法律环境较好的国家或地区，通常有完善的法律框架和制度来保护股东的权益，包括信息披露、表决权和监督权等，这些权益保护措施使得股东能够更加有效地行使股东权益，参与企业决策和监督，因而股东权益保护的强度和有效性对股权制衡度的发挥起到关键作用。此外，法律环境较好的国家或地区通常有较为严格的监管和执法机构，能够对违法行为进行及时的调查和制裁，高效的监管和执法机构也能够提高股权制衡度的有效性。考虑到较好的法律环境能够提供有效的股东权益保护、监管与执法力度、法律责任与追究机制，从而增强股权制衡度的有效性，因此，本研究预期，无论是在法律环境较好还是法律环境较差的企业中，股权制衡度都能有效抑制企业策略性信息披露行为，但是相较于法律环境较差的企业，法律环境较好地区企业的股权制衡度更能显著抑制企业的策略性信息披露行为。

根据企业所处的市场中介组织的发育程度和法律制度环境的行业年度中位值不同，将样本企业分为法律制度较好和法律制度较差的组，回归结果见表5-18，从第（1）列法律环境较好的企业样本组可知，股权制衡度（*CGI*）

与企业策略性信息披露（S_Info）的系数为 0.112，在 5% 水平下显著为负，表明股权制衡度可以显著抑制法律环境较好企业的策略性信息披露行为；从第（2）列法律环境较差的样本组可知，股权制衡度（CGI）与企业策略性信息披露（S_Info）的系数为 0.101，在 10% 水平下显著为负，表明股权制衡度显著抑制了法律环境较差企业的策略性信息披露行为。以上结论表明，无论是对于法律环境较好还是法律环境较差的企业，股权制衡度都对企业策略性信息披露起到了有效抑制作用，并且通过系数对比发现，在法律环境较好企业中，股权制衡度对企业策略性信息披露的抑制作用更明显。

表 5-18　法律环境下股权制衡度与企业策略性信息披露的分组检验

	（1） 法律环境较好	（2） 法律环境较差
CGI	−0.112**	−0.101*
	（−2.234）	（−1.800）
Size	0.341***	0.285***
	（8.863）	（6.749）
Lev	0.861***	0.822***
	（4.027）	（3.536）
Age	−0.267***	−0.304***
	（−5.113）	（−5.328）
Roa	0.783	−0.883
	（0.915）	（−1.039）
Dual	−0.129**	−0.077
	（−1.961）	（−1.010）
BM	0.017	−0.021
	（0.412）	（−0.569）
Growth	0.107	0.303***
	（1.444）	（4.198）
Cflow	−1.497***	−2.608***

续表

	（1）法律环境较好	（2）法律环境较差
	（-2.908）	（-4.747）
M_Share	-0.570**	0.104
	（-2.396）	（0.370）
J_Share	-0.462**	0.131
	（-2.511）	（0.647）
Soe	0.009	0.040
	（0.105）	（0.494）
Loss	-0.663***	-0.553***
	（-3.872）	（-3.455）
Auditopion	-0.383	0.000
	（-0.582）	（0.000）
Big4	-0.298***	-0.820***
	（-2.664）	（-5.086）
常数项	-6.782**	-7.152***
	（-2.466）	（-7.965）
行业	YES	YES
时间	YES	YES
样本量	9132	7240
With_R^2	0.0400	0.0426

数据来源：作者整理。

注：括号内为 t 统计检验值；*表示 $p<0.1$；**表示 $p<0.05$；***表示 $p<0.01$。

4）高管外部薪酬差距与企业策略性信息披露

前文已经证实高管外部薪酬差距会显著抑制企业的策略性信息披露，但是法律环境会对高管薪酬激励对企业策略性信息披露有何影响尚不清楚，因此，本章进一步对不同法律环境下高管薪酬激励与企业策略性信息披露的异质性影响进行探究。

首先,在法律环境较好的国家或地区,通常有法律规定和监管要求对高管薪酬进行限制和监督,这些规定和要求可以确保高管薪酬激励机制的合法性、合理性和透明度,减少滥用薪酬激励的可能性。其次,法律环境较好的国家或地区通常鼓励高管薪酬与企业绩效挂钩,进而可以激励高管为企业长期利益和股东价值的增长而努力,这种薪酬结构的设计能够促使高管更加谨慎、诚实地披露信息,并采取符合企业长期利益的行动。再次,在法律环境较好的国家或地区,通常要求企业进行高管薪酬的披露,包括薪酬结构、激励机制和实际支付情况等。这种薪酬披露和问责机制可以增加高管的透明度和问责性,一旦高管意识到其言行与薪酬挂钩,可能会更加谨慎和一致地表达战略、业绩和前景,降低策略性信息披露带来的潜在风险。此外,在法律环境较好的国家或地区,股东或其他利益相关者还可以通过法律手段追究高管的责任,进而对其起到威慑作用。因此,本研究预期,无论是在法律环境较好还是法律环境较差的企业中,高管外部薪酬差距都能有效抑制企业策略性信息披露行为,但是相较于法律环境较差的企业,法律环境较好地区企业的高管外部薪酬差距更能显著抑制企业的策略性信息披露行为。

根据企业所处的市场中介组织的发育程度和法律制度环境的行业年度中位值不同,将样本企业分为法律制度较好和法律制度较差的组,回归结果见表5-19,从第(1)列法律环境较好的企业样本组可知,高管外部薪酬差距($EPA1$)与企业策略性信息披露(S_Info)的系数为0.137,在1%水平下显著为负,表明高管外部薪酬差距可以显著抑制法律环境较好企业的策略性信息披露行为;从第(2)列法律环境较差的样本组可知,高管外部薪酬差距($EPA1$)与企业策略性信息披露(S_Info)的系数为0.097,在10%水平下显著为负,表明高管外部薪酬差距显著抑制了法律环境较差企业的策略性信息披露行为。以上结论表明,无论是在法律环境较好还是法律环境较差的企业中,高管外部薪酬差距都对企业策略性信息披露起到了有效抑制作用。通过系数对比发现,在法律环境较好企业中,高管外部薪酬差距对企业策略性信息披露的抑制作用更明显。

表 5-19　法律环境下高管外部薪酬差距与企业策略性信息披露的分组检验

	（1） 法律环境较好	（2） 法律环境较差
EPA1	−0.137***	−0.097*
	（−3.187）	（−1.740）
Size	0.380***	0.298***
	（9.310）	（6.783）
Lev	0.937***	0.857***
	（4.374）	（3.690）
Age	−0.263***	−0.302***
	（−5.031）	（−5.285）
Roa	1.244	−0.512
	（1.433）	（−0.594）
Dual	−0.121*	−0.066
	（−1.855）	（−0.863）
BM	−0.003	−0.024
	（−0.065）	（−0.638）
Growth	0.086	0.275***
	（1.161）	（3.784）
Cflow	−1.397***	−2.557***
	（−2.701）	（−4.639）
M_Share	−0.630***	0.015
	（−2.637）	（0.052）
J_Share	−0.438**	0.139
	（−2.396）	（0.688）
Soe	0.014	0.033
	（0.170）	（0.403）
Loss	−0.637***	−0.532***
	（−3.720）	（−3.326）
Auditopion	−0.403	0.000

续表

	（1） 法律环境较好	（2） 法律环境较差
	（-0.611）	（0.000）
Big4	-0.258**	-0.864***
	（-2.274）	（-5.116）
常数项	-7.527***	-7.418***
	（-2.723）	（-8.051）
行业	YES	YES
时间	YES	YES
样本量	9117	7222
With_R^2	0.0408	0.0419

数据来源：作者整理。

注：括号内为 t 统计检验值；*表示 $p<0.1$；**表示 $p<0.05$；***表示 $p<0.01$。

5.4 企业策略性信息披露治理路径的稳健性检验

5.4.1 Heckman两步法

本研究中可能存在样本偏差而导致的内生性问题，采用Heckman两步法进行解决。第一步，选择合适工具变量，以模型中控制变量作为自变量，以企业是否进行策略性信息披露为因变量，构建probit模型，并求出逆米尔斯值（IMR）；第二步，将第一步中求出的逆米尔斯值（IMR）代入原模型重新回归检验。IMR作用是为每一个样本计算出一个用于修正样本选择偏差的值，其显著性和系数表明了样本选择偏差是否存在及其方向，若IMR系数显著说明样本选择偏差的确影响了原来模型的估计，而Heckman两步法则恰好可以纠正样本选择偏差；IMR不显著则说明原模型不存在严重的样本选择偏差。若经IMR修正后的回归结果依然显著，则可以表明前文结论具有稳健性。

（1）知识产权保护制度与企业策略性信息披露

考虑到企业策略性信息披露过程中可能存在的样本选择偏误，本研究对模型（5-1）采用 Heckman 两步法进行检验。具体而言，首先，构建企业的行业年度知识产权保护指数的均值（IV_IPP）为工具变量，理由在于，行业年度知识产权保护指数表示了整体行业当年的知识产权保护水平，与企业知识产权保护有紧密相关性，但行业知识产权保护水平并不会对某一家具体企业的信息披露策略行为产生直接影响，因而满足相关性和独立性的原则。其次，按照 Heckman 两步法构建模型进行回归检验，结果见表 5-20，从第（1）列可知，工具变量行业年度知识产权保护指数均值（IV_IPP）与自变量企业知识产权保护指数（IPP）的相关系数为 0.955，在 1% 水平上显著为正，表明符合相关性原则；从第（2）列可知，逆米尔斯值（IMR）的系数为 0.001，不显著，表明原来样本不存在样本选择偏差，企业知识产权保护指数（IPP）的系数为 0.005，在 5% 水平上显著为负，表明知识产权保护可以有效抑制企业策略性信息披露。

表 5-20 知识产权保护制度与企业策略性信息披露的 Heckman 检验

	（1）	（2）
	IPP	S_Info
IV_IPP	0.955***	
	（12.001）	
IPP		−0.005**
		（−2.561）
Size	0.513***	0.315***
	（4.814）	（11.291）
Lev	−1.535***	0.827***
	（−2.660）	（5.327）
Age	−1.264***	−0.277***
	（−8.876）	（−7.292）
Roa	−3.297	−0.037
	（−1.579）	（−0.062）
Dual	1.027***	−0.104**
	（5.698）	（−2.110）

续表

	（1） IPP	（2） S_Info
BM	−0.717***	−0.010
	（−6.823）	（−0.355）
Growth	−0.203	0.191***
	（−0.987）	（3.750）
Cflow	6.668***	−1.941***
	（4.880）	（−5.204）
M_Share	3.550***	−0.269
	（5.400）	（−1.490）
J_Share	−0.245	−0.136
	（−0.498）	（−1.017）
Soe	−3.001***	0.011
	（−14.013）	（0.199）
Loss	−0.955**	−0.614***
	（−2.425）	（−5.297）
Auditopion	0.457	0.705
	（0.267）	（1.143）
Big4	2.228***	−0.454***
	（6.950）	（−5.086）
IMR		0.001
		（0.001）
常数项	−5.823	−10.315***
	（−0.627）	（−4.066）
行业	YES	YES
时间	YES	YES
样本量	16 435	16 435
With_R^2	0.277	0.0351

数据来源：作者整理。

注：括号内为 t 统计检验值；*表示 $p<0.1$，**表示 $p<0.05$，***表示 $p<0.01$。

(2)分析师跟踪与企业策略性信息披露

考虑到企业策略性信息披露过程中可能存在的样本选择偏误,本研究对模型(5-2)采用 Heckman 两步法进行检验。具体而言,首先,构建企业的行业年度分析师跟踪的均值(IV_AC)为工具变量,理由在于,行业年度分析师跟踪表示了整体行业当年的分析师跟踪水平,与企业的分析师跟踪水平有紧密相关性,但行业分析师跟踪水平并不会对某一家具体企业的信息披露策略行为产生直接影响,因而满足相关性和独立性的原则。其次,按照 Heckman 两步法构建模型进行回归检验,结果见表 5-21,从第(1)列可知,工具变量行业年度分析师跟踪水平(IV_AC)与自变量企业分析师跟踪水平(AC)的相关系数为 0.567,在 1% 水平上显著为正,表明符合相关性原则;从第(2)列可知,逆米尔斯值(IMR)的系数为 0.683,不显著,表明原来样本不存在样本选择偏差,企业分析师跟踪水平(AC)的系数为 0.203,在 1% 水平上显著为负,表明分析师跟踪可以有效抑制企业策略性信息披露。

表 5-21 分析师跟踪与企业策略性信息披露的 Heckman 检验

	(1) AC	(2) S_Info
IV_AC	0.567***	
	(12.431)	
AC		−0.203***
		(−7.093)
Size	0.502***	0.372***
	(29.937)	(9.533)
Lev	−0.097	0.851***
	(−1.582)	(5.466)
Age	0.026	−0.288***
	(0.985)	(−7.540)
Roa	3.060***	0.670
	(20.697)	(0.982)
Dual	0.045**	−0.098**

续表

	（1） AC	（2） S_Info
	（2.555）	（−1.985）
BM	−0.205***	−0.043
	（−22.552）	（−1.466）
Growth	−0.015	0.194***
	（−1.121）	（3.844）
Cflow	−0.128	−1.885***
	（−1.354）	（−5.016）
M_Share	0.829***	−0.204
	（10.511）	（−1.082）
J_Share	1.118***	−0.128
	（20.224）	（−0.832）
Soe	−0.191***	0.010
	（−4.620）	（0.172）
Loss	0.063**	−0.561***
	（2.464）	（−4.860）
Auditopion	−0.341***	0.672
	（−3.228）	（1.087）
Big4	−0.012	−0.459***
	（−0.274）	（−5.074）
IMR		−0.683
		（−1.245）
常数项	−9.049***	−11.360***
	（−14.935）	（−4.367）
行业	YES	YES
时间	YES	YES
样本量	16 435	16 435
With_R^2	0.063	0.0380

数据来源：作者整理。

注：括号内为 t 统计检验值；*表示 $p<0.1$；**表示 $p<0.05$；***表示 $p<0.01$。

（3）股权制衡度与企业策略性信息披露

考虑到企业策略性信息披露过程中可能存在的样本选择偏误，本研究对模型（5-3）采用 Heckman 两步法进行检验。具体而言，首先，构建企业的行业年度股权制衡度的均值（IV_CGI）为工具变量，理由在于，行业年度股权制衡度表示了整体行业当年的股权制衡度水平，与企业的股权制衡度水平有紧密相关性，但行业股权制衡度水平并不会对某一家具体企业的信息披露策略行为产生直接影响，因而满足相关性和独立性的原则。其次，按照 Heckman 两步法构建模型进行回归检验，结果见表5-22，从第（1）列可知，工具变量行业年度股权制衡度（IV_CGI）与自变量企业股权制衡度（CGI）的相关系数为4.047，在5%水平上显著为正，表明符合相关性原则；从第（2）列可知，逆米尔斯值（IMR）的系数为7.929，在10%水平下显著为负，表明原来样本存在样本选择偏差，而经 Heckman 两步法纠正后企业股权制衡度（CGI）的系数为0.113，在1%水平上显著为负，以上结果表明，在克服样本选择偏误后，股权制衡度依然可以有效抑制企业策略性信息披露。

表5-22　股权制衡度与企业策略性信息披露的 Heckman 检验

	（1） CGI	（2） S_Info
IV_CGI	4.047**	
	（2.041）	
CGI		−0.113***
		（−3.032）
Size	0.079***	0.050
	（10.167）	（0.359）
Lev	−0.289***	1.807***
	（−10.203）	（3.366）
Age	−0.107***	0.091
	（−8.852）	（0.474）
Roa	−0.520***	1.698

续表

	（1） CGI	（2） S_Info
	（−7.599）	（1.546）
Dual	−0.031***	−0.005
	（−3.854）	（−0.068）
BM	−0.011***	0.028
	（−2.618）	（0.842）
Growth	0.032***	0.094
	（5.243）	（1.235）
Cflow	0.051	−2.167***
	（1.152）	（−5.627）
M_Share	0.133***	−0.744**
	（3.636）	（−2.450）
J_Share	0.293***	−1.216**
	（11.446）	（−2.211）
Soe	0.176***	−0.597*
	（9.215）	（−1.878）
Loss	−0.021*	−0.541***
	（−1.752）	（−4.454）
Auditopion	0.034	0.598
	（0.697）	（0.965）
Big4	0.051**	−0.597***
	（2.441）	（−5.217）
IMR		−7.929*
		（−1.945）
常数项	−3.920***	−1.193
	（−2.645）	（−0.217）
行业	YES	YES

续表

	（1） CGI	（2） S_Info
时间	YES	YES
样本量	16 435	16 435
With_R^2	0.0718	0.0356

数据来源：作者整理。

注：括号内为 t 统计检验值；*表示 $p<0.1$；**表示 $p<0.05$；***表示 $p<0.01$。

（4）高管外部薪酬差距与企业策略性信息披露

考虑到企业策略性信息披露过程中可能存在的样本选择偏误，本研究对模型（5-4）采用 Heckman 两步法进行检验。具体而言，首先，构建企业的行业年度高管外部薪酬差距的均值（IV_EPA1）为工具变量，理由在于，行业年度高管外部薪酬差距表示了整体行业当年的高管外部薪酬差距水平，与企业的高管外部薪酬差距有紧密相关性，但行业高管外部薪酬差距水平并不会对某一家具体企业的信息披露策略行为产生直接影响，因而满足相关性和独立性的原则。其次，按照 Heckman 两步法构建模型进行回归检验，结果见表 5-23，从第（1）列可知，工具变量行业年度高管外部薪酬差距（IV_EPA1）与自变量企业高管外部薪酬差距（$EPA1$）的相关系数为 1.007，在 1% 水平上显著为正，表明符合相关性原则；从第（2）列可知，逆米尔斯值（IMR）的系数为 2.317，在 5% 水平下显著为负，表明原来样本存在样本选择偏差，而经 Heckman 两步法纠正后企业高管外部薪酬差距（$EPA1$）的系数为 0.109，在 1% 水平上显著为负，以上结果表明，在克服样本选择偏误后，高管外部薪酬差距依然可以有效抑制企业策略性信息披露。

表 5-23 高管外部薪酬差与企业策略性信息披露的 Heckman 检验

	（1） EPA1	（2） S_Info
IV_EPA1	1.007*** （4.653）	

续表

	（1） EPA1	（2） S_Info
EPA1		−0.109***
		（−3.263）
Size	0.276***	0.138
	（40.575）	（1.602）
Lev	0.110***	0.746***
	（2.970）	（4.608）
Age	−0.019**	−0.266***
	（−2.034）	（−6.950）
Roa	1.976***	−1.342
	（14.798）	（−1.507）
Dual	0.022*	−0.119**
	（1.932）	（−2.401）
BM	−0.115***	0.062
	（−17.172）	（1.466）
Growth	−0.027**	0.200***
	（−2.048）	（3.857）
Cflow	0.707***	−2.451***
	（8.088）	（−5.676）
M_Share	−0.205***	−0.153
	（−4.882）	（−0.789）
J_Share	−0.027	−0.142
	（−0.867）	（−1.057）
Soe	−0.121***	0.110
	（−8.822）	（1.576）
Loss	0.119***	−0.666***
	（4.720）	（−5.559）

续表

	（1） EPA1	（2） S_Info
Auditopion	−0.187*	0.822
	(−1.711)	(1.326)
Big4	0.391***	−0.615***
	(18.971)	(−5.356)
IMR		−2.317**
		(−2.572)
常数项	−5.240***	−6.514**
	(−10.267)	(−2.088)
行业	YES	YES
时间	YES	YES
样本量	16 402	16 402
With_R^2	0.229	0.0357

数据来源：作者整理。

注：括号内为 t 统计检验值；*表示 $p<0.1$；**表示 $p<0.05$；***表示 $p<0.01$。

5.4.2 替换自变量

为了增加研究结论可靠性，本研究对前文模型（5-1）到模型（5-4）中的自变量寻找替代指标进行稳健性检验。

（1）外部"刚性治理"与企业策略性信息披露

对模型（5-1）中外部"刚性治理"由原来的知识产权保护制度（IPP）替换为产品市场的发育程度（PM）和樊纲市场指数（FG）。该指标的逻辑在于，产品市场的发育程度指的是一个特定市场中产品的数量、种类和竞争程度等方面的情况，一个发育程度较高的产品市场通常具有多样化的产品供应，竞争激烈，消费者有更多的选择，因此，产品市场的发育程度越高，市场的容量和活力越大，因而也能够吸引更多的参与者和投资，企业管理者进行策略性信息披露的动机也就越低。而樊纲市场指数是中国经济学家樊纲提出的一个指标，用于衡量一个国家或地区市场经济的发展水平，该指数主要考虑市场的自由度、竞争程度、市场参与者的权利保护等因素，较高的樊纲市场指数表示一个国家或地区的市场经济发展较好，市场机制能够更有效地发挥作用，市场参与者享有较高的自由度和权益保护。樊纲市场指数越高，企业管理者机会主义行为需要付出的代价越大，管理者进行策略性信息披露的动机也越低，因此，产品市场的发育程度和樊纲市场指数可以对企业起到外部"刚性治理"作用。

用产品市场的发育程度（PM）和樊纲市场指数（FG）重新对模型（5-1）回归后结果见表5-24，第（1）列为不控制行业及时间效应的回归结果，产品市场的发育程度（PM）与企业策略性信息披露（S_Info）的系数为0.020，在5%水平下显著为负；第（2）列为控制行业及时间效应的回归结果，产品市场的发育程度（PM）与企业策略性信息披露（S_Info）的系数为0.045，在1%水平上显著为负；第（3）列为不控制行业时间效应的回归结果，产品市场的发育程度（PM）与企业策略性信息披露（S_Info）的系数为0.088，在1%水平下显著为负；第（4）列为控制行业及时间效应的回归结果，产品市场的发育程度（PM）与企业策略性信息披露（S_Info）的系数为0.063，在1%水平上显著为负。以上结果表明，在改变知识产权保护制度测度指标后，外部"刚性治理"依然会显著抑制企业的策略性信息披露，前文结论具有稳健性。

表 5-24 替换知识产权保护制度的稳健性检验

	（1）	（2）	（3）	（4）
PM	-0.020^{**}	-0.045^{***}		
	（-2.041）	（-4.026）		
FG			-0.088^{***}	-0.063^{***}
			（-6.600）	（-4.169）
Size	0.273^{***}	0.304^{***}	0.297^{***}	0.315^{***}
	（10.500）	（10.984）	（11.492）	（11.389）
Lev	0.602^{***}	0.882^{***}	0.561^{***}	0.827^{***}
	（4.226）	（5.881）	（3.957）	（5.521）

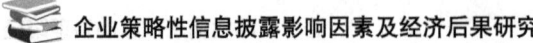

续表

	（1）	（2）	（3）	（4）
Age	−0.279***	−0.268***	−0.289***	−0.280***
	（−7.764）	（−7.167）	（−8.019）	（−7.483）
Roa	−0.483	0.034	−0.377	−0.016
	（−0.832）	（0.056）	（−0.645）	（−0.026）
Dual	−0.108**	−0.105**	−0.083*	−0.097**
	（−2.259）	（−2.158）	（−1.723）	（−2.003）
BM	−0.092***	−0.007	−0.099***	−0.013
	（−3.808）	（−0.242）	（−4.026）	（−0.484）
Growth	0.178***	0.192***	0.177***	0.189***
	（3.746）	（3.936）	（3.737）	（3.886）
Cflow	−1.598***	−1.926***	−1.578***	−1.960***
	（−4.613）	（−5.174）	（−4.551）	（−5.276）
M_Share	−0.379**	−0.290	−0.328*	−0.254
	（−2.127）	（−1.613）	（−1.838）	（−1.414）
J_Share	−0.249*	−0.139	−0.267**	−0.126
	（−1.945）	（−1.057）	（−2.079）	（−0.962）
Soe	0.034	0.005	−0.013	0.002
	（0.630）	（0.091）	（−0.246）	（0.034）
Loss	−0.573***	−0.608***	−0.560***	−0.611***
	（−4.923）	（−5.192）	（−4.843）	（−5.227）
Auditopion	0.632	0.713	0.613	0.715
	（1.038）	（1.177）	（1.000）	（1.174）
Big4	−0.440***	−0.464***	−0.407***	−0.437***
	（−5.080）	（−5.152）	（−4.668）	（−4.848）
常数项	−9.282***	−10.105***	−9.006***	−10.224***
	（−3.719）	（−4.059）	（−3.589）	（−4.089）
行业	NO	YES	NO	YES

续表

	（1）	（2）	（3）	（4）
时间	NO	YES	NO	YES
样本量	16 435	16 435	16 435	16 435
With_R^2	0.0211	0.0357	0.0235	0.0358

数据来源：作者整理。

注：括号内为 t 统计检验值；*表示 $p<0.1$，**表示 $p<0.05$，***表示 $p<0.01$。

（2）外部"柔性治理"与企业策略性信息披露

对模型（5-2）中外部"柔性治理"由原来的分析师跟踪（AC）替换为投资者调研次数（Invest）和媒体关注度（Media）。该指标的逻辑在于，投资者调研通常由独立的机构或投资者进行，通过对企业的战略、业绩、风险等进行深入研究和评估，与企业高管和管理层的交流，可以向外界提供独立、客观的评估和反馈，而这种反馈可以促使企业更加诚实、透明地披露信息，调整战略和行为，以符合投资者的期望和市场需求。因此，投资者调研次数越多，其"柔性治理"的作用越大。而媒体关注度可以将企业的信息和动态曝光给公众，提高企业的知名度和知晓度，媒体报道可以揭示企业的经营状况、管理实践、社会责任等方面的信息，引起公众的关注和讨论，媒体的曝光和舆论监督也可以促使企业更加谨慎和透明地行事，避免不当行为。此外，媒体的监督和批评可以推动企业建立更加有效的内部控制和治理机制，以加强对管理层的监督和问责，进而提升企业治理水平。因此，媒体关注度越高，其"柔性治理"的作用越大。

用投资者调研次数（Invest）和媒体关注度（Media）重新对模型（5-2）回归后结果见表5-25，第（1）列为不控制行业及时间效应的回归结果，投资者调研次数（Invest）与企业策略性信息披露（S_Info）的系数为0.008，在10%水平下显著为负；第（2）列为控制行业及时间效应的回归结果，投资者调研次数（Invest）与企业策略性信息披露（S_Info）的系数为0.009，在5%水平上显著为负；第（3）列为不控制行业时间效应的回归结果，媒体关注度（Media）与企业策略性信息披露（S_Info）的系数为0.019，不显著；第（4）列为控制行业及时间效应的回归结果，媒体关注度（Media）与企业策略性信息披露（S_Info）的系数为 0.089，在 1% 水平上显著为负。以上结果表明，在改变外部"柔性治理"的分析师跟踪测度指标后，外部"柔性治理"依然会显著抑制企业的策略性信息披露，前文结论具有稳健性。

表 5-25　替换分析师跟踪的稳健性检验

	（1）	（2）	（3）	（4）
Invest	−0.008*	−0.009**		
	(−1.944)	(−2.224)		
Media			−0.019	−0.089***
			(−0.831)	(−3.324)
Size	0.225***	0.278***	0.290***	0.357***
	(5.803)	(6.680)	(10.660)	(11.674)
Lev	0.806***	0.973***	0.582***	0.861***
	(4.071)	(4.547)	(4.103)	(5.733)
Age	−0.290***	−0.280***	−0.281***	−0.279***
	(−5.442)	(−4.949)	(−7.790)	(−7.399)
Roa	−0.710	−0.112	−0.501	0.135
	(−0.871)	(−0.130)	(−0.861)	(0.220)
Dual	−0.098	−0.111*	−0.110**	−0.106**
	(−1.603)	(−1.814)	(−2.289)	(−2.180)
BM	−0.007	0.132***	−0.098***	−0.021
	(−0.190)	(2.812)	(−4.014)	(−0.761)
Growth	0.230***	0.248***	0.179***	0.197***
	(3.368)	(3.494)	(3.753)	(4.043)
Cflow	−1.466***	−1.552***	−1.573***	−1.945***
	(−3.020)	(−2.971)	(−4.539)	(−5.206)
M_Share	−0.311	−0.279	−0.375**	−0.279
	(−1.366)	(−1.206)	(−2.104)	(−1.549)

续表

	（1）	（2）	（3）	（4）
J_Share	−0.283	−0.236	−0.255**	−0.137
	(−1.617)	(−1.315)	(−1.991)	(−1.046)
Soe	−0.180**	−0.255***	0.041	0.025
	(−2.141)	(−2.871)	(0.748)	(0.444)
Loss	−0.628***	−0.623***	−0.564***	−0.578***
	(−3.627)	(−3.586)	(−4.831)	(−4.929)
Auditopion	0.006	0.019	0.619	0.689
	(0.009)	(0.029)	(1.016)	(1.140)
Big4	−0.348**	−0.382**	−0.434***	−0.435***
	(−2.279)	(−2.387)	(−4.980)	(−4.824)
常数项	−5.926**	−7.326***	−9.650***	−11.086***
	(−2.167)	(−2.645)	(−3.869)	(−4.463)
行业	NO	YES	NO	YES
时间	NO	YES	NO	YES
样本量	8881	8881	16 425	16 425
With_R^2	0.0212	0.0369	0.0208	0.0356

数据来源：作者整理。

注：括号内为 t 统计检验值；*表示 $p<0.1$；**表示 $p<0.05$；***表示 $p<0.01$。

（3）内部"大棒"治理模式与企业策略性信息披露

对模型（5-3）中内部"大棒"治理模式由原来的股权制衡度（AC）替换为前十大股东持股比例（T_Share）和公司透明度（Trans）。该指标的逻辑在于，前十大股东通常是企业的重要股东，前十大股东所持有的股份比例较高，通过投票权和股东会议等渠道参与决策过程，对重要事项进行表决和提出建议的影响力较大，一旦发现企业信息披露中存在问题或察觉不当行为时，可以质疑并要求调查或是提出改进措施，进而确保企业管理层的行为符合股东利益和企业治理要求。因此，前十大股东持股比例在一定程度上可以发挥有效的内部治理作用。而公司信息透明度高意味着公司向内外部相关方提供充分、准确的信息,透明的信息披露使得潜在问题更容易被发现和暴露,投资者和其他利益相关方可以通过对公司信息的分析和评估,发现潜在的风险、不当行为或不合规情况,进而可以促使公司及时采取纠正措施,避免问题进一步扩大和影响企业的声誉和业绩。此外,信息披露的高透明度使得公司的决策和行为能够公开透明地展现在外界,对于消除信息不对称和增加市场透明度产生积极影响。因此,公司透明度也可以在一定程度上可以发挥有效的内部治理作用。

前十大股东持股比例(T_Share)和公司透明度($Trans$)重新对模型(5-3)回归后结果见表5-26,第(1)列为不控制行业及时间效应的回归结果,前十大股东持股比例(T_Share)与企业策略性信息披露(S_Info)的系数为0.003,不显著;第(2)列为控制行业及时间效应的回归结果,前十大股东持股比例(T_Share)与企业策略性信息披露(S_Info)的系数为0.006,在5%水平上显著为负;第(3)列为不控制行业时间效应的回归结果,公司透明度($Trans$)与企业策略性信息披露(S_Info)的系数为0.096,在5%水平上显著为负;第(4)列为控制行业及时间效应的回归结果,公司透明度($Trans$)与企业策略性信息披露(S_Info)的系数为0.097,在5%水平上显著为负。以上结果表明,在改变内部"大棒"治理模式的股权制衡度测度指标后,内部"大棒"治理模式依然会显著抑制企业的策略性信息披露,前文结论具有稳健性。

表 5-26 替换股权制衡度的稳健性检验

	(1)	(2)	(3)	(4)
T_Share	−0.003	−0.006**		
	(−1.286)	(−2.269)		
Trans			−0.096**	−0.097**
			(−2.259)	(−2.255)
Size	0.282***	0.306***	0.286***	0.314***
	(10.772)	(10.890)	(9.204)	(9.433)
Lev	0.555***	0.837***	0.571***	0.788***

续表

	（1）	（2）	（3）	（4）
	（3.846）	（5.478）	（3.566）	（4.648）
Age	−0.275***	−0.256***	−0.352***	−0.340***
	（−7.418）	（−6.625）	（−8.055）	（−7.462）
Roa	−0.394	0.148	−0.606	−0.198
	（−0.659）	（0.236）	（−0.941）	（−0.301）
Dual	−0.112**	−0.116**	−0.078	−0.091*
	（−2.296）	（−2.340）	（−1.496）	（−1.741）
BM	−0.094***	−0.007	−0.054**	0.029
	（−3.766）	（−0.252）	（−2.104）	（0.983）
Growth	0.179***	0.186***	0.199***	0.219***
	（3.723）	（3.782）	（3.524）	（3.762）
Cflow	−1.654***	−2.061***	−1.831***	−2.137***
	（−4.719）	（−5.472）	（−4.613）	（−5.051）
M_Share	−0.522**	−0.576**	−0.462**	−0.404**
	（−2.295）	（−2.474）	（−2.376）	（−2.063）
J_Share	−0.397**	−0.413**	−0.324**	−0.236
	（−2.065）	（−2.081）	（−2.253）	（−1.601）
Soe	0.055	0.054	−0.041	−0.061
	（0.997）	（0.944）	（−0.631）	（−0.895）
Loss	−0.584***	−0.642***	−0.641***	−0.665***
	（−4.791）	（−5.243）	（−4.737）	（−4.872）
Auditopion	0.592	0.648	0.724	0.838
	（0.970）	（1.068）	（1.178）	（1.377）
Big4	−0.454***	−0.477***	−0.474***	−0.506***
	（−5.123）	（−5.201）	（−4.231）	（−4.406）
常数项	−9.539***	−10.456***	−9.599***	−10.862***
	（−3.813）	（−4.196）	（−3.786）	（−4.306）

续表

	（1）	（2）	（3）	（4）
行业	NO	YES	NO	YES
时间	NO	YES	NO	YES
样本量	15 838	15 820	12 976	12 976
With_R^2	0.0212	0.0347	0.0227	0.0343

数据来源：作者整理。

注：括号内为 t 统计检验值；*表示 $p<0.1$；**表示 $p<0.05$；***表示 $p<0.01$。

（4）内部"胡萝卜"治理模式与企业策略性信息披露

对模型（5-4）中内部"胡萝卜"由原来的高管外部薪酬差距（$EPA1$）替换为高管外部薪酬差距（$EPA2$）和管理层薪酬总额（MST）。该指标的逻辑在于，高管外部薪酬超出其他公司高管平均薪酬水平越多，或是公司管理层薪酬总额越大，表明公司的内部薪酬激励措施越大，其中高管外部薪酬差距（$EPA2$）的测度指标在本章变量说明中已解释。

高管外部薪酬差距（$EPA2$）和管理层薪酬总额（MST）重新对模型（5-4）回归后结果见表5-27，第（1）列为不控制行业及时间效应的回归结果，高管外部薪酬差距（$EPA2$）与企业策略性信息披露（S_Info）的系数为0.156，在1%水平下显著为负；第（2）列为控制行业及时间效应的回归结果，高管外部薪酬差距（$EPA2$）与企业策略性信息披露（S_Info）的系数为0.113，在1%水平上显著为负；第（3）列为不控制行业时间效应的回归结果，管理层薪酬总额（MST）与企业策略性信息披露（S_Info）的系数为0.001，在10%水平上显著为负；第（4）列为控制行业及时间效应的回归结果，管理层薪酬总额（MST）与企业策略性信息披露（S_Info）的系数为0.001，在1%水平上显著为负。以上结果表明，在改变内部"胡萝卜"（柔性治理的激励机制）的高管外部薪酬差距（$EPA1$）测度指标后，内部"胡萝卜"依然会显著抑制企业的策略性信息披露，前文结论具有稳健性。

表 5-27　替换高管外部薪酬差距的稳健性检验

	（1）	（2）	（3）	（4）
EPA2	−0.156***	−0.113***		
	(−4.748)	(−3.209)		
MST			−0.001*	−0.001***
			(−1.783)	(−2.826)
Size	0.334***	0.347***	0.295***	0.339***
	(11.927)	(11.669)	(10.982)	(11.609)
Lev	0.597***	0.853***	0.590***	0.853***
	(4.216)	(5.703)	(4.162)	(5.687)
Age	−0.286***	−0.277***	−0.284***	−0.276***
	(−7.908)	(−7.362)	(−7.870)	(−7.323)
Roa	−0.022	0.272	−0.319	0.252
	(−0.036)	(0.441)	(−0.539)	(0.408)
Dual	−0.113**	−0.116**	−0.108**	−0.108**
	(−2.345)	(−2.395)	(−2.253)	(−2.214)
BM	−0.101***	−0.017	−0.096***	−0.016
	(−4.101)	(−0.625)	(−3.917)	(−0.577)
Growth	0.159***	0.175***	0.168***	0.180***
	(3.353)	(3.580)	(3.527)	(3.699)
Cflow	−1.531***	−1.925***	−1.568***	−1.921***
	(−4.402)	(−5.166)	(−4.515)	(−5.144)
M_Share	−0.410**	−0.315*	−0.408**	−0.329*
	(−2.302)	(1.754)	(−2.288)	(−1.832)
J_Share	−0.301**	−0.164	−0.270**	−0.155
	(−2.349)	(−1.251)	(−2.105)	(−1.182)
Soe	0.010	0.018	0.026	0.009
	(0.186)	(0.312)	(0.476)	(0.162)
Loss	−0.546***	−0.596***	−0.555***	−0.587***

续表

	（1）	（2）	（3）	（4）
	（-4.717）	（-5.102）	（-4.771）	（-5.029）
Auditopion	0.576	0.691	0.605	0.692
	（0.938）	（1.134）	（0.991）	（1.139）
Big4	-0.444***	-0.472***	-0.442***	-0.447***
	（-5.020）	（-5.164）	（-5.004）	（-4.874）
常数项	-8.114***	-9.665***	-9.781***	-11.160***
	（-3.211）	（-3.837）	（-3.914）	（-4.470）
行业	NO	YES	NO	YES
时间	NO	YES	NO	YES
样本量	16 411	16 411	16 402	16 402
With_R^2	0.0222	0.0351	0.0209	0.0350

数据来源：作者整理。

注：括号内为 t 统计检验值；*表示 $p<0.1$；**表示 $p<0.05$；***表示 $p<0.01$。

5.4.3 替换因变量

改变前文定义企业策略性信息披露的测度方式，在获取上市公司年报文本中创新活动关键词的词频总数时，取对数作为企业创新文本信息披露的测度指标；将研发投入占营业收入比例作为企业创新活动投入的测度指标，将企业创新文本信息披露和创新活动投入与各自行业的中位值进行比较，当企业创新文本信息披露大于中位值且创新活动投入小于中位值时，表明企业存在"多言寡行"的策略性信息披露（S_Info1）。用企业策略性信息披露（S_Info1）的替代指标重新对模型（5-1）到模型（5-4）进行回归检验，结果见表 5-28。从第（1）列可知，知识产权保护制度（IPP）与企业策略性信息披露（S_Info1）的系数为 0.005，在 5% 水平下显著为负，表明在替换策略性信息披露指标后，知识产权保护制度依然显著降低了企业管理层策略性信息披露出现的概率；从第（2）列可知，分析师跟踪（AC）与企业策略性信息披露（S_Info1）的系数为 0.178，在 1% 水平下显著为负，表明在替换策略性信息披露指标后,分析师跟踪依然显著降低了企业管理层策略性信息披露出现的概率;从第(3)列可知,股权制衡度(CGI)与企业策略性信息披露(S_Info1)的系数为0.087,在5%水平下显著为负,表明在替换策略性信息披露指标后,股权制衡度依然显著降低了企业管理层策略性信息披露出现的概率;从第(4)列可知,高管外部薪酬差距($EPA1$)与企业策略性信息披露(S_Info1)的系数为0.109,在1%水平下显著为负,表明在替换策略性信息披露指标后,高管外部薪酬差距依然显著降低了企业管理层策略性信息披露出现的概率。

表 5-28 替换因变量的稳健性检验

	(1)	(2)	(3)	(4)
IPP	−0.005**			
	(−2.437)			
AC		−0.178***		
		(−6.283)		
CGI			−0.087**	
			(−2.358)	
$EPA1$				−0.109***
				(−3.174)
$Size$	0.277***	0.354***	0.278***	0.305***
	(10.001)	(11.630)	(10.035)	(10.415)
Lev	0.732***	0.759***	0.721***	0.761***
	(4.875)	(5.046)	(4.796)	(5.062)
Age	−0.207***	−0.213***	−0.206***	−0.209***
	(−5.584)	(−5.744)	(−5.524)	(−5.603)
Roa	−0.663	0.237	−0.699	−0.334
	(−1.114)	(0.375)	(−1.170)	(−0.548)
$Dual$	−0.029	−0.020	−0.040	−0.029
	(−0.594)	(−0.417)	(−0.821)	(−0.608)

续表

	（1）	（2）	（3）	（4）
BM	−0.009	−0.048*	−0.007	−0.017
	(−0.338)	(−1.699)	(−0.280)	(−0.639)
Growth	0.088*	0.092*	0.097*	0.074
	(1.720)	(1.830)	(1.906)	(1.451)
Cflow	−1.351***	−1.337***	−1.385***	−1.312***
	(−3.682)	(−3.625)	(−3.772)	(−3.556)
M_Share	0.035	0.149	0.029	−0.033
	(0.196)	(0.836)	(0.165)	(−0.188)
J_Share	−0.011	0.083	−0.043	−0.029
	(−0.081)	(0.634)	(−0.328)	(−0.220)
Soe	−0.044	−0.060	−0.042	−0.046
	(−0.769)	(−1.048)	(−0.736)	(−0.794)
Loss	−0.734***	−0.691***	−0.730***	−0.705***
	(−6.320)	(−6.027)	(−6.278)	(−6.091)
Auditopion	1.080	1.023	1.074	1.057
	(1.506)	(1.405)	(1.498)	(1.475)
Big4	−0.429***	−0.450***	−0.434***	−0.424***
	(−4.792)	(−5.025)	(−4.853)	(−4.648)
常数项	−11.401***	−12.937***	−11.712***	−12.183***
	(−3.917)	(−4.351)	(−4.025)	(−4.183)
行业	YES	YES	YES	YES
时间	YES	YES	YES	YES
样本量	16 435	16 435	16 435	16 402
With_R^2	0.0401	0.0422	0.0401	0.0402

数据来源：作者整理。

注：括号内为 t 统计检验值；*表示 $p<0.1$；**表示 $p<0.05$；***表示 $p<0.01$。

5.4.4 替换模型

改变前文 logit 模型为 probit 模型并重新对模型（5-1）到模型（5-4）进行回归，结果见表 5-29。从第（1）列可知，知识产权保护指数（IPP）与企业策略性信息披露（S_Info1）的系数为 0.003，在 5% 水平下显著为负，表明在替换模型后，知识产权保护制度依然显著降低了企业管理层策略性信息披露出现的概率；从列第（2）列可知，分析师跟踪（AC）与企业策略性信息披露（S_Info1）的系数为 0.100，在 1% 水平下显著为负，表明在替换模型后，分析师跟踪依然显著降低了企业管理层策略性信息披露出现的概率；从第（3）列可知，股权制衡度（CGI）与企业策略性信息披露（S_Info1）的系数为 0.051，在 5% 水平下显著为负，表明在替换模型后，股权制衡度依然显著降低了企业管理层策略性信息披露出现的概率；从第（4）列可知，高管外部薪酬差距（$EPA1$）与企业策略性信息披露（S_Info1）的系数为 0.062，在 1% 水平下显著为负，表明在替换模型后，高管外部薪酬差距依然显著降低了企业管理层策略性信息披露出现的概率。

表 5-29 替换模型的稳健性检验

	（1）	（2）	（3）	（4）
IPP	−0.003**			
	（−2.432）			
AC		−0.100***		
		（−6.237）		
CGI			−0.051**	
			（−2.468）	
EPA1				−0.062***
				（−3.245）
Size	0.158***	0.202***	0.159***	0.174***
	（10.047）	（11.653）	（10.097）	（10.480）
Lev	0.404***	0.416***	0.397***	0.421***
	（4.734）	（4.866）	（4.645）	（4.923）

续表

	(1)	(2)	(3)	(4)
Age	−0.120***	−0.123***	−0.119***	−0.121***
	(−5.690)	(−5.853)	(−5.635)	(−5.710)
Roa	−0.410	0.078	−0.435	−0.233
	(−1.256)	(0.225)	(−1.330)	(−0.699)
Dual	−0.015	−0.011	−0.021	−0.016
	(−0.551)	(−0.396)	(−0.781)	(−0.577)
BM	−0.004	−0.026	−0.004	−0.009
	(−0.273)	(−1.628)	(−0.235)	(−0.578)
Growth	0.051*	0.054*	0.057*	0.043
	(1.727)	(1.837)	(1.922)	(1.467)
Cflow	−0.734***	−0.727***	−0.756***	−0.713***
	(−3.547)	(−3.496)	(−3.650)	(−3.426)
M_Share	0.026	0.089	0.025	−0.012
	(0.259)	(0.884)	(0.250)	(−0.122)
J_Share	−0.004	0.050	−0.022	−0.013
	(−0.052)	(0.673)	(−0.294)	(−0.177)
Soe	−0.020	−0.030	−0.019	−0.021
	(−0.629)	(−0.917)	(−0.600)	(−0.639)
Loss	−0.412***	−0.388***	−0.410***	−0.396***
	(−6.476)	(−6.162)	(−6.436)	(−6.242)
Auditopion	0.580*	0.523	0.575*	0.568*
	(1.702)	(1.496)	(1.680)	(1.661)
Big4	−0.243***	−0.256***	−0.247***	−0.239***
	(−4.871)	(−5.135)	(−4.949)	(−4.692)
常数项	−6.421***	−7.189***	−6.590***	−6.859***
	(−4.591)	(−4.982)	(−4.699)	(−4.887)
行业	YES	YES	YES	YES

续表

	（1）	（2）	（3）	（4）
时间	YES	YES	YES	YES
样本量	16 435	16 435	16 435	16 402
With_R^2	0.0402	0.0423	0.0402	0.0403

数据来源：作者整理。

注：括号内为 t 统计检验值；*表示 $p<0.1$；**表示 $p<0.05$；***表示 $p<0.01$。

5.5 本章结论

本章以 2011—2022 年中国 A 股上市公司对外披露的创新文本信息（非财务信息）和创新投入等财务信息为研究对象，对企业策略性信息披露行为的治理路径进行了探究。在控制了公司基本财务信息、内部治理信息和外部监管信息的基础上，对外部"刚性治理"和"柔性治理"对企业策略性信息披露的治理作用的研究，发现无论是外部"刚性治理"还是"柔性治理"，都能在一定程度上显著降低企业管理层进行策略性信息披露的概率。对内部"大棒"和"胡萝卜"治理模式对企业策略性信息披露的治理作用的研究，发现无论是内部"大棒"治理作用还是"胡萝卜"激励模式，都能在一定程度上降低企业管理层进行策略性信息披露的概率。但通过进一步的分组回归检验发现，对于不同产权性质、不同生命周期阶段及处于不同法律制度环境下的企业，外部治理和内部治理对企业策略性信息披露的治理作用是不同的。具体而言，外部"刚性治理""柔性治理"及内部"大棒"治理模式对国有企业策略性信息披露的抑制作用要高于非国有企业，而内部"胡萝卜"激励模式对非国有企业策略性信息披露的抑制作用更明显。外部"刚性治理""柔性治理"及内部"大棒"治理模式对成熟期企业的策略性信息披露抑制作用更明显，而内部"胡萝卜"激励模式则对成长期企业的策略性信息披露的抑制作用更明显。外部"刚性治理"对企业策略性信息披露的治理作用在法律制度环境较差的地区更大。

本章结论说明，无论是外部"刚性治理"还是"柔性治理"，以及内部"大棒"治理模式及"胡萝卜"激励模式都可以成为有效抑制管理层策略性披露信息的治理途径，在我国资本市场信息披露制度仍有待完善的情况下，对企业策略性信息披露的有效治理有助于推动资本市场健康发展。具体而言，本章的研究贡献主要体现在如下两个层面。

从理论层面，本章的研究进一步拓展了企业策略性信息披露的治理路径。现有关于策略性信息披露的治理研究，大多从企业外部的法律法规视角展开研究，认为制定完善的信息披露法律法规才是规范信息披露行为并降低企业策略性信息披露的重要因素。本研究通过对外部"刚性治理"和"柔性治理"及内部"大棒"治理模式和"胡萝卜"激励模式对企业策略性信息披露作用的探讨，不仅从多视角提出了抑制企业"多言寡行"的策略性信息披露的方法，较为全面地分析了企业策略性信息披露的治理路径，也为企业提高对"柔性治理"的重视提供了理论依据，丰富和拓展了现有的治理理论。

从实践层面，首先，对企业而言，企业言行一致是建立企业诚信和良好声誉的基础，研究企业言行不一致的治理路径可以帮助企业识别和解决不一致导致的问题，通过价值观、行为准则、内部控制机制和薪酬激励机制的建立，帮助企业形成稳定的企业文化和价值观并提高员工凝聚力、提升内部管理和运营效率，进而有助于提高企业绩效、竞争力、诚信度和声誉，增强投资者和利益相关方对企业的信任。其次，对投资者而言，对企业策略性信息披露治理路径的研究有助于提高企业披露信息的可理解性和可比性，确保投资者获得真实、全面、准确的信息，进而帮助投资者更好地理解企业的战略、风险和前景，做出更明智的投资决策，从而达到增强投资者保护的目的。此外，对企业策略性信息披露治理路径的研究还可以提高市场的效率，促进市场的有效定价和资源配置。

第 6 章

总结与研究展望

6.1 研究发现

本研究以"影响因素—经济后果—治理路径"为逻辑线,对企业管理层的策略性信息披露行为进行了深入探讨。

首先,通过对企业策略性信息披露影响因素的研究,有效识别了企业管理层策略性信息披露的真正原因,即企业策略性信息披露并非为了更好地向外界传递企业内部信息,而是为了更好地操纵外部利益相关者;企业管理层进行策略性信息披露时,会同时兼顾公司整体利益和管理者的个人私利。通过进一步分析发现,企业的产权性质、企业生命周期和法律制度环境都会影响企业管理层策略性信息披露的动机,比如,非国有企业的负债压力、为挽回违规被罚导致受损的声誉动机会显著增加企业策略性信息披露出现的概率;相对于成长期和衰退期企业,成熟期企业的负债压力、为挽回违规被罚导致受损的声誉动机和内部交易动机会显著增加企业策略性信息披露的概率。

其次,对企业策略性信息披露经济后果的研究,发现了企业策略性信息披露会帮助企业获得更多的外部政府补助,但并不会对企业内部高管主动离职产生显著影响,并且企业策略性信息披露行为会显著提高企业的股价崩盘风险和审计收费。通过进一步分析发现,产权性质、企业生命周期和法律制度环境都会对企业策略性信息披露的经济后果产生异质性影响,比如,相较于国有企业,非国有企业策略性信息披露所产生的股价崩盘风险和审计师收费更高;相对于成长期企业,成熟期企业策略性信息披露所导致的股价崩盘风险和审计费用更高;相较于法律制度环境较好地区的企业,法律制度环境较差地区企业的策略性信息披露会产生更高的股价崩盘风险和审计费用。

最后，对企业策略性信息披露治理路径的探究，发现无论是企业外部的"刚性治理"和"柔性治理"，还是企业内部"大棒"治理模式和"胡萝卜"激励模式都可以有效实现对企业策略性信息披露行为的抑制作用。通过进一步分析发现，对于不同产权性质、不同生命周期阶段及处于不同法律制度环境下的企业，外部治理和内部治理对企业策略性信息披露的治理作用是不同的。具体而言，外部"刚性治理""柔性治理"及内部"大棒"治理模式对国有企业策略性信息披露的抑制作用要高于非国有企业，而内部"胡萝卜"激励模式对非国有企业策略性信息披露的抑制作用更明显。外部"刚性治理""柔性治理"及内部"大棒"治理模式对成熟期企业的策略性信息披露抑制作用更明显，而内部"胡萝卜"激励模式则对成长期企业的策略性信息披露的抑制作用更明显。外部"刚性治理"对企业策略性信息披露的治理作用在法律制度环境较差的地区更大。

6.2 研究贡献与启示

本研究兼具重要的理论价值和政策启示，主要表现在以下三方面。

第一，拓展了企业策略性信息披露的动因。现有关于策略性信息披露影响因素的文献，大多从企业内部治理视角展开研究，认为大股东掏空减持是企业策略性信息披露的主要原因，本研究通过对企业策略性信息披露功效之分和企业策略性信息披露功利之分进行探究，较为全面地分析了企业策略性信息披露的动机。本研究对企业策略性信息披露影响因素的研究可以为信息披露理论提供重要的理论指导，尤其通过企业披露决策的动因和机制的深入研究，有助于揭示企业信息披露行为背后的驱动力和逻辑，可以帮助理论界更好地理解信息披露的决策过程和影响因素，进而有助于构建更加完善的信息披露理论框架，提升对信息披露行为的解释和预测能力。此外，本研究研究结果可以帮助企业识别关键的信息披露影响因素，优化信息披露决策的过程和结果，从而更好地满足投资者的信息需求，提升企业的声誉和竞争力；也可以帮助监管机构更好地了解企业的信息披露行为和动机，从而制定更加有效的监管政策和措施。

第二，丰富了企业策略性信息披露的经济后果。现有关于策略性信息披露经济后果的研究大多从资本市场角度进行探析，认为企业策略性信息披露会影响投资者情绪及企业股价，本研究通过对企业策略性信息披露的内部经济后果和外部经济后果的探究，更为全面地分析了企业策略性信息披露的经济后果。企业策略性信息披露的经济后果研究有助于了解信息披露对投资者决策和市场效率的影响，研究信息披露对投资者行为和市场波动性等方面的影响，可以揭示信息披露对投资者决策的影响机制，评估信息披露对市场效率的贡献，进而有助于更好地理解信息披露的经济后果，为投资者提供更准确的决策依据，促进资本市场的有效运行。此外，企业策略性信息披露的经济后果研究还有助于了解信息披露对企业利益相关者的影响，通过研究信息披露对政府和会计师事务所等方面的影响，可以揭示信息披露影响外部利益相关者的影响机制，评估策略性信息披露给企业带来的利弊，进而有助于更好地理解信息披露的经济效果，为企业内部管理者提供更准确的决策依据，促进企业的可持续发展。

第三，完善了企业策略性信息披露的治理路径。现有关于策略性信息披露的治理研究，大多从企业外部的法律法规视角展开研究，认为制定完善的信息披露法律法规才是规范信息披露行为并降低企业策略性信息披露的重要因素。本研究通过对外部"刚性治理"和"柔性治理"及内部"大棒"治理模式和"胡萝卜"激励模式对企业策略性信息披露作用的探讨，不仅从多视角提出了抑制企业"寡行多言"策略性信息披露的办法，较为全面地分析了企业策略性信息披露的治理路径，也为企业提高对"柔性治理"的重视提供了理论依据，丰富和拓展了现有的治理理论。企业策略性信息披露治理路径的研究，一方面可以帮助企业建立诚信和声誉，另一方面有助于保护利益相关方的利益。企业通过合理、准确、及时地披露信息，增强企业的透明度和可信度，同时，信息披露也是企业与投资者、员工、供应商、客户等利益相关方之间的重要沟通方式，研究企业策略性信息披露治理路径，有助于为企业建立健全的信息披露机制和治理结构提供指导，进而确保利益相关方的权益得到充分保护。

6.3 研究局限与未来研究展望

本研究基于A股上市公司考察了企业的策略性信息披露行为，对企业管理层策略性信息披露出现的动因、经济后果及其治理机制进行了研究，但本研究可能存在以下局限性。

第一，我国信息披露违规的情形大多因公司披露大量不实信息所致，因而本研究主要是基于公司"多言寡行"的视角来研究管理层策略性信息披露行为，没有研究"寡言多行"的策略性信息披露行为，未来可结合成本效益理论来探索"寡言多行"的策略性信息披露问题并分析其动因。因此，在融合不同理论的前提下，如何将"多言寡行"和"寡言多行"策略性信息披露行为很好的融合研究，是本研究今后需要继续完善的方向。

第二，本研究对企业管理层策略性信息披露出现的动因、经济后果及其治理机制的研究，主要是基于对2011—2022年样本公司数据进行了大数据实证研究，得出的研究结论是有说服性的。但是受上市公司策略性信息披露的隐蔽性和高管真实想法的可获得性等问题，本研究没有根据具体公司案例来直接对管理层策略性信息披露出现的动因和经济后果进行扎根理论分析，因此，如何对企业策略性信息披露进行案例分析也是今后需要思考和探索的地方。

第三，本研究关于企业策略性信息披露的动因、经济后果及其治理机制的研究，虽然实证检验中已经采用多种内生性检验方法（如：工具变量法、Heckman两阶段法），一定程度上能够缓解研究中潜在的内生性问题，还替换了自变量、因变量和模型来增加研究结论的稳健性。但由于企业策略性信息披露受到的影响因素可能较多，使得研究模型的稳健性可能还不够完善，因此，未来研究中需要着重加强对企业策略性信息披露影响因素的控制，并寻找合适的外生事件冲击来加强企业策略性信息披露的内生性及稳健性，以进一步增强研究结论的可靠性。

参考文献

[1] 鲍新中，李佳航，陈柏彤.知识产权自愿性信息披露、分析师预测分歧度与股价崩盘风险[J].北京联合大学学报（人文社会科学版），2023，21（3）：62-79.

[2] 鲍新中，李佳航，谢文静，等.知识产权自愿性信息披露、投资者信心与债务融资成本：来自创业板的文本信息证据[J].财务研究，2023（4）：63-72.

[3] 卞世博，管之凡，阎志鹏.答非所问与市场反应：基于业绩说明会的研究[J].管理科学学报，2021，24（4）：109-126.

[4] 蔡显军，赵娜，王芳."言行一致"的资本市场反应：基于战略合作信息披露视角[J].北京工商大学学报（社会科学版），2022，37（1）：101-114.

[5] 蔡闫东，汪顺，陈一玲，等.年报语调管理与审计师披露应对[J].审计研究，2022（5）：85-94，117.

[6] 曾庆生，周波，张程，等.年报语调与内部人交易："表里如一"还是"口是心非"？[J].管理世界，2018，34（9）：143-160.

[7] 车笑竹，苏勇.企业违规对社会责任报告及其价值效应的影响[J].经济管理，2018，40（10）：58-74.

[8] 陈良银.行业竞争能抑制策略性文本信息披露吗：来自上市公司年报语调的经验证据[J].当代财经，2020（12）：86-98.

[9] 陈小林，林昕.盈余管理、盈余管理属性与审计意见：基于中国证券市场的经验证据[J].会计研究，2011（6）：77-85，96.

[10] 程新生，刘建梅，程悦.相得益彰抑或掩人耳目：盈余操纵与MD&A中非财务信息披露[J].会计研究，2015（8）：11-18，96.

[11] 戴亦一，陈冠霖，潘健平.独立董事辞职、政治关系与公司治理缺陷[J].会计研究，2014（11）：16-23，96.

[12] 邓鸣茂，梅春，颜海明．行业锦标赛激励与公司股价崩盘风险 [J]．上海财经大学学报，2020，22（5）：79-93．

[13] 邓新明，周强．明修栈道，暗渡陈仓：多市场接触、寻租与企业绩效研究 [J]．系统工程理论与实践，2024，44（2）：466-484．

[14] 翟淑萍，毕晓方，李欣．薪酬差距激励了高新技术企业创新吗？[J]．科学决策，2017（6）：1-28．

[15] 翟淑萍，王敏，张晓琳．财务问询函对审计联结公司的监管溢出效应：来自年报可读性的经验证据 [J]．审计与经济研究，2020，35（5）：18-30．

[16] 底璐璐，罗勇根，江伟，等．客户年报语调具有供应链传染效应吗：企业现金持有的视角 [J]．管理世界，2020，36（8）：148-163．

[17] 丁亚楠，王建新．"浑水摸鱼"还是"自证清白"：经济政策不确定性与信息披露：基于年报可读性的探究 [J]．外国经济与管理，2021，43（11）：70-85．

[18] 董南雁，梁巧妮，林青．管理层业绩预告策略与隐含资本成本 [J]．南开管理评论，2017，20（2）：45-57．

[19] 董维维，潘金晶．高管薪酬差距、产权性质与企业风险承担关系研究 [J]．预测，2020，39（6）：25-31．

[20] 董小红，刘博．管理层语调操纵会影响政府补助吗：基于 MD&A 的文本分析 [J]．商业经济与管理，2023（2）：53-65．

[21] 范合君，王思雨．财务报告问询函对年报文本语调的影响：基于沪深 A 股上市公司的经验数据 [J]．河南师范大学学报（哲学社会科学版），2022，49（1）：74-81．

[22] 付文博，曾皓．非处罚性监管能约束管理层语调操纵吗：基于年报文本的经验证据 [J]．当代财经，2022（3）：89-101．

[23] 宫义飞，夏艳春，罗开心，等．上市公司业绩预告偏差对股价崩盘风险的影响：基于内部控制的视角 [J]．财经理论与实践，2020，41（5）：53-60．

[24] 郭剑花，杜兴强．政治联系、预算软约束与政府补助的配置效率：基于中国民营上市公司的经验研究 [J]．金融研究，2011（2）：114-128．

[25] 郭松林，宁祺器，窦斌．上市公司年报文本增量信息与违规风险预测：基于语调和可读性的视角 [J]．统计研究，2022，39（12）：69-84．

[26] 郭新华，刘辉．家族企业薪酬差距与企业成长：内部公平与外部公平哪个更重

要？[J]. 财经论丛，2018（10）：57-67.

[27] 郭雪萌，许婴鹏. 薪酬差距能否激励高管：基于高管交易行为的经验研究 [J]. 国际商务（对外经济贸易大学学报），2016（5）：150-160.

[28] 韩鹏，岳园园. 企业创新行为信息披露的经济后果研究：来自创业板的经验证据 [J]. 会计研究，2016（1）：49-55，95.

[29] 何康，项后军，方显仓. 参与精准扶贫有助于企业获得政府补助吗：基于高管经历视角 [J]. 财经论丛，2022（3）：15-25.

[30] 何滔，崔毅. PE对创业板公司高管主动离职的影响 [J]. 证券市场导报，2014（9）：25-34，70.

[31] 黄辉. 高管薪酬的外部不公平、内部差距与企业绩效 [J]. 经济管理，2012，34（7）：81-92.

[32] 黄容，邓金龙，程果. 高管主动离职与企业债务融资成本 [J]. 经济问题，2022（1）：122-129.

[33] 黄小宝，邱喃，陈关亭. 员工外部薪酬差距与股价崩盘风险 [J]. 金融论坛，2020，25（3）：48-58.

[34] 黄晓蓓，郑建明. 媒体关注、分析师跟进与业绩预告违规 [J]. 国际商务（对外经济贸易大学学报），2015（3）：141-150.

[35] 李丹，邱静. 高管外部薪酬差距与数字化转型 [J]. 财会通讯，2023（17）：57-61.

[36] 李明，尹江熙. 政府补助、信息透明度与市场资源配置效率 [J]. 求索，2021（6）：121-128.

[37] 李世刚，蒋尧明. 上市公司年报文本信息语调影响审计意见吗？[J]. 会计研究，2020（5）：178-192.

[38] 李姝，杜亚光，张晓哲. 同行MD&A语调对企业创新投资的溢出效应 [J]. 中国工业经济，2021（3）：137-155.

[39] 李小军，陈雪，毛庆媛. 外部薪酬差距、政治晋升预期与高管主动离职 [J]. 哈尔滨商业大学学报（社会科学版），2021（3）：62-76.

[40] 李馨子，肖土盛. 管理层业绩预告有助于分析师盈余预测修正吗 [J]. 南开管理评论，2015，18（2）：30-38.

[41] 李洋，王春峰，房振明，等. 真实披露还是策略披露：中国上市公司业绩预告行

为研究[J].预测,2021,40(1):45-52.

[42] 梁日新,李英.年报文本语调与审计费用:来自我国A股上市公司的经验数据[J].审计研究,2021(5):109-119.

[43] 梁思源,曾庆生.客户MD&A语调影响供应商投资效率吗?[J].财务研究,2023(1):45-57.

[44] 林晚发,赵仲匡,宋敏.管理层讨论与分析的语调操纵及其债券市场反应[J].管理世界,2022,38(1):164-180.

[45] 刘宝华,周微,张虹.高薪未必养廉:基于权力异化的视角[J].中国经济问题,2016(6):82-95.

[46] 刘会芹,施先旺.年报可读性对分析师盈余预测的影响[J].证券市场导报,2020(3):30-39.

[47] 刘会芹,施先旺.年报文本信息可读性与股价崩盘风险[J].投资研究,2022,41(7):129-148.

[48] 刘慧龙,张玲玲,谢婧.税收征管数字化升级与企业关联交易治理[J].管理世界,2022,38(6):158-175.

[49] 刘建梅,王存峰.投资者能解读文本信息语调吗[J].南开管理评论,2021,24(5):105-117.

[50] 刘建秋,龙宇洪,尹广英.企业社会责任报告语调与审计收费[J].云南财经大学学报,2022,38(6):92-110.

[51] 刘莉,任广乾,郑敏娜.高管主动离职、薪酬契约参照点与企业绩效[J].会计研究,2022(1):70-83.

[52] 刘雯赫,李自杰,李雅婷.高管正向外部薪酬差距对企业R&D国际化覆盖国家差别化的影响[J].技术经济,2020,39(7):147-158.

[53] 刘彦来,李文兴,刘莎.利益冲突机制、上市公司业绩预告与证券分析师预测修正行为[J].证券市场导报,2015(2):24-31.

[54] 刘逸爽,陈艺云.管理层语调与上市公司信用风险预警:基于公司年报文本内容分析的研究[J].金融经济学研究,2018,33(4):46-54.

[55] 刘雨琳.供应商对客户MD&A净负面语调的反应:基于关系专用性投资的视角[J].财经问题研究,2022(11):120-129.

[56] 卢允之，周开国.行业薪酬差距与企业创新策略：基于管理层短视与薪酬激励视角[J].证券市场导报，2022（4）：2-13.

[57] 鲁惠中，林靖.市场压力下的公司创新文本信息披露：基于分析师视角[J].经济科学，2022（2）：142-153.

[58] 李岩琼，姚姬.研发文本信息：真的多说无益吗：基于分析师预测的文本分析[J].会计研究，2020（2）：26-42.

[59] 陆正飞，何捷，窦欢.谁更过度负债：国有还是非国有企业？[J].经济研究，2015，50（12）：14.

[60] 逯东，宋昕倍.媒体报道、上市公司年报可读性与融资约束[J].管理科学学报，2021，24（12）：45-61.

[61] 栾甫贵，纪亚方.高管外部薪酬差距、公司治理质量与企业创新[J].经济经纬，2020，37（1）：114-122.

[62] 罗进辉，彭逸菲，陈一林.年报篇幅与公司的权益融资成本[J].管理评论，2020，32（1）：235-245.

[63] 马黎珺，吴雅倩，伊志宏，等.分析师报告的逻辑性特征研究：问题、成因与经济后果[J].管理世界，2022，38（8）：217-234.

[64] 马智颖，孙世敏，张汉南.薪酬外部公平性与高管过度在职消费行为后果分析：基于内部薪酬差距的调节作用[J].东北大学学报（社会科学版），2021，23（1）：43-51.

[65] 梅春，赵晓菊.薪酬差异、高管主动离职率与公司绩效[J].外国经济与管理，2016，38（4）：19-35.

[66] 梅春，赵晓菊，颜海明，等.行业锦标赛激励与企业创新产出[J].外国经济与管理，2019，41（7）：25-41.

[67] 苗霞，李秉成.管理层超额乐观语调与企业财务危机预测：基于年报前瞻性信息的分析[J].商业研究，2019（2）：129-137.

[68] 倪恒旺，李常青，魏志华.媒体关注、企业自愿性社会责任信息披露与融资约束[J].山西财经大学学报，2015，37（11）：77-88.

[69] 聂萍，潘再珍.问询函监管与大股东"掏空"：来自沪深交易所年报问询的证据[J].审计与经济研究，2019，34（3）：13.

[70] 潘越, 戴亦一, 李财喜. 政治关联与财务困境公司的政府补助: 来自中国 ST 公司的经验证据 [J]. 南开管理评论, 2009, 12（5）: 6-17.

[71] 彭镇, 陈修德, 许慧. 外部薪酬差距对企业创新效率的影响研究 [J]. 证券市场导报, 2020（12）: 20-28.

[72] 钱爱民, 朱大鹏. 财务报告文本相似度与违规处罚: 基于文本分析的经验证据 [J]. 会计研究, 2020（9）: 44-58.

[73] 钱燕, 杨添程. 中文语境下公司年报可读性与股权融资成本: 基于深交所创业板的实证研究 [J]. 南方金融, 2022（11）: 36-49.

[74] 邱静, 李丹. 管理层信息披露语调与企业违规 [J]. 科学决策, 2022,（5）: 1-14.

[75] 程新生, 武琼, 修浩鑫, 等. 企业研发投入波动与信息披露: 投资者创新包容视角 [J]. 经济研究, 2022, 57（6）: 191-208.

[76] 权小锋, 吴世农. 投资者关注、盈余公告效应与管理层公告择机 [J]. 金融研究, 2010（11）: 90-107.

[77] 任宇, 刘峰. 政府补助信息披露选择、外部公共压力与高管薪酬 [J]. 财政研究, 2019（6）: 86-93.

[78] 盛丽颖, 冯艳茹. 政府补助能提高企业社会责任吗: 基于中国重污染上市企业的经验证据 [J]. 财经问题研究, 2022（2）: 84-94.

[79] 石永拴, 杨红芬. 高管团队内外部薪酬差距对公司未来绩效影响的实证研究 [J]. 经济经纬, 2013（1）: 104-108.

[80] 宋昕倍, 陈莹, 逯东, 等. 信息环境、上市公司增量信息披露与资本市场定价效率: 基于 MD&A 文本相似度的研究 [J]. 南开管理评论: 1-26.

[81] 孙文章. 董事会秘书声誉与信息披露可读性: 基于沪深 A 股公司年报文本挖掘的证据 [J]. 经济管理, 2019, 41（7）: 136-153.

[82] 孙文章. 信息发布者会计背景有助于提高信息可读性吗: 基于董秘个人特征的证据 [J]. 经济管理, 2021, 43（9）: 154-171.

[83] 谭小芬, 钱佳琪. 资本市场压力与企业策略性专利行为: 卖空机制的视角 [J]. 中国工业经济, 2020（5）: 156-173.

[84] 陈皓雪, 吕长江, 范琳珊. 社交新媒体、业绩预告与资本市场效率: 来自深沪两市投资者 e 互动的证据 [J]. 南开管理评论, 2023, 26（6）: 116-127.

[85] 谭雪.分析师关注的治理功用研究：基于两类代理成本的考察[J].证券市场导报，2016（12）：37-45.

[86] 刘向强，孙健，袁蓉丽.并购业绩补偿承诺与审计收费[J].会计研究，2018（12）：70-76.

[87] 陶雄华，李钰燕，张计宝.年报可读性、融资约束与企业价值[J].统计与决策，2022，38（23）：165-170.

[88] 王海林，付文博.监管问询影响下游客户的管理层语调吗：基于财务报告问询函和MD&A的分析[J].审计研究，2022（3）：104-116.

[89] 王浩，向显湖，尹飘扬.高管权力、外部薪酬差距与公司业绩预告行为：基于中国证券市场的经验证据[J].华中科技大学学报（社会科学版），2015，29（6）：92-104.

[90] 王嘉鑫，陈今，史亚雅.年报非财务信息的文本披露语言特征会影响股价崩盘风险吗？[J].北京工商大学学报（社会科学版），2022，37（3）：98-112.

[91] 王嘉鑫，张龙平.管理层语调操纵、职业谨慎与审计决策：基于年报文本分析的经验证据[J].中南财经政法大学学报，2020（4）：3-14，158.

[92] 王理想，姚小涛.嵌入与回馈：国有企业的隶属级别、政府补助与慈善捐赠[J].当代财经，2019（4）：75-87.

[93] 王永贵，李霞.促进还是抑制：政府研发补助对企业绿色创新绩效的影响[J].中国工业经济，2023（2）：131-149.

[94] 王运陈，贺康，万丽梅.MD&A语言真诚性能够提高资本市场定价效率吗：基于股价同步性的分析[J].北京工商大学学报（社会科学版），2020，35（3）：99-112.

[95] 王震，许灏颖，宋萌."说话算话"的领导让下属更效忠：中国传统"报"文化视角下的领导言行一致与下属忠诚[J].管理评论，2018，30（4）：106-119.

[96] 魏明海，黄琼宇，程敏英.家族企业关联大股东的治理角色：基于关联交易的视角[J].管理世界，2013（3）：16.

[97] 吴珊，邹梦琪.社会责任文本信息披露是否具有价值保护效应：基于企业违规处罚冲击的研究场景[J].现代财经（天津财经大学学报），2022，42（9）：76-93.

[98] 吴武清，揭晓小，苏子豪.信息不透明、深度跟踪分析师和市场反应[J].管理评

论, 2017, 29（11）：171-182, 195.

[99] 吴育辉, 吴世农. 股票减持过程中的大股东掏空行为研究 [J]. 中国工业经济, 2010（5）：121-130.

[100] 伍翕婷, 游家兴, 于明洋. 政府言行一致与企业股价崩盘风险 [J]. 系统工程理论与实践, 1-30.

[101] 谢德仁, 崔宸瑜, 廖珂. 上市公司"高送转"与内部人股票减持："谋定后动"还是"顺水推舟"？[J]. 金融研究, 2016（11）：158-173.

[102] 熊浩, 钱润红. 年报篇幅与股价崩盘风险：信息冗余还是信息传递 [J]. 中南财经政法大学学报, 2022（1）：26-37.

[103] 修宗峰. 股权集中、股权制衡与会计稳健性 [J]. 证券市场导报, 2008（3）：40-48.

[104] 徐枫, 潘麒, 金山. 区块链信息披露与投资者关注 [J]. 证券市场导报, 2022, （10）：57-68.

[105] 许晨曦, 杜勇, 鹿瑶. 年报语调对资本市场定价效率的影响研究 [J]. 中国软科学, 2021（9）：182-192.

[106] 许帅, 邵帅, 何贤杰. 业绩说明会前瞻性信息对分析师盈余预测准确性的影响：信口雌黄还是言而有征 [J]. 中国管理科学：1-15.

[107] 许为宾, 唐青舟, 李欢. 知识产权保护与企业数字化转型：基于知识产权示范城市的准自然实验 [J]. 科研管理, 2023, 44（10）：53-61.

[108] 薛爽, 肖泽忠, 潘妙丽. 管理层讨论与分析是否提供了有用信息：基于亏损上市公司的实证探索 [J]. 管理世界, 2010（5）：130-140.

[109] 杨德明, 林斌. 业绩预告的市场反应研究 [J]. 经济管理, 2006（16）：26-31.

[110] 姚圣, 周敏. 政策变动背景下企业环境信息披露的权衡：政府补助与违规风险规避 [J]. 财贸研究, 2017, 28（7）：99-110.

[111] 易志高, 李心丹, 潘子成, 等. 公司高管减持同伴效应与股价崩盘风险研究 [J]. 经济研究, 2019, 54（11）：54-70.

[112] 易志高, 潘子成, 茅宁, 等. 策略性媒体披露与财富转移：来自公司高管减持期间的证据 [J]. 经济研究, 2017, 52（4）：166-180.

[113] 于莹, 姚梅芳. 客户管理层负面语调与供应商未来绩效关系研究：基于MD&A

的文本分析 [J]. 税务与经济, 2022 (2): 79-87.

[114] 余晨阳. 上市公司盈利预测偏差与股价操纵 [J]. 投资研究, 2018, 37 (11): 99-12.

[115] 余海宗, 朱慧娟. 年报语调、分析师跟踪与股价同步性 [J]. 现代经济探讨, 2021 (10): 59-67.

[116] 俞庆进, 张兵. 投资者有限关注与股票收益: 以百度指数作为关注度的一项实证研究 [J]. 金融研究, 2012 (8): 152-165.

[117] 喻均林, 何瑞铧. 管理层业绩预告会影响定增价格吗: 基于中介效应的视角 [J]. 运筹与管理, 2021, 30 (12): 204-211.

[118] 原东良, 李燕. 年报语调向上操纵与股价崩盘风险: 信息增量还是印象管理? [J]. 经济与管理研究, 2022, 43 (12): 101-117.

[119] 张程, 曾庆生, 梁思源. 市场能够甄别管理层的"靖言庸违"吗: 来自年报语调与内部人交易的经验证据 [J]. 财经研究, 2021, 47 (4): 154-168.

[120] 张军华. 控股股东股权质押与业绩预告的策略性披露 [J]. 管理科学, 2022, 35 (3): 101-115.

[121] 张丽平, 杨兴全. 管理者权力、外部薪酬差距与公司业绩 [J]. 财经科学, 2013 (4): 66-75.

[122] 张龙, 刘洪. 高管团队中垂直对人口特征差异对高管离职的影响 [J]. 管理世界, 2009 (4): 108-118.

[123] 张淑惠, 周美琼, 吴雪勤. 年报文本风险信息披露与股价同步性 [J]. 现代财经 (天津财经大学学报), 2021, 41 (2): 62-78.

[124] 张天舒, 黄俊, 吴承根. 公司高管主动离职影响因素及其财富效应的研究 [J]. 财贸经济, 2013 (1): 56-63, 136.

[125] 张治锋. 知识产权保护对企业绿色创新效率的影响 [J]. 统计与决策, 2023 (23): 184-188.

[126] 赵健梅, 刘晨倩, 邢颖, 等. 薪酬差距、市场化进程与公司业绩 [J]. 经济问题, 2017 (5): 104-109.

[127] 赵景文. 公司治理质量与盈余质量: 基于中国治理指数 (CCGI~ (NK)) 的初步证据 [J]. 南开管理评论, 2006 (5): 15-21.

[128] 赵喜仓, 蒋美. 知识产权保护对绿色技术创新的影响研究: 基于知识产权示范性城市的准自然实验[J]. 软科学 2023（9）, 1-19.

[129] 赵宇亮. 年报净语调对企业债权融资的影响研究[J]. 经济管理, 2020, 42（7）: 176-191.

[130] 钟凯, 董晓丹, 彭雯, 等. 一叶知秋: 情感语调信息具有同业溢出效应吗: 来自业绩说明会文本分析的证据[J]. 财经研究, 2021, 47（9）: 48-62.

[131] 周爱民, 遥远. 真实盈余管理、监督压力与股价崩盘风险[J]. 上海金融, 2018（7）: 1-6.

[132] 周波, 张程, 曾庆生. 年报语调与股价崩盘风险: 来自中国A股上市公司的经验证据[J]. 会计研究, 2019（11）: 41-48.

[133] 周铭山, 张倩倩, 杨丹. 创业板上市公司创新投入与市场表现: 基于公司内外部的视角[J]. 经济研究, 2017, 52（11）: 135-149.

[134] 周泽将, 汪顺, 张悦. 知识产权保护与企业创新信息困境[J]. 中国工业经济, 2022（6）: 136-154.

[135] 朱朝晖, 许文瀚. 上市公司业绩预告文本信息、语言特征与市场反应[J]. 浙江工商大学学报, 2018（2）: 73-84.

[136] 朱丹, 李静柔, 李世新. 年度报告的可读性水平、过往业绩与分析师预测[J]. 审计与经济研究, 2021, 36（5）: 77-85.

[137] 朱光, 王纯熙. 年报可读性与内部人交易研究: 基于文本挖掘视角[J]. 金融监管研究, 2022（4）: 100-114.

[138] 朱杰. 企业国际化战略与管理层业绩预告准确度[J]. 审计与经济研究, 2022, 37（4）: 90-100.

[139] 朱沛华. 负面声誉与企业融资: 来自上市公司违规处罚的经验证据[J]. 财贸经济, 2020, 41（4）: 50-65.

[140] 竺李乐, 吴福象, 范衍玮. "专利泡沫"与"创新假象": 国有企业民营化改革及其真实创新产出[J]. 山西财经大学学报, 2021, 43（12）: 82-95.

[141] ALBUQUERQUE R, KOSKINEN Y, ZHANG C. Corporate social responsibility and firm risk: Theory and empirical evidence[J]. Management Science, 2019, 65（10）: 4451-4469.

[142] ALI W, FRYNAS J G, MAHMOOD Z. Determinants of corporate social responsibility (CSR) disclosure in developed and developing countries: A literature review[J]. Corporate Social Responsibility and Environmental Management, 2017, 24(4): 273-294.

[143] ALIMOV A. Intellectual property rights reform and the cost of corporate debt[J]. Journal of International Money and Finance, 2019, 91: 195-211.

[144] ALLEN D G, RENN R W, MOFFITT K R, et al. Risky business: The role of risk in voluntary turnover decisions[J]. Human Resource Management Review, 2007, 17(3): 305-318.

[145] AUDI R, LOUGHRAN T, MCDONALD B. Trust, but verify: MD&A language and the role of trust in corporate culture[J]. Journal of Business Ethics, 2016, 139: 551-561.

[146] BARBER B M, ODEAN T. All that glitters: The effect of attention and news on the buying behavior of individual and institutional investors[J]. The review of financial studies, 2008, 21(2): 785-818.

[147] BARNEY J. Firm resources and sustained competitive advantage[J]. Journal of management, 1991, 17(1): 99-120.

[148] BASSYOUNY H, ABDELFATTAH T, TAO L. Beyond narrative disclosure tone: The upper echelons theory perspective[J]. International Review of Financial Analysis, 2020, 70: 101499.

[149] BAYRAKTAR Y, TUTUNCU A. The Effect of R&D Expenditures on Earnings Management: A Research on Bist-All Shares[J]. Istanbul Business Research, 2020, 49(2): 301-315.

[150] BITEKTINE A, HAACK P. The "macro" and the "micro" of legitimacy: Toward a multilevel theory of the legitimacy process[J]. Acad Manage Rev, 2015, 40(1): 49-75.

[151] BOWEN R M, DAVIS A K, MATSUMOTO D A. Do conference calls affect analysts'forecasts?[J]. The accounting review, 2002, 77(2): 285-316.

[152] BRENNAN N M, MERKL-DAVIES D M. Accounting narratives and impression

management[J]. The Routledge companion to accounting communication, 2013: 109-132.

[153] BROCKMAN P, KHURANA I K, MARTIN X. Voluntary disclosures around share repurchases[J]. Journal of Financial Economics, 2008, 89 (1): 175-191.

[154] BUSHMAN R, DAI Z L, WANG X. Risk and CEO Turnover[J]. Journal of Financial Economics, 2010 (96): 81-398.

[155] CANACE T, LI J, MA T. Analyst following and R&D investment[J]. Review of Accounting Studies, 2023: 1-36.

[156] CANDELIN-PALMQVIST H, SANDBERG B, MYLLY U M. Intellectual property rights in innovation management research: A review[J]. Technovation, 2012, 32 (9-10): 502-512.

[157] CHEN J, HSIEH P F, WANG K. Cracking down on the infringement and counterfeiting: Intellectual property rights and corporate innovation in China[J]. Finance Research Letters, 2023: 103846.

[158] CHEN X, CHENG Q, LUO T, et al. Short sellers and long-run management forecasts[J]. Contemporary Accounting Research, 2020, 37 (2): 802-828.

[159] CHENG L, JIN Q, MA H. Tone emphasis and insider trading[J]. Journal of Corporate Finance, 2023, 80: 102419.

[160] CHENG M, SUBRAMANYAM K R. Analyst following and credit ratings[J]. Contemporary Accounting Research, 2008, 25 (4): 1007-1044.

[161] CHENG Q, DU F, WANG X, et al. Seeing is believing: Analysts' corporate site visits[J]. Review of Accounting Studies, 2016, 21: 1245-1286.

[162] CHENG Q, LO K. Insider trading and voluntary disclosures[J]. Journal of Accounting Research, 2006, 44 (5): 815-848.

[163] CHO C H, PATTEN D M. The role of environmental disclosures as tools of legitimacy: A research note[J]. Account Org Soc, 2007, 32 (7): 639-647.

[164] CHO C H, PATTEN D M, ROBERTS R W. Corporate political strategy: An examination of the relation between political expenditures, environmental performance, and environmental disclosure[J]. J Bus Ethics, 2006, 67 (2): 139-

154.

[165] COLE C J, JONES C L. The usefulness of MD&A disclosures in the retail industry[J]. Journal of Accounting, Auditing & Finance, 2004, 19（4）: 361-388.

[166] COLES J L, LI Z, WANG A Y. Industry tournament incentives[J]. The Review of Financial Studies, 2018, 31（4）: 1418-1459.

[167] COPELAND T. Efficient capital markets: Evidence and implications for financial reporting[J]. Journal of Accounting, Auditing and Finance, 1978, 2（1）: 33-48.

[168] CORE J E. A review of the empirical disclosure literature: discussion[J]. Journal of accounting and economics, 2001, 31（1-3）: 441-456.

[169] CORMIER D, MAGNAN M. The economic relevance of environmental disclosure and its impact on corporate legitimacy: An empirical investigation[J]. Business Strategy and the Environment, 2015, 24（6）: 431-450.

[170] DAVIS A K, GE W, MATSUMOTO D, et al. The effect of manager-specific optimism on the tone of earnings conference calls[J]. Review of Accounting Studies, 2015, 20: 639-673.

[171] DAVIS J H, SCHOORMAN F D, MAYER R C, et al. The trusted general manager and business unit performance: Empirical evidence of a competitive advantage[J]. Strategic management journal, 2000, 21（5）: 563-576.

[172] DEBOSKEY D G, LUO Y, ZHOU L. CEO power, board oversight, and earnings announcement tone[J]. Review of Quantitative Finance and Accounting, 2019, 52: 657-680.

[173] DEFOND M L, PARK C W. The effect of competition on CEO turnover[J]. Journal of Accounting and Economics, 1999, 27（1）: 35-56.

[174] DYCK A, MORSE A, ZINGALES L. Who blows the whistle on corporate fraud? [J]. The journal of finance, 2010, 65（6）: 2213-2253.

[175] DYDUCH J, KRASODOMSKA J. Determinants of corporate social responsibility disclosure: An empirical study of Polish listed companies[J]. Sustainability, 2017, 9（11）: 1934.

[176] EGAN T M, YANG B, BARTLETT K R. The effects of organizational learning culture and job satisfaction on motivation to transfer learning and turnover intention[J]. Human resource development quarterly, 2004, 15（3）: 279-301.

[177] FANG J, LOBO G J, ZHANG Y, et al. Auditing related party transactions: Evidence from audit opinions and restatements[J]. Auditing: A Journal of Practice & Theory, 2018, 37（2）: 73-106.

[178] FIELDS T D, RANGAN S, THIAGARAJAN S R. An empirical evaluation of the usefulness of non-GAAP accounting measures in the real estate investment trust industry[J]. Review of Accounting Studies, 1998, 3: 103-130.

[179] FOMBRUN C, SHANLEY M. What's in a name？ Reputation building and corporate strategy[J]. Academy of management Journal, 1990, 33（2）: 233-258.

[180] FONG E A, MISANGYI V F, TOSI H L. The effect of CEO pay deviations on CEO withdrawal, firm size, and firm profits[J]. Strategic Management Journal, 2010, 31（6）: 629-651.

[181] GAO H, LUO J, TANG T. Effects of managerial labor market on executive compensation: Evidence from job-hopping[J]. Journal of Accounting and Economics, 2015, 59（2-3）: 203-220.

[182] GRAY R, KOUHY R, LAVERS S. Constructing a research database of social and environmental reporting by UK companies[J]. Account Audit Accountability J, 1995, 8（2）: 78-101.

[183] GREEN T C, JAME R, MARKOV S, et al. Broker-hosted investor conferences[J]. Journal of Accounting and Economics, 2014, 58（1）: 142-166.

[184] GREINER L, CUMMINGS T, BHAMBRI A. When new CEOs succeed and fail: 4-D theory of strategic transformation[J]. Organizational Dynamics, 2003, 32（1）: 1-16.

[185] GU F, LI J Q. Disclosure of innovation activities by high-technology firms[J]. Asia-Pacific Journal of Accounting & Economics, 2003, 10（2）: 143-172.

[186] GUEST D E. Is the psychological contract worth taking seriously？ [J]. Journal of Organizational Behavior: The International Journal of Industrial, Occupational and Organizational Psychology and Behavior, 1998, 19（S1）: 649-664.

[187] GUIDRY R P, PATTEN D M. Voluntary disclosure theory and financial control variables: An assessment of recent environmental disclosure research[J]. Account Forum, 2012, 36（2）: 81-90.

[188] HE J J, TIAN X. The dark side of analyst coverage: The case of innovation[J]. Journal of Financial Economics, 2013, 109（3）: 856-878.

[189] HE L, SHAW T S, FANG J. Managerial labor market during institutional transition: A study of CEO compensation and voluntary turnover[J]. Corporate Governance: An International Review, 2017, 25（3）: 167-185.

[190] HILLMAN A J, KEIM G D. Shareholder value, stakeholder management, and social issues: what's the bottom line ? [J]. Strategic management journal, 2001, 22（2）: 125-139.

[191] HIRSCHEY M, WEYGANDT J J. Amortization policy for advertising and research and development expenditures[J]. Journal of accounting Research, 1985: 326-335.

[192] HONG Y, HUSEYNOV F, ZHANG W. Earnings management and analyst following: A simultaneous equations analysis[J]. Financial Management, 2014, 43（2）: 355-390.

[193] HRIBAR P, KRAVET T, WILSON R. A new measure of accounting quality[J]. Review of Accounting Studies, 2014, 19: 506-538.

[194] HUANG A H, LEHAVY R, ZANG A Y, et al. Analyst information discovery and interpretation roles: A topic modeling approach[J]. Management science, 2018, 64（6）: 2833-2855.

[195] HUANG H, LIU H, YANG B. Economic policy uncertainty and executive turnover[J]. China Journal of Accounting Research, 2021, 14（1）: 83-100.

[196] HUANG X, TEOH S H, ZHANG Y. Tone management[J]. The Accounting Review, 2014, 89（3）: 1083-1113.

[197] HURTT R K, BROWN-LIBURD H, EARLEY C E, et al. Research on auditor professional skepticism: Literature synthesis and opportunities for future research[J]. Auditing: A Journal of Practice & Theory, 2013, 32（Supplement 1）: 45-97.

[198] HUTTON A P, MARCUS A J, TEHRANIAN H. Opaque financial reports, R2,

and crash risk[J]. Journal of financial Economics, 2009, 94（1）: 67-86.

[199] JAMES S D, SHAVER J M. Motivations for voluntary public R&D disclosures[J]. Academy of Management Discoveries, 2016, 2（3）: 290-312.

[200] JANG M, RHO J. IFRS adoption and financial statement readability: Korean evidence[J]. Asia-Pacific Journal of Accounting & Economics, 2016, 23（1）: 22-42.

[201] JENSEN M C, MECKLING W H. Theory of the firm: Managerial behavior, agency costs and ownership structure[M]//Corporate governance. Gower, 1976: 77-132.

[202] JIAN M, WONG T J. Propping through related party transactions[J]. Review of Accounting Studies, 2010, 15（1）: 70-105.

[203] JIN L, MYERS S C. R2 around the world: New theory and new tests[J]. Journal of financial Economics, 2006, 79（2）: 257-292.

[204] KING R, POWNALL G, WAYMIRE G. Expectations adjustment via timely management forecasts: Review, synthesis, and suggestions for future research[J]. Journal of accounting Literature, 1990, 9（1）: 113-144.

[205] KIRK M. Research for sale: Determinants and consequences of paid-for analyst research[J]. Journal of Financial Economics, 2011, 100（1）: 182-200.

[206] KONG, L, Lonare G, Nart A. Industry tournament incentives and corporate innovation strategies[R]. Working paper, http: //ssrn.com/abstract=3320110.

[207] KUMAR G. Determinants of readability of financial reports of US-listed Asian companies[J]. Asian Journal of Finance & Accounting, 2014, 6（2）: 1.

[208] KUZEY C, UYAR A. Determinants of sustainability reporting and its impact on firm value: Evidence from the emerging market of Turkey[J]. Journal of cleaner production, 2017, 143: 27-39.

[209] LEE M, ALBA J D, PARK D. Intellectual property rights, informal economy, and FDI into developing countries[J]. Journal of Policy Modeling, 2018, 40（5）: 1067-1081.

[210] LI D, ZHAO Y, SUN Y, et al. Corporate environmental performance,

environmental information disclosure, and financial performance: Evidence from China[J]. Human and Ecological Risk Assessment: An International Journal, 2017, 23（2）: 323-339.

[211] LI F. Annual report readability, current earnings, and earnings persistence[J]. Journal of Accounting and economics, 2008, 45（2-3）: 221-247.

[212] LI F. The information content of forward-looking statements in corporate filings—A naïve Bayesian machine learning approach[J]. Journal of Accounting Research, 2010, 48（5）: 1049-1102.

[213] MAHADEO J D, OOGARAH-HANUMAN V, SOOBAROYEN T. A longitudinal study of corporate social disclosures in a developing economy[J]. Journal of Business Ethics, 2011, 104: 545-558.

[214] MAILATH G J, SAMUELSON L. Repeated games and reputations: long-run relationships[M]. Oxford university press, 2006.

[215] MERKL-DAVIES D M, BRENNAN N M. A conceptual framework of impression management: new insights from psychology, sociology and critical perspectives[J]. Accounting and business research, 2011, 41（5）: 415-437.

[216] MERKLEY K J. Narrative disclosure and earnings performance: Evidence from R&D disclosures[J]. The Accounting Review, 2014, 89（2）: 725-757.

[217] MICHENAUD S. Corporate investment and analyst pressure[C]//Paris December 2007 Finance International Meeting AFFI-EUROFIDAI Paper.2008.

[218] MOYER R C, CHATFIELD R E, SISNEROS P M. Security analyst monitoring activity: Agency costs and information demands[J]. Journal of Financial and Quantitative Analysis, 1989, 24（4）: 503-512.

[219] MURPHY K J. Executive compensation[J]. Handbook of labor economics, 1999, 3: 2485-2563.

[220] NGUYEN T, Zhao J. Industry tournament incentives and corporate innovation[J]. Journal of Business Finance & Accounting, 2021, 48: 1797-1845.

[221] PALANSKI M E, CULLEN K L, GENTRY W A, et al. Virtuous leadership: Exploring the effects of leader courage and behavioral integrity on leader performance

and image[J]. Journal of Business Ethics, 2015, 132（2）: 297-310.

[222] PAN M, HUANG L, SONG D, et al. Can intellectual property rights protection reduce air pollution？ A quasi-natural experiment from China[J]. Structural Change and Economic Dynamics, 2023, 65: 210-222.

[223] PATTEN D M. The relation between environmental performance and environmental disclosure: a research note[J]. Account Org Soc, 2002, 27（8）: 763-73.

[224] REVERTE C. Determinants of corporate social responsibility disclosure ratings by Spanish listed firms[J]. Journal of business ethics, 2009, 88: 351-366.

[225] RICH G A. The sales manager as a role model: Effects on trust, job satisfaction, and performance of salespeople[J]. Journal of the Academy of marketing science, 1997, 25（4）: 319-328.

[226] RICHARDS G, VAN STADEN C. The readability impact of international financial reporting standards[J]. Pacific Accounting Review, 2015.

[227] ROH T, LEE K, YANG J Y. How do intellectual property rights and government support drive a firm's green innovation？ The mediating role of open innovation[J]. Journal of Cleaner Production, 2021, 317: 128422.

[228] ROSS S A. The determination of financial structure: the incentive-signalling approach[J]. The bell journal of economics, 1977: 23-40.

[229] RYAN C. Equity, management, power sharing and sustainability—issues of the "new tourism"[J]. Tourism management, 2002, 23（1）: 17-26.

[230] SEIFZADEH M, SALEHI M, ABEDINI B, et al. The relationship between management characteristics and financial statement readability[J]. EuroMed Journal of Business, 2021, 16（1）: 108-126.

[231] SELTEN R. The chain store paradox[J]. Theory and decision, 1978, 9（2）: 127-159.

[232] SIMONS T. Behavioral integrity: The perceived alignment between managers' words and deeds as a research focus[J]. Organization Science, 2002, 13（1）: 18-35.

[233] SLOVIC P. Cue-consistency and cue-utilization in judgment[J]. The American Journal of Psychology, 1966, 79（3）: 427-434.

[234] SPRECHER S, SCHWARTZ P. Equity and balance in the exchange of contributions in close relationships[M]//Entitlement and the affectional bond: Justice in close relationships. Boston, MA: Springer US, 1994: 11-41.

[235] SUN E Y. The Differential Role of R&D and SG &A for Earnings Management and Stock Price Manipulation[J]. Contemporary Accounting Research, 2021, 38（1）: 242-275.

[236] SUN W, ZHAO C, CHO C H. Institutional transitions and the role of financial performance in CSR reporting[J]. Corporate Social Responsibility and Environmental Management, 2019, 26（2）: 367-376.

[237] TAMA-SWEET I. Changes in earnings announcement tone and insider sales[J]. Advances in accounting, 2014, 30（2）: 276-282.

[238] THAKUR–WERNZ P, WERNZ C. Impact of stronger intellectual property rights regime on innovation: Evidence from de alio versus de novo Indian biopharmaceutical firms[J]. Journal of Business Research, 2022, 138: 457-473.

[239] TSCHOPP C, GROTE G, GERBER M. How career orientation shapes the job satisfaction–turnover intention link[J]. Journal of Organizational Behavior, 2014, 35（2）: 151-171.

[240] TUO L, ZHANG Y T, LIU Z, et al. Business education of CEO-CFO and annual report readability[J]. Review of Economics & Finance, 2019, 17（3）.

[241] TVERSKY A, KAHNEMAN D. Judgment under Uncertainty: Heuristics and Biases: Biases in judgments reveal some heuristics of thinking under uncertainty[J]. science, 1974, 185（4157）: 1124-1131.

[242] VIEIRA A P, RADONJIČ G. Disclosure of ecoinnovation activities in European large companies' sustainability reporting[J]. Corporate Social Responsibility and Environmental Management, 2020, 27（5）: 2240-2253.

[243] WALLACE W A. The economic role of the audit in free and regulated markets: A look back and a look forward[J]. Research in accounting regulation, 2004, 17: 267-298.

[244] WOWAK A J, HAMBRICK D C, HENDERSON A D. Do CEOs encounter within-

tenure settling up? A multiperiod perspective on executive pay and dismissal[J]. Academy of Management Journal, 2011, 54 (4): 719-739.

[245] XU H, DAO M, WU J, et al. Political corruption and annual report readability: evidence from the United States[J]. Accounting and Business Research, 2022, 52 (2): 166-200.

[246] XU Q, FERNANDO G D, TAM K. Executive age and the readability of financial reports[J]. Advances in accounting, 2018, 43: 70-81.

[247] XU W, QI D. Abnormal tone in management earnings forecast, media negative coverage, and insider trading[J].Asia-Pacific Journal of Accounting & Economics, 2022, 29 (4): 939-963.

[248] YAN Z, LI Y. Signaling through government subsidy: Certification or endorsement[J]. Finance Research Letters, 2018, 25: 90-95.

[249] YU F F. Analyst coverage and earnings management[J]. Journal of financial economics, 2008, 88 (2): 245-271.

[250] YU S, ZHANG L. The impact of patent information disclosure on the stock returns of high-tech corporates: an event study[J]. Applied Economics, 2022: 1-14.

[251] ZENG Y, GULZAR M A, WANG Z, et al. The effect of expected financial performance on corporate environmental responsibility disclosure: evidence from China[J]. Environmental Science and Pollution Research, 2020, 27: 37946-37962.

[252] ZHANG Y, RAJAGOPALAN N. When the known devil is better than an unknown god: An empirical study of the antecedents and consequences of relay CEO successions[J]. Academy of management journal, 2004, 47 (4): 483-500.